KB216694

새내기를 위한 금융

제3판

이재하 · 한덕희

박영사

머리말

　금융지식이 부족한 경우를 글자를 못 읽는 문맹에 빗대어 '금융문맹(financial illiteracy)'이라 하는데, 미국 연방준비제도이사회 의장을 4차례 역임한 앨런 그린스펀은 "문맹은 생활을 불편하게 하지만, 금융문맹은 생존을 불가능하게 한다"고 하여 금융지식의 습득이 현대 사회에서 필수적임을 지적한 바 있다.

　미국의 금융교육은 1910년대부터 민간단체가 주도해 오다가 2001년 금융교육 관련 법이 제정된 이래 연방정부 차원의 지원을 받아 활발하게 진행되고 있으며, 우리나라 또한 2025년부터 고등학교에 '금융과 경제생활'이라는 과목이 새롭게 도입되어 재무결정과 돈 관리, 대출과 투자의 이해, 금융 피해예방 등에 대해서 배우게 된다.

　이는 현대 사회에서 일정 수준의 금융 및 투자에 대한 지식과 다양한 금융상품에 대한 이해력을 갖추는 것이 필수적임을 반영한 것이라 할 수 있다. 이에 3판에서는 금융시장 및 금융상품을 다루는 재무금융이론을 처음 접하는 초심자들을 대상으로 금융에 대한 전체적인 흐름과 복잡한 금융상품을 쉽게 이해할 수 있도록 하였다. 특히 독자들이 개념 위주로 명확하고 쉬운 사례를 통해 금융을 직관적으로 이해함으로써 향후 복잡하고 심화된 금융지식의 이해를 위한 기초적인 실력을 기르는 데 역점을 두었다.

　제1편에서는 돈에 대한 이해, 금융시장 참가자와 금융시장, 그리고 금융시장 내에서 활동하는 금융기관과 금융상품에 대해서 살펴봄으로써 전체적인 금융시스템에 대한 이해를 도모한다.

　제2편에서는 전통적으로 돈을 융통할 때 매개 역할을 하는 주식, 채권, 외환에 대해서 살펴본다. 주식에서는 주식시장을 통찰할 수 있는 주가지수, 유동성 지표, 투자관련 지표와 주식시장의 구조, 주식분석에 대해서 설명한다. 채권에서는 이자율과 채권수익률, 채권시장의 구조, 채권안정성 평가 등에 대해서 다룬다. 외환에서는 환율의 표시방법과 환율제도, 외환시장을 다루고, 환율이 물

가, 이자율, 주가와 어떠한 연관성이 있는지에 대해서 고찰한다.

　제3편에서는 전통적 금융상품의 위험을 헷지하기 위해 도입된 선물과 옵션이라는 파생금융상품을 다룬 다음, 대표적인 간접투자에 해당하는 펀드(간접투자기구)를 비롯하여, 상장지수펀드증권(ETF), 주가연계증권(ELS), 주식워런트증권(ELW) 등 다양한 금융투자상품에 대해서 설명한다.

　제4편은 금융의 기타 분야로 비재무위험에 대처하기 위한 보험과 노후생활보장을 위한 연금에 대해서 설명한다. 또한 금융자산과 함께 중요한 대체투자 대상인 부동산금융에 대해서 주택저당증권(MBS), 프로젝트 파이낸싱(PF), 부동산투자회사(REITs), 부동산 펀드, 부동산투자를 중심으로 설명한 후, 최근 급속히 발전하는 핀테크에 대한 개념과 함께 빅데이터, 인공지능, 블록체인 등의 IT기술을 금융에 적용한 디지털금융을 소개한다.

　본서는 대학 신입생 및 금융에 대해 배우려는 일반인을 위한 강의교재로서 독자들의 금융시장 및 금융상품에 대한 전반적인 이해를 돕기 위한 목적으로 저술되었다. 이 책을 통해 독자들이 향후 접하게 될 다양하고 복잡한 금융지식을 보다 쉽게 습득할 수 있는 기초 실력을 탄탄하게 다질 수 있을 것으로 확신한다. 끝으로 사랑하는 가족들의 성원에 항상 감사하며, 박영사의 안종만 회장, 안상준 대표, 조성호 이사, 전채린 차장, 박부하 과장, 탁종민 과장 및 임직원 여러분에게 감사의 뜻을 표한다.

2025년 2월

이재하 · 한덕희

차례

PART

01

금융시스템 이해하기

chapter

01 돈과 금융

01 │ 돈의 기능

금융(finance)은 금(＝돈)의 융통, 즉 돈을 빌려주고 빌려오는 것을 의미한다. 돈은 화폐라고도 부르는데 돈에 대한 정의 및 본질에 대한 통일된 정설은 없으며, 관행적으로 다음 세 가지 기능을 수행하는 것을 돈이라고 정의하고 있다.

첫째, 돈은 교환의 매개수단 기능을 한다. 교환의 매개수단 기능은 상품이나 서비스를 구입하는 대가로 쓰이는 지불수단이라는 것이다. 예를 들어, 쌀이 필요하면 쌀과 돈을 교환하는 것을 말한다. 돈이 없었던 사회에서 사람들은 쌀, 소금, 가축 등과 같은 다양한 상품을 교환의 매개물로 사용하여 상품과 상품을 맞바꾸는 물물교환을 하였다.

물물교환이 이루어지기 위해서는 서로 원하는 물건을 가지고 있는 사람을 만나야 한다. 예를 들어, 쌀과 고기를 교환하려고 할 경우 고기를 원하고 있으면서 쌀을 가진 사람은 쌀을 원하고 있으면서 고기를 가진 사람을 만나야만 교환이 이루어진다. 하지만 서로 원하는 물건을 가지고 있는 사람끼리 만나기가 쉽지 않다.

이와 같은 물물교환의 불편은 돈이라는 매개수단을 사용하게 되면 쉽게 자신이 원하는 물건을 가질 수 있게 된다. 예를 들어, 쌀을 가지고 있으면서 고기를 원하는 A와 고기를 가지고 있으면서 옷을 원하는 B가 있을 경우, A는 쌀을 원하는 다른 사람 C에게 쌀을 주고 돈을 받은 다음 B한테 돈을 주고 고기를 받으면 된다. B도 옷을 가지고 있는 또 다른 사람인 D에게 A로부터 받은 돈을 주고 옷을 받을 수 있다.

이처럼 돈을 교환의 매개수단으로 사용함으로써 쌍방의 욕구가 동시에 일치하지 않아도 교환이 쉽게 이루어진다. 모든 재화나 서비스는 돈과 교환되기 때문에 재화와 서비스의 가치를 돈으로 표시할 수 있으면서 가치를 저장할 수 있기 때문에 돈의 기능 중에서 교환의 매개수단이 가장 본원적인 기능이다.

둘째, 돈은 가치척도 기능을 한다. 가치척도의 기능은 상품의 가치를 표시하는 것으로 각 상품의 경제적 가치가 돈의 단위로 표시되기 때문에 사람들은 상품들의 가치를 쉽게 비교할 수 있다. 예를 들어, 노트북이 100만원이고 프린터가 20만원일 경우 사람들은 노트북이 프린터의 다섯 배의 가치가 있다는 것을 쉽게 알 수 있다. 이처럼 돈은 상품의 가치를 나타내고 이를 비교할 수 있는 통일된 기준으로서 계산과 회계의 단위가 된다.

셋째, 돈은 가치저장 기능을 한다. 가치저장 기능은 시간이 지나더라도 언제든지 물건을 살 수 있는 구매력을 보관해주는 기능을 말한다. 가치저장의 기능이 잘 유지되기 위해서는 시간이 지나도 그 가치에 변동이 안정적이어야 하고 언제라도 현금화할 수 있는 능력인 유동성이 있어야 하며 보관 등 관리비용도 많이 들지 않아야 한다. 돈은 다른 자산에 비해 물가가 안정되는 경제상황에서 상대적으로 가치변동이 적어 가치저장 기능의 수행이 용이하다.

돈만 가치저장 기능이 있는 것은 아니다 귀금속, 주식 및 채권 등의 금융자산, 부동산과 같은 실물자산도 팔아서 그 돈으로 물건을 살 수 있는 구매력이 있으므로 가치저장 기능이 있다. 하지만 주식이나 채권과 같은 금융자산은 경제여건에 따라 단기간에도 가치변동이 클 수 있고 부동산 같은 실물자산은 유동화하는데도 복잡한 절차와 긴 시간이 필요하여 빠른 유동화를 하기 어려울 수 있으며 귀금속은 보관 등 관리비용이 많이 들어 돈에 비해 가치저장 기능이 많이 떨어진다.

한편, 화폐경제가 효율적으로 기능하기 위해서는 돈의 가치가 안정되어야 하지만 현실 경제에서 물가가 지속적으로 상승, 즉 돈의 가치가 지속적으로 하락하는 현상인 인플레이션이 나타나고 있다. 만약 모든 재화의 가격이 동일하고 예측 가능한 수준으로 오르면 인플레이션이 별로 중요하지 않을 수 있다.

왜냐하면 돈을 가지고 있는 사람이 진정 원하는 것은 돈의 가치 즉, 그 돈으로 구매할 수 있는 상품이기 때문이다. 예를 들어, 100만원의 월급을 받는 A가 100만원짜리 컴퓨터를 샀다고 하자. 인플레이션이 발생하여 월급이 200만원으로 오르고 컴퓨터도 200만원으로 올라도 A는 컴퓨터를 살 수 있기 때문에 아무런 불편이 없다.

그러나 인플레이션이 항상 모든 상품에 대해서 동일하게 발생하지도 않고 인플레이션을 정확하게 예측하는 것도 불가능하다. 만약 A의 월급이 150만원으로 오르고 컴퓨터 가격은 200만원으로 오르면 A는 컴퓨터를 못하게 되어 인플레이션으로 인해 효율적인 자원배분이 저해된다.

📈 02 ┃ 돈의 역사

초기에 사람들은 물물교환의 불편을 개선하기 위하여 곡물, 모피, 가축, 소금 등의 여러 가지 다양한 상품을 교환의 매개물로 사용하였고, 이러한 상품이 상품화폐(commodity money) 혹은 물품화폐이다. 하지만 경제규모가 커짐에 따라 상품화폐는 운반, 저장, 분할, 동질성 등에서 불편한 점이 많았다.

이에 동질적이면서 분할 할 수 있고 휴대하여 운반이 쉬우며 변질되지 않는 내구성과 저장성 등을 고루 겸비한 금, 은 등과 같은 금속화폐가 등장하였다. 하지만 금속화폐의 경우 일일이 무게를 달아 교환해야 하는 번거로움과 금, 은의 정확한 순도를 알 수 없다는 문제가 있었다.

이러한 문제를 해결하기 위해 주형에 금속을 녹여 부어서 일정한 형태의 화폐를 만드는 권리인 주조권을 국가가 독점하여 믿을 수 있는 주조화폐를 만들어 유통하였다. 상품으로서의 가치인 소재가치와 화폐로서의 가치인 명목가치가 같은 상품화폐 및 금속화폐와 달리 주조화폐는 소재가치와 명목가치가 다르다. 즉, 주조화폐는 화폐를 주조할 때 들어가는 비싼 귀금속의 함량을 줄여 제조원가를 낮추거나 주조이익을 높이게 되면 명목가치에 비해 소재가치가 낮아진다.

이처럼 국가는 제조원가를 낮춰서 화폐제조에서 이익을 얻기 위해 명목가치보다 소재가치가 낮은 주조화폐를 발행하면서 그레샴의 법칙(Gresham's law)[1]대로 귀금속 함유량이 높은 양화는 사라지고 귀금속 함유량이 낮은 악화만 남게되었다. 결국 주조화폐를 신뢰하지 못하는 사람들이 나타남에 따라 요구가 있을 경우 즉시 금이나 은으로 바꿔 줄 수 있는 지폐인 태환지폐(convertible money)가 사용되기 시작했다.

읽을 거리

악화는 어떻게 양화를 구축하나

"마트 상품 가격의 끝전을 10원 단위가 아닌 100원 단위로 바꾸면 안되겠습니까? (한국은행 발권국 관계자)" "안 됩니다. 100원 단위로 매기면 거스름돈을 주기는 편하지만 매출이 엄청나게 줄어들게 됩니다. (대형마트 경영자 대표)"

재작년부터 10원짜리 품귀현상이 심각해지고 있다. 골머리를 앓던 한국은행이 지난해 말 대형마트 상품가격을 100원 단위로 바꿔 10원짜리 동전 수요를 줄여보려던 시도는 대형마트 측의 거부로 간단히 무산됐다. 요즘도 대형마트나 시중은행들은 하루하루 10원 동전을 구하기 위해 전쟁을 치르다시피 한다. 10원 동전 품귀는 그의 '몸값'을 감안할 때 당연한 현상이다. 10원 동전의 제조원가는 얼마일까.

조폐공사는 원래 화폐 제조원가를 공개하지 않는다. 위조 가능성을 줄이기 위해서라고도 하고, 화폐제조도 고도의 기술이 필요한 산업이기 때문에 영업비밀을 지키기 위해서라고도 한다. 하지만 때가 어느 때인가. 네티즌 수사대에 따르면 황동을 소재로 한 옛 10원 동전의 제조비용은 구리 가격과 동전을 찍어내기 위한 금형 가격, 감가상각 등을 고려해 개당 38원 정도라는 것이 통설이다. 동과 함께 알루미늄이 들어가고 크기가 작아진 새 10원 동전도 제조원가는 별 차이가 없는 것으로 알려져 있다. 정부도 10원 동전의 제조원가가 30원이 훨씬 넘는다고 대략 시인한다. 몇 년 전만해도 9원에 불과했지만 금속 가격 급등으로 4배 가까이 뛰어버린 것이다.

---

1 김대식·노영기·안국신·이종철, 「현대경제학원론」, 7판, 박영사(2018), p. 666: 소재가치가 큰 화폐와 작은 화폐가 똑같은 명목가치의 화폐로 동시에 통용될 때 소재가치가 큰 화폐가 화폐유통과정에서 사라지고 소재가치가 작은 화폐만 통용된다. 그레샴의 법칙은 금속의 종류와 함유량이 서로 다른 여러 종류의 주조화폐가 동시에 유통될 때에도 나타난다. 즉, 금화와 은화가 동시에 유통될 때 금화가 유통과정에서 사라지는 현상이나 금화일지라도 금의 함유량이 많은 금화가 유통과정에서 먼저 사라지는 현상이 그레샴의 법칙이다. 영국의 재무장관이던 그레샴(Thomas Gresham, 1519-1579)이 "악화는 양화를 구축한다(Bad money drives out good)"라고 표현한 후부터 유래된 것이다.

화폐를 발행할 때 액면가에서 금속이나 종이, 잉크등 제조비용을 제외한 실질적인 발행이익을 '화폐주조차익'이라고 한다. 서양에서는 이를 '시뇨리지(seigniorage)'라고 표현한다. 중세유럽 봉건영주(seignior)들이 화폐를 찍어내는 권한을 행사한데서 유래된 말로 기축통화효과라는 뜻도 있다.

화폐의 시뇨리지는 단순히 화폐 액면가치만 아니라 유통통화량에 시장이자율을 곱해서 총 화폐가치를 산정하는 과정이 필요하지만 이해를 돕기 위해 이 과정을 계산에서 빼기로 하자. 10원짜리보다 늦게 나온 50원짜리 동전은 제조원가가 50원이어서 시뇨리지는 제로다. 원가 75원인 100원짜리 동전은 시뇨리지 25원. 원가 70원이 들어가는 1,000원짜리 지폐의 시뇨리지는 930원, 그보다 원가가 10원 비싼 10,000원은 9,920원이다. 10원짜리 동전은 화폐주조이익이 아니라 주조손실, 즉 마이너스 28원의 시뇨리지를 낳는 셈이다.

제조원가가 액면가보다 훨씬 비싼 10원짜리는 쓰는 것보다 일단 보관해 뒀다가 혹시 재료값이라도 제대로 받을 수 있을지 기다려 보는 것이 남는 장사. 이 때문인지 몰라도 10원짜리 동전의 환수율(화폐를 찍어냈을 때 실제로 유통돼서 은행으로 돌아오는 비율)은 작년 기준 4.7%에 불과하다. 50원, 100원, 500원 동전이 모두 40%안팎에 달하는 것에 비해 10분의 1 수준이다. 2010년에는 10%에 달했지만 작년에 절반 이하로 떨어졌다. 액면가보다 몸값이 더 높은 10원짜리가 품귀 현상을 빚는 것은 예견된 운명이었다.

1540년대 영국에서도 비슷한 일이 있었다. 당시 국왕 헨리 8세의 명령으로 1543년 이전 92.5%였던 은 함유량이 1545년에 33.3%로 줄었다. 액면가치는 동일했지만 1543년 이전에 만들어진 옛 은화는 거의 순은에 가까웠고, 새로 찍은 은화는 은이 3분의 1밖에 안들어서 실질적인 값어치가 낮았다. 사람들은 보존해 봐야 별로 가치가 없는 새 은화만 교환수단으로 사용하고 옛 은화는 언젠가 제값을 받고 처분하기 위해 구하는 족족 집안에 숨겨두기 시작했다.

도덕적인 기준에서가 아니라 화폐의 본질가치 또는 소재가치라는 측면에서 품질이 낮은 '나쁜 돈(악화)'이 '좋은 돈(양화)'을 화폐 유통시장에서 몰아낸 것이다. 하지만 반대로 화폐발행권자인 정부의 입장에서 본다면 시중의 나쁜 돈은 제조원가가 낮아서 시뇨리지가 큰 양화이고, 좋은 돈은 시뇨리지가 낮은 악화이다.

헨리 8세의 뒤를 이어 영국의 근대국가 기틀을 확립한 엘리자베스 1세는 당시 영국의 해외무역 결제에 사용되던 은이 품귀현상을 빚고 있는 것을 보고 그의 경제고문이자 왕립증권거래소를 만든 토마스 그레샴(Thomas Gresham)에게 그 이유를 알아오도록 지시했다. 이때 그레샴이 시중의 현실을 파악해서 보고한 내용이 "악화가 양화를 구축한다"는 그레샴의 법칙이다.

은화가 유통되지 않는 현대에 와서도 그레샴의 법칙은 화폐유통과 화폐주조차익, 곧 시뇨리지와의 깊은 함수관계를 설명해 주고 있다. 시뇨리지가 큰 화폐일수록 주조권자는 많이 찍어내고 싶어 하고 시장에서도 강력한 보급력을 갖는다.

기축통화인 달러화를 찍어내는 미국이 최근까지 3차례에 걸쳐 달러화를 방출하는 양적완화

(quantitative easing)를 단행할 수 있는 것도 시뇨리지 특권을 누리는 것으로 설명할 수 있다. 사실상 세계의 영주(seignior)인 미국이 마음대로 찍어대는 달러화의 막강한 파워 앞에 유로화와 엔화, 원화는 물론이고 위안화도 아직은 족탈불급이다.

현대 금융시장을 볼 때 발행권자 입장에서 가장 시뇨리지가 큰 화폐는 '플라스틱 머니'라고도 불리는 신용카드다. ISO 국제규격에 따라 가로 8.5㎝, 세로 5.4㎝인 신용카드는 플라스틱의 일종인 폴리염화비닐(PVC)을 소재로 만들어진다. (최근에는 한지나 옥수수전분 등 친환경 소재로도 만든다.) 226글자(226 바이트)의 정보 저장이 가능한 마그네틱선을 입힌 가장 기본적인 신용카드 제조원가는 1,000원 안팎이고 여기에 교통카드 기능을 가진 집적회로(IC) 칩 등이 추가되면 2,000원이 넘는다고 한다.

그렇지만 실제로 신용카드를 통해 금융시장에서 물건이나 서비스를 구매할 수 있는 액면가치(사용한도)는 일반카드라도 보통 수백만원, VVIP 카드는 억대에 이른다. 화폐발권기능을 가진 중앙은행이 아니면서도 신용카드 회사들은 사실상의 화폐인 신용카드를 마음대로 찍어내 천문학적인 시뇨리지를 누리는 셈이다. (물론 신용카드사가 사용한도를 부여하기 위해서는 단기적으로 자금을 조달해야 하고 이자 비용이 발생하는 만큼 엄밀하게 따지면 사용자와 가맹점이 지불하는 카드 수수료와 자금조달비용, 판매관리비용 등과의 차액이 카드회사의 시뇨리지다.)

시뇨리지가 엄청나게 큰 신용카드가 시뇨리지가 마이너스이거나 수천원에 불과한 현금을 급속히 대체하면서 소비생활을 지배하는 것이 현대판 그레샴 법칙이라고 할 수 있겠다. 고전경제학에서 시뇨리지는 수요자의 화폐선택문제인 것과는 반대로 공급자 입장의 그레샴의 법칙이라고 볼 수도 있다. 정부에서는 위기의 사이렌이 울리고 있는 가계대출 문제의 중심에 과다한 신용카드 사용이 있다고 보고 체크카드 사용을 적극 권장하고 있지만 효과가 신통치 않다. 수수료 수입, 즉 시뇨리지가 작은 체크카드보다는 시뇨리지가 큰 신용카드를 사용하는 것이 카드사 입장에서 훨씬 남는 장사이기 때문이다.

시뇨리지의 극대화는 복잡하게 돌아가는 금융시스템 내부에 부작용을 야기한다. 그레샴 시대의 영국도 시뇨리지가 큰 악화가 시뇨리지가 작은 양화를 몰아내는 바람에 해외무역에 차질이 생겼고 결국 엘리자베스 1세는 화폐개혁을 단행하기에 이른다. 현대판 그레샴 법칙인 '신용카드의 현금 구축현상'은 문제가 없을까. 신용카드가 과소비를 부추겨 가계대출 부담을 키운다는 것은 누구나 알고 있다. 신용카드를 긁을 때마다 현대판 영주인 신용카드사들에게 농노처럼 세금을 납부하는 개운치 않은 행위일 수도 있다는 사실을 상기한다면 신용카드 사용이 조금은 신중해지지 않을까.

[출처: 매일경제(www.mk.co.kr), 2012. 9. 17.]

지폐의 소재가치는 매우 낮기 때문에 그 자체가 상품으로서의 가치는 없지만 엄청나게 높은 명목가치로 통용되도록 국가가 법으로 강제하여 지폐를 일반적인 지불수단으로 사용하도록 강제하고 있다. 오늘날 우리가 사용하는 지폐처럼 국가로부터 법으로 그 가치를 보장받아 통용되는 화폐를 법화(legal tender)라고 한다.

한편, 사람들이 은행에 맡긴 예금을 기초로 발행되는 수표(check)는 법화는 아니지만 화폐와 같이 지불수단으로 쓰이고 있다. 최근에는 정보통신기술이 발전함에 따라 물건을 구입하고 신용카드(credit card)로 결제한다. 즉, 신용카드로 물건값을 결제하면 신용카드를 발급한 은행이나 신용카드회사가 물건 값을 지불하게 되고, 신용카드 주인은 나중에 자신의 예금계좌를 통하여 은행이나 신용카드회사에 물건값을 납부하게 된다. 따라서 신용카드는 일종의 외상구매를 가능하게 해주는 보증의 역할을 해주는 것으로 지불수단의 역할은 하지만 돈이라고는 할 수 없다.

또한, IC카드(integrated circuit card) 등에 화폐가치를 저장하였다가 상품 등의 구매에 사용할 수 있는 전자지급수단으로서 범용성과 환금성을 갖춘 전자화폐(electronic money)도 지불수단으로 이용되고 있다. 신용카드와 마찬가지로 전자화폐도 예금이나 현금을 근거로 돈을 전자매체에 저장하여 사용한다는 점에서 교환의 매개수단이지만 전자화폐도 돈은 아니다. 더구나 전자화폐는 전자매체에 화폐가치를 저장할 때 돈을 미리 지불해야하기 때문에 나중에 지불하는 신용카드보다 불편한 점이 있다.

📊 03 ┃ 통화량

시중에 통용되고 있는 돈을 일정 시점에서 측정한 총액을 통화량(money stock) 혹은 통화라고 한다. 따라서 통화량은 특정 시점에서 측정하는 저량(stock)이다. 시중에 너무 많은 돈이 풀려 있거나 너무 적게 풀려 있으면 경제에 부담을 주게 되므로 중앙은행은 통화량을 적절한 수준으로 조절하는 기능을 수행하고 있고 통화량을 측정하는 통화지표를 작성한다.

지폐나 주화와 같은 현금은 누구나 통화로 생각한다. 하지만 현금으로 인출할 수 있는 각종 예금도 통화에 포함시킬 수 있다. 우리나라 통화지표는 어디까지를 돈으로 보느냐에 따라 협의통화(M_1)와 광의통화(M_2)로 구분하여 사용하고 있다.

(1) 협의통화

협의통화(M_1)는 돈의 세 가지 기능 중 지불수단인 교환의 매개수단 기능을 중시한 통화지표이다. 중앙은행이 발행하여 시중에서 유통되고 있는 지폐와 주화는 당연히 지불수단인 돈이며 현금통화라고 한다. 하지만 실생활에서는 사람들이 돈을 많이 가지고 다니는 것이 불편하기 때문에 자동이체서비스 등을 이용하거나 신용카드를 사용하여 물건을 구입한다.

따라서 당좌예금, 보통예금과 같이 고객의 요구가 있을 때 즉시 내주어야 하는 요구불예금(demand deposit)과 저축예금, 시장금리부 수시입출식예금(MMDA: money market deposit account)[2]과 같이 입금과 출금이 자유로운 수시입출식예금도 지불수단에 포함한다. 요구불예금과 수시입출식예금을 결제성예금 혹은 예금통화라고 부른다.

$$\begin{aligned} 협의통화(M_1) &= 현금통화 + 예금통화 \\ &= 현금통화 + 결제성예금(요구불예금, 수시입출식예금) \end{aligned} \qquad (1-1)$$

(2) 광의통화

광의통화(M_2)는 협의통화(M_1)에 유동성이 낮은 만기 2년 이상 장기금융상품을 제외하고 준결제성예금 혹은 준예금통화라고 불리는 만기 2년 미만의 저축성예금(savings deposit)과 각종 수익성 금융상품을 더한 것이다. 저축성예금은 정기예금[3], 정기적금[4]과 같이 일정한 기간이 지나야 찾을 수 있는 예금을 말한다. 각종

---

2 미국의 은행이 투자신탁회사의 단기금융상품인 MMF(money market funds)에 대응하기 위해 도입한 고금리 저축성예금으로 국내에는 1997년 제4단계 금리자유화 이후 도입되었다. 고객이 맡긴 자금을 단기금융상품에 투자한 뒤 거기에서 얻은 이익을 다시 고객에게 지급하는 구조로 설계되어 보통예금보다 비교적 높은 이자를 지급한다. 또한 보통예금처럼 입출금이 자유롭고, 각종 이체와 결제도 할 수 있으며 「예금자보호법」에 의하여 5,000만 원 한도 내에서 보호를 받을 수 있고 가입대상에 제한이 없어 일시적인 목돈을 운용하는 데에 적합하다.

3 정기예금은 일정한 금액을 예치기간을 정하여 저축하는 상품으로 처음에 한 번에 목돈을 예치하여 만기 때 원리금을 받는다. 따라서 목돈 굴리기에 적합한 상품이다.

수익성 금융상품은 양도성예금증서(CD: negotiable certificate of deposit)[5]·환매조건부채권(RP: repurchase agreement)[6] 등 시장형 금융상품과 금전신탁[7]·수익증권[8] 등 실적배당형 금융상품, 금융채, 거주자 외화예금[9] 등이 있다.

$$광의통화(M_2) = 협의통화(M_1) + 저축성예금, 각종 수익성 금융상품$$
$$= 협의통화(M_1) + 준예금통화 \qquad (1-2)$$

저축성예금이나 각종 금융상품은 결제수단으로 사용하기보다는 자산 증식을 위한 일정기간 저축수단으로 사용하지만 이자소득만 포기하면 언제든지 결제수단으로 사용할 수 있다. 또한 거주자 외화외예금도 언제든지 원화로 바꾸어 결제수단으로 국내에서 사용할 수 있다.

---

4 정기적금은 정기적(매월)으로 일정한 금액을 정하여 저축하거나 자유롭게 저축할 수 있는 상품으로 매월 돈을 입금하여 목돈을 만든 후 만기에 원리금을 받는다. 따라서 목돈 만들기에 적합한 상품이다.

5 은행이 정기예금에 대하여 발행하는 무기명의 예금증서로서 은행의 정기예금에 양도성을 부여한 것이다.

6 채권발행자가 일정기간 후에 이자를 더해 다시 사는 조건으로 파는 채권이다. 환매조건부채권 거래는 한국은행이 시중 통화량을 조절하는 대표적 수단으로 꼽힌다. 통화량이 넘친다고 판단되면 환매조건부채권을 매각해 유동성을 흡수하고 통화량이 부족하다고 판단되면 환매조건부 채권을 매입한다.

7 금전신탁은 수탁자가 금전을 신탁재산(고객이 맡긴 재산)으로 위탁받아 이를 대출, 채권 등 적절한 투자대상에 운용하여 얻은 이익을 수익자에게 금전 등의 형태로 되돌려 주는 상품이다. 은행에서 취급하고 있는 금전신탁은 신탁계약 및 법령 범위 내에서 규정된 것에 한하여 운용하고 실적배당을 하는 반면, 예금은 운용방법에 원칙적으로 제한이 없고 확정이율을 지급한다.

8 수익증권은 고객이 맡긴 재산을 투자운용하여 거기서 발생하는 수익을 분배받을 수 있는 권리(수익권)를 표시하는 증서(유가증권)를 말한다.

9 거주자 외화예금은 내국인과 국내기업, 국내 6개월 이상 거주한 외국인, 국내에 진출해 있는 외국 기업 등이 보유한 국내 외화예금의 총합이다.

읽을 거리

리디노미네이션(Re-denomination, 통화액면단위변경)이란?

리디노미네이션은 '다시(re)'와 '화폐 액면단위 절하(denomination)'를 합친 단어로, 화폐 액면가를 동일한 비율의 낮은 숫자로 바꾸는 일이다. 이를테면 10,000원을 10원, 1,000원을 1원 등으로 변경하는 것이다. 화폐개혁의 일종으로 단순히 단위만 바뀌기 때문에 화폐가치가 올라가거나 내려가지 않는다. 새로운 1원은 기존 1,000원의 가치를 갖게 된다.

▶ 우리나라 과거 두 차례 화폐단위 조정

우리나라는 과거 두 번의 리디노미네이션을 단행한 적이 있다. 1차 리디노미네이션은 1953년 2월 이승만 대통령이 「대통령긴급명령 제13호」를 공표하면서 화폐단위를 원에서 환으로 변경하고 화폐 액면가를 100대 1로 절하했다. 100원은 1환으로 변경됐다. 이는 한국전쟁으로 생산활동이 위축된 상황에서 군사비 지출 등으로 초래된 인플레이션을 수습하기 위한 조치였다.

2차 리디노미네이션은 1962년 6월 박정희 정권시절에 단행됐다. 박정희 당시 국가재건최고회의 의장은 「긴급통화조치법」으로 화폐단위를 다시 환에서 원으로 바꿨고 액면가는 10분의 1로 조정했다. 10환은 1원으로 변경됐다. 2차 리디노미네이션은 국가 경제개발계획에 따른 산업자금 확보를 위해서 이뤄졌다. 이때부터 지금까지 우리나라 화폐단위는 그대로 유지됐다.

▶ 리디노미네이션, 왜 필요한가

최근 이러한 리디노미네이션에 대한 논의가 계속되는 이유는 그만큼 우리나라 경제 규모가 성장했기 때문이다. 한국은행이 지난 4월 10일 발표한 우리나라 총금융자산은 1경 7,148조 780억원(17,148,078,000,000,000원)인 것으로 조사됐다. 1962년 2차 리디노미네이션 단행 이후 57년째 화폐액면 단위가 묶여 있는 동안 국민총소득은 4,800배 넘게 불어나면서 이와 같은 현상이 나타난 것이다.

이렇게 0의 개수를 세기도 어려울 만큼 경제 규모가 커진 상황에서 높은 단위 액면가를 편리하게 낮은 단위로 조정할 필요가 있다는 것이다. 이렇게 단위를 줄여 표시하는 것은 지금도 음식점이나 커피숍 등 생활 속에서 어렵지 않게 볼 수 있다. 21,000원짜리 음식은 21로, 4,500원 커피는 4.5로 표기하는 것을 본 적이 있을 것이다.

또한 경제협력개발기구(OECD) 30여 회원국 가운데 1달러화 대비 환율이 1,000단위인 나라는 우리나라가 유일하다. 화폐단위를 낮추면 1달러=1.19원이 되기 때문에 원화 가치가 오르는 효과를 볼 수 있다. 유로나 파운드와 비교했을 때도 비슷한 정도로 통화가 표시되어 대외 위상도 높아질 수 있을 것으로 보인다. 지하경제 양성화에도 도움이 된다는 의견도 있다. 우리나라 지하경제 규모는 국내 총생산의 20~25%로 추정되는데 이는 대략 350~450조 원일 것으로 보인다. 화폐단위가 변경되면 새 화폐로 바꾸기 위해 지하경제의 숨은 돈이 나올 수밖에 없고, 이를 통해서 세수도 증가할 것이라는 예측이 나오고 있다.

▶ 리디노미네이션 부작용

리디노미네이션의 가장 큰 부작용으로 전문가들은 물가인상을 꼽는다. 1,000원 하던 물건이 1원이 되고, 10억원 아파트가 100만원이 된다고 하면 상대적으로 '싸다'고 느끼면서 소비가 늘어 물가를 자극하기 때문이다. 하지만 5천만원 연봉은 5만원으로 바뀌는 등 자산과 소득 역시 동일하게 단위가 줄어 물가상승은 일시적인 현상으로 끝날 것이라는 의견도 있다. 화폐단위 조정에 따라 신규 화폐 제작과 금융/회계시스템 교체 비용에 막대한 예산이 초래되는 것 역시 대비해야 한다.

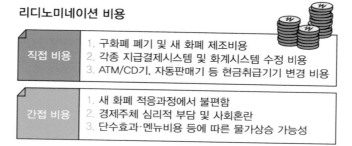

리디노미네이션 비용

직접 비용	1. 구화폐 폐기 및 새 화폐 제조비용
	2. 각종 지급결제시스템 및 화계시스템 수정 비용
	3. ATM/CD기, 자동판매기 등 현금취급기기 변경 비용

간접 비용	1. 새 화폐 적응과정에서 불편함
	2. 경제주체 심리적 부담 및 사회혼란
	3. 단수효과·멘뉴비용 등에 따른 물가상승 가능성

[출처: 머니투데이(www.mt.co.kr), 2019. 6. 3.]

---

section 02 ┃ 금융시장 참가자와 금융시장

📊 01 ┃ 금융시장 참가자

아담 스미스(Adam Smith)가 1776년에 쓴 국부론(The Wealth of Nations)은 국가 부의 창출과 창출된 부의 공평한 배분을 통해서 국민을 잘 살게 하는 문제를 다루고 있다. 국부론이 경제학의 효시가 된 이래 산업혁명을 거쳐 자본주의 경제체제가 출범하였다. 자본주의 경제체제하에서 자신의 의지와 판단에 의해 경제활동을 하는 경제주체는 가계, 기업, 정부가 있다. 경제활동이란 사람에게 필요한 재화나 서비스를 생산, 분배, 소비하는 모든 활동을 의미한다. 각 경제주체는 각자의 목표를 가지고 경제활동을 한다.

(1) 가계

가계는 경제활동의 대가로 획득하는 소득을 가지고 상품의 구매 및 소비활동을 하는 경제주체이다. 소비주체인 가계가 생산주체인 기업이 생산하는 상품을 지속적으로 소비하게 되면 정상적인 경우 기업의 생산이 증가하고 기술이 발전될 수 있고, 반대로 상품에 대한 소비가 감소하게 되면 기업의 생산이 줄어듦을 의미한다.

가계는 소비활동에 필요한 돈을 벌기 위해서 기업이나 정부에게 노동력을 제공하고, 소비하고 남은 부분은 금융회사에 저축을 하거나, 기업이 발행한 주식이나 채권과 같은 금융상품에 직접 투자한다. 이때 금융상품의 투자 대가로 기업으로 들어간 가계의 돈은 기업운영자금이 된다.

(2) 기업

경제주체들 간의 상호작용 시 생산을 전문으로 하는 기업은 경제를 성장시키는 원동력이라 할 수 있다. 낮은 비용으로 생산하여 이윤을 추구하는 기업이 지속적으로 운영되기 위해서는 지속적으로 자금이 필요하다. 예를 들어, 기업이 우수한 품질의 상품을 생산하여 판매가 활발하면 기업은 공장을 확장하기 위해 돈이 필요해진다. 통상적으로 기업은 돈을 항상 필요로 하는 자금수요자이다.

이처럼 기업은 기업 본연의 활동인 생산을 통한 이익획득을 위해서 유리한 조건으로 자금을 조달하여 토지, 건물, 기계 등의 실물자산에 투자한다. 이와 관련된 기업의 가장 중요한 재무의사결정은 자금조달의사결정(financing decision)과 투자의사결정(investment decision)이다. 자금조달의사결정은 기업의 장기투자를 뒷받침하기 위한 장기자금을 획득하고 관리하는 의사결정이고, 투자의사결정은 조달된 자금으로 어떠한 실물자산에 어떻게 투자할지에 대한 의사결정이다.

(3) 정부

정부는 사회 전체의 후생극대화를 목표로 가계와 기업의 경제활동에 개입하여 시장경제가 제 기능을 하도록 법규를 만들고 집행함으로써 민간경제주체인 가계 및 기업과 상호작용을 한다. 예를 들어, 시장에만 맡겨 둘 경우 발생할 수 있는 독과점으로 인한 비효율을 막는다거나 소득분배의 불균형을 개선하기 위해 노력한다. 또한 가계나 기업이 생산하기 어려운 국방, 외교, 치안 등의 공공재와 철도, 도로, 항만과 같은 사회간접자본도 생산한다. 이러한 활동을 위해서 많은 돈이 필요하며, 정부는 필요한 돈을 세금으로 거두거나 국채 등을 발행하여 충당하고 있다.

📊 02 | 금융시장

금융시장은 돈을 빌리고 빌려오는 장소를 말한다. 즉, 금융시장은 자금수요자와 자금공급자 간에 금융상품과 교환되어 돈이 융통되는 금융거래가 이루어지는 추상적인 장소를 말한다. 돈을 빌려오거나 빌려줄 때 돈과 교환되는 주식이나 채권은 금융상품이라고 한다.

돈에 여유가 있는 사람(자금공급자)은 돈을 필요로 하는 사람(자금수요자)에게 돈을 빌려줄 수 있다. 자금공급자와 자금수요자가 직접 돈을 융통하느냐 혹은 은행이나 보험회사와 같은 금융회사를 통해 융통하느냐에 따라 금융시장을 직접금융시장과 간접금융시장으로 구분할 수 있다.

(1) 간접금융시장

간접금융시장은 돈의 융통과정에서 중간매개체로 은행이나 보험회사와 같은 금융회사가 존재하는 시장을 말한다. 금융회사는 예금·적금, 보험상품 등을 통하여 돈을 모아서 자금수요자인 기업에게 빌려주게 된다. 대표적인 간접금융시장인 예대시장은 자금수요자와 자금공급자 사이에 은행이 개입하여 은행이 자금공급자에게 이자를 주고 돈을 빌려와서 모은 큰 규모의 돈을 이자를 받고 기업에게 대출해주는 시장을 말한다.

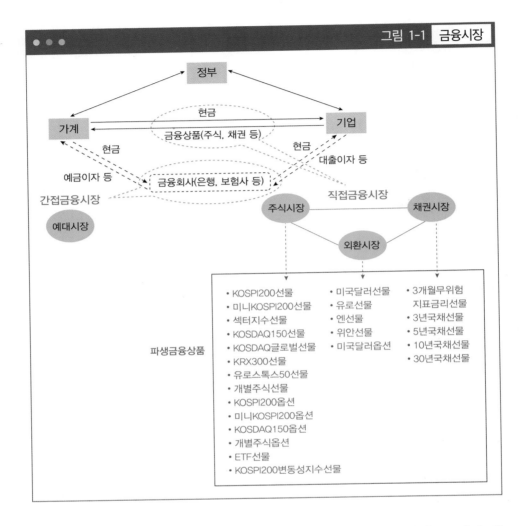

그림 1-1 금융시장

정부

가계

현금

금융상품(주식, 채권 등)

기업

현금

현금

대출이자 등

예금이자 등

금융회사(은행, 보험사 등)

간접금융시장

직접금융시장

예대시장

주식시장

채권시장

외환시장

파생금융상품

• KOSPI200선물
• 미니KOSPI200선물
• 섹터지수선물
• KOSDAQ150선물
• KOSDAQ글로벌선물
• KRX300선물
• 유로스톡스50선물
• 개별주식선물
• KOSPI200옵션
• 미니KOSPI200옵션
• KOSDAQ150옵션
• 개별주식옵션
• ETF선물
• KOSPI200변동성지수선물

• 미국달러선물
• 유로선물
• 엔선물
• 위안선물
• 미국달러옵션

• 3개월무위험 지표금리선물
• 3년국채선물
• 5년국채선물
• 10년국채선물
• 30년국채선물

일반적으로 가계는 벌어들인 돈을 소비하고 남은 돈은 저축한다. 그러면 왜 저축을 할까? 저축은 현재소비를 줄이고 대신 미래소비를 늘리는 것을 의미한다. 현재 소비를 늘리면 당장의 만족감은 높아지지만 미래의 쓸 돈이 줄어들게 된다. 따라서 현재의 욕구를 포기하는 대가로 이자를 받아 미래에 더 큰 소비를 할 수 있도록 저축을 한다. 여러 사람이 저축하면 큰 목돈이 되어 은행은 기업에게 빌려줄 수 있다.

결국 가계는 저축을 함으로써 은행으로부터 이자를 받을 수 있고 은행은 기업에게 이자를 받고 이 돈을 빌려주는 셈이 된다. 이자는 돈의 사용 대가로 지불하는 돈을 말하는데, 가계가 은행으로부터 받는 이자를 예금이자라고 하고 은행이 기업에게 받는 이자를 대출이자라고 한다. 통상 은행은 낮은 예금이자로 돈을 빌려와서 높은 대출이자를 받고 돈을 빌려주어 대출이자에서 예금이자를 뺀 나머지 부분인 예대마진을 획득하게 된다.

간접금융의 경우 자금공급자의 입장에서 볼 때 만약 자금수요자가 도산할 경우에는 금융기관이 손해를 보게 되며 자금공급자와는 관계가 없다. 하지만 금융회사가 도산을 하게 되면 자금공급자가 원금을 떼일 수 있다. 자금수요자인 기업입장에서는 기업의 지배구조에 영향을 주지 않고 돈을 차입하거나 상환할 수 있는 장점이 있다. 하지만 이 경우에도 신용이 낮을 때에는 담보로 제공할 자산을 따로 마련해야 하거나 은행으로부터 경영에 대한 간섭을 받을 수도 있다.

(2) 직접금융시장

직접금융시장은 자금수요자와 자금공급자가 금융기관을 개입시키지 않고 돈을 직접 융통하는 시장을 말한다. 우리나라는 1960년대 이후 경제개발과정에서 은행대출과 차관도입 등 간접금융에 의존하여 왔다. 하지만 간접금융을 통한 산업자금조달은 효율성이나 규모에 있어 실물경제를 지원하는 데 한계가 있었기 때문에 양질의 산업자본조달을 위한 직접금융의 확충이 절실히 요구되었다.

이에 한국거래소(KRX: Korea Exchange) 내에 1953년 3월에 주식시장인 유가증권시장의 개설을 시작으로 코스닥시장, 코넥스시장이 차례로 개설되었고, 채권시장인 국채전문유통시장, 환매조건부채권(Repo)시장, 일반채권시장, 소액채권시장도 한국거래소 내에 개설하였다.

현재는 금융시장에서 거래되는 금융상품의 종류에 따라 주식시장, 채권시장, 외환시장이 금융시장의 세 축을 이루고 있으며, 여기에 주식, 채권, 외환의 가치가 하락할 경우의 손실을 상쇄하기 위해서 주식, 채권, 외환을 기초자산으로 하여 만든 파생금융상품인 선물과 옵션이 거래되는 선물시장과 옵션시장이 직접금융시장의 중심을 담당하고 있다.

직접금융시장에서 기업은 필요로 하는 돈을 빌려서 조달하거나 기업의 소유지분을 팔아서 조달할 수 있다. 기업이 돈을 빌려올 경우 빚졌다는 것을 나타내는 증표를 주는데 이것을 채권이라고 한다. 기업이 소유지분을 팔아서 돈을 조달할 경우에는 회사의 주인임을 나타내는 증표인 주식이라는 것을 준다.

먼저, 채권의 경우를 살펴보자. 기업이 돈을 빌릴 경우 돈을 빌렸다는 증표로 빌린 돈을 갚는 시점(만기), 만기가 되기까지 정기적으로 지급하는 이자(액면이자율), 만기일에 지급되는 금액(액면금액) 등이 적혀 있는 채무증서를 준다. 이 채무증서를 채권이라고 부른다.

예를 들어, K기업이 A로부터 100억원을 빌려오면서 A에게 액면금액 100억원, 만기 5년, 1년 단위로 이자율 3%인 채권을 준다고 하자. 채권을 받은 A는 매년 이자를 3억원(＝100억×3%)씩 5년간 받고 5년 후에는 원금 100억원을 돌려받는다. 기업입장에서는 A로부터 빌린 돈은 결국 A에게 채권이라는 물건을 팔아서 받은 것과 마찬가지이므로 이를 채권매도 혹은 채권발행이라고 표현한다.

기업이 채권을 팔아서 조달한 돈은 기업의 타인자본으로 전환되어 기업 활동의 기초가 된다. 채권소유자 입장에서는 돈을 빌려준 사람인 채권자가 된다. 채권자는 채권을 만기까지 보유하면서 이자 및 원금을 받을 수도 있고, 만기 이전에 채권시장에서 채권을 팔아서 현금화할 수도 있다.

주식의 경우를 살펴보자. 예를 들어, B가 S기업의 자본금 100억원을 전액 납입하여 100% 소유하고 있고, 기업의 운영이 성공적이어서 100억원이 더 필요하게 되었다고 하자. C가 100억원을 납입하는 대가로 이 기업의 소유주라는 주주권을 표시하는 증표인 주식을 받게 되면, 총자본 200억원짜리 기업을 B와 C가 각각 50%씩을 소유하게 된다. 기업입장에서는 C로부터 받은 돈은 결국 C에게 소유지분을 나타내는 주식이라는 물건을 팔아서 받은 것과 마찬가지이므로 이를 주식매도 혹은 주식발행이라고 표현한다.

기업이 주식을 발행하여 조달한 돈은 기업의 자기자본으로 전환되어 기업 활동의 기초가 된다. 주식소유자 입장에서는 기업의 주인인 주주로서 지분만큼 소유권을 갖는다. 채권과 마찬가지로 주식소유자는 주식을 계속 보유하여 매년 기업이 벌어들인 이익을 소유지분 비율대로 배당이라는 이름으로 현금을 분배받을 수도 있고, 주식시장에서 주식을 팔아서 현금화할 수도 있다.

결국, 기업입장에서 볼 때 직접금융으로 조달해 온 기업운영자금은 기업주인의 돈인 자기자본이거나 다른 사람으로부터 장기로 빌려오는 타인자본이며, 기업은 이 자금을 비유동자산 등 장기적으로 운용하는 자산에 투자하여 효과적으로 이용할 수 있다. 하지만 기업의 신용상황이 좋지 않을 때는 돈을 직접 빌려오기 힘들 수도 있고(채권발행 실패), 기업의 소유지분을 매각(주식발행)하여 돈을 조달해올 때는 기업의 주인이 여러 명으로 많아져 기업의 지배구조에 영향을 미칠 수도 있다.

이에 비해 은행의 대출을 통해 기업운영자금을 조달하는 간접금융의 경우에는 기업의 지배구조에 영향을 주지 않고 돈을 차입하거나 상환할 수 있다. 하지만 이 경우에도 신용이 낮을 때에는 담보로 제공할 자산을 따로 마련해야 하거나 은행으로부터 경영에 대한 간섭을 받을 수도 있다.

📈 03 ┃ 금융시장의 기능

(1) 자본자원배분

금융시장은 자금공급자와 자금수요자를 연결시켜줌으로써 자본의 효율을 높이고 기업설립을 가능케 하여 국민경제의 생산성 향상에 기여하게 된다. 만약 금융시장 중 주식시장의 투자자들이 어떤 기업에 대해서 미래수익성이 좋다는 전망을 가지고 있다면 투자자들은 이 기업의 주식에 투자하게 될 것이다. 이 투자자금은 기업에서 연구개발에 투자되거나 새로운 생산시설을 건설하고 사업을 확장하는 데 사용된다. 반대로 투자자들이 기업의 미래 수익성에 대해 좋지 않게 전망한다면 주식을 팔게 되어 주가는 하락하게 된다. 이 기업은 사업을 축소해야만 하고 궁극적으로 사라져버릴 수도 있다. 이와 같이 금융시장은 투자자들에게 자금을 운용할 수 있는 금융자산을 제공하여 투자수익성이 높은 기업으로 자본이 효율적으로 배분되도록 한다.

(2) 투자자의 소비시점 결정

금융시장은 투자자가 소비시점을 조정할 수 있게 해 준다. 어떤 사람들은 현재의 소비수준보다 소득이 더 높은 반면, 다른 사람들은 소득보다 지출이 더 많을 수 있다. 소득이 높은 시기에는 주식이나 채권과 같은 금융자산에 투자하고 소득이 낮은 시점에는 이들 증권을 매각함으로써 일생 동안에 걸쳐 가장 큰 효용을 주는 시점으로 소비를 배분할 수 있다. 금융시장은 소비가 현재의 소득에 한정되는 제약으로부터 벗어나 투자자가 원하는 시점에 소비를 할 수 있게 한다.

(3) 위험배분

금융시장은 다양한 금융상품을 제공함으로써 투자자에게 위험을 배분하도록 해 준다. 예를 들어, 대기업이 투자자들에게 주식과 채권을 매각하여 새로운 공장건설을 위한 자금을 마련한다고 하자. 보다 낙관적이거나 위험에 덜 민감한 투자자들은 주식을 매수하는 반면, 더 보수적인 투자자들은 고정된 원리금의 지급을 약속하는 채권에 투자할 것이다. 금융시장은 투자자가 위험선호도에 맞춰 금융자산을 선택할 수 있게 한다.

section 03　금융기관

금융기관은 관점에 따라서 그리고 그 나라의 금융구조에 따라서 다양하게 분류할 수 있다. 우리나라의 금융기관은 제공하는 금융서비스의 성격에 따라 은행, 비은행예금취급기관, 금융투자업자, 보험회사, 기타 금융기관, 공적금융기관과 직접적으로 금융거래에 참여하지 않지만 금융시스템이 효율적이 되도록 돕는 금융보조기관이 있다.

표 1-1 우리나라 금융기관

은행	일반은행	시중은행(인터넷전문은행 포함), 외국은행 국내지점
	특수은행	
비은행 예금취급기관	상호저축은행	
	신용협동기구	신용협동조합, 새마을금고, 상호금융(농업협동조합, 수산업협동조합, 산림조합)
	우체국예금	
	종합금융회사	
금융투자업자	투자매매업자	증권회사
	투자중개업자	증권회사
	집합투자업자	자산운용회사
	투자일임업자	증권회사, 자산운용회사, 투자일임회사
	투자자문업자	증권회사, 자산운용회사, 투자자문회사
	신탁업자	증권회사, 자산운용회사, 신탁회사
보험회사	생명보험회사	
	손해보험회사	재보험회사, 보증보험회사
	우체국보험	
	연기금	
기타 금융기관	금융지주회사	
	여신전문금융회사	
	벤처캐피탈회사	
	증권금융회사	
공적금융기관	한국자산관리공사, 한국주택금융공사, 한국투자공사 등	
금융보조기관	한국은행, 금융감독원, 예금보험공사, 금융결제원, 한국거래소, 한국예탁결제원, 신용보증기관, 자금중개회사 등	

자료: 한국은행(www.bok.kr.kr)

📊 01 ┊ 은행

은행에는 「은행법」에 의해 설립된 일반은행과 개별 특수은행법에 의해 설립된 특수은행이 있다. 은행은 예금·대출 및 지급결제 업무를 고유업무로 하며 금융활동과 관련된 여러 서비스를 제공함으로써 금융생활의 편의를 제공하고 있다. 「은행법」에 의해 설립된 일반은행은 이러한 업무를 주로 하고 있다. 특수은행은 필요한 자금을 충분히 공급하기 어려운 특정부문에 자금을 원활히 공급하는 역할을 한다.

(1) 일반은행

일반은행은 시중은행, 지방은행, 외국은행 국내지점으로 분류된다. 시중은행은 은행업을 인가받아 운영 중인 인터넷전문은행 3개사를 포함하며, 전국을 대상으로 영업을 한다. 지방은행은 특정지역을 대상으로 영업을 한다. 일반은행은 화폐대차 매개, 화폐지급 매개, 예금통화 창출이라는 중요한 기능을 담당한다.

첫째, 화폐대차 매개는 은행이 가계로부터 이자를 주고 돈을 빌려와서 돈이 필요한 기업에게 이자를 받고 대출하는 과정이 은행을 매개로 이루어지는 것을 말한다. 은행은 이 역할을 통하여 간접금융거래의 핵심적 역할을 한다.

둘째, 화폐지급 매개는 은행 장부상의 대체를 통하여 관계되는 각자가 은행에 보관된 화폐를 서로 주고받을 수 있도록 하는 역할을 말한다.

셋째, 은행은 예금통화를 창출할 수 있다. 중앙은행인 한국은행이 시중에 본원통화[10]를 공급하면 시중에 공급된 돈의 일부는 시중은행에 예금되고, 이 돈을 받은 은행은 다른 사람에게 일부는 대출하고 일부는 지급준비금으로 한국은행으로 들어간다. 이러한 은행의 대출과 예금자의 예금과정의 반복을 통해 처음에 한국은행이 공급했던 돈이 몇 배로 늘어나는 것을 예금통화 창출이라고 한다.

예를 들어, 한국은행이 A에게 공사대금으로 1,000만원을 지급하였다고 하자. A는 이 돈을 일반은행인 B은행에 예금하였다. B은행은 지급준비금 20%인 200

---

10 본원통화는 한국은행이 지폐와 동전으로 중앙은행 창구를 통해서 발행한 돈을 말한다. 본원통화는 민간이 갖고 있는 현금과 시중은행의 지급준비금(은행 고객이 예금을 찾으러 올 경우에 대비해서 은행이 예금의 일부를 한국은행에 예치(법정준비금)하거나 자신의 금고에 남겨 놓은 돈(시재금)의 합으로 측정된다.

만원을 남겨두고 800만원을 다른 사람인 C에게 대출할 수 있다. C가 800만원을 대출받아 일반은행인 D은행에 모두 예금하였다면 D은행은 지급준비금 20%인 160만원을 남겨두고 640만원을 다른 사람인 E에게 대출하게 되면 E는 이 돈을 F은행에 모두 예금할 수 있다.

이러한 과정의 무한반복을 통해 예금통화는 최대 5,000만원까지 늘어나게 된다. 왜냐하면, 총예금규모는 B은행의 예금 1,000만원, D은행의 예금 800만원, F은행의 예금 640만원과 같이 지급준비율 20%의 승수로 예금규모가 무한히 증가하기 때문이다.

$$
\begin{aligned}
\text{총예금규모} &= 1{,}000\text{만원} + 800\text{만원} + 640\text{만원} + 512\text{만원} + \cdots \\
&= 1{,}000\text{만원}(1 + 0.8 + 0.8^2 + 0.8^3 + \cdots) \\
&= 1{,}000\text{만원} \times \frac{1}{1-0.8}\,^{[11]} \\
&= 5{,}000\text{만원}
\end{aligned}
$$

(2) 특수은행

특수은행은 일반은행이 재원의 제약, 수익성 확보의 어려움 등을 이유로 필요한 자금을 충분히 공급하기 어려운 부문에 자금을 원활히 공급하기 위하여 「은행법」 이외의 특별법에 의해 설립된 은행이다. KDB산업은행, 한국수출입은행, IBK기업은행, NH농협은행, Sh수협은행이 여기에 해당한다.

KDB산업은행은 1954년에 「한국산업은행법」에 의해 설립된 국책은행이다. 한국산업은행은 정부의 재정자금, 산업금융채권의 발행, 외국자본의 차입, 특수기금 등을 통해 재원을 조달하여 전력, 철강 등 기간산업과 중요 산업에 대한 자금을 공급한다.

한국수출입은행은 「한국수출입은행법」에 의해 1976년에 설립된 정부투자금융기관으로 수출입, 해외투자, 자원개발에 필요한 자금을 지원한다.

---

[11]
$$
\begin{aligned}
& x = 1 + 0.8 + 0.8^2 + 0.8^3 + \cdots \\
-\ & 0.8x = 0.8 + 0.8^2 + 0.8^3 + \cdots \quad (\because \text{양변에 } 0.8\text{을 곱함}) \\
\rightarrow\ & (1-0.8)x = 1 \quad \rightarrow \quad x = \frac{1}{1-0.8}
\end{aligned}
$$

IBK기업은행은 중소기업에 대한 효율적인 신용제도 확립을 통하여 중소기업의 경제활동을 지원하기 위해 1961년 「중소기업은행법」에 의해 설립되었다.

NH농협은행은 농협금융지주회사의 자회사로 존재하고 있다. 즉, 1961년 「농업협동조합법」에 의해 설립된 농업협동조합들의 연합체인 농업협동조합중앙회에서 2012년 「농업협동조합법」 개정으로 신용사업과 경제사업이 분리됨에 따라 농협협동조합중앙회 아래 농협금융지주회사와 농협경제지주회사가 각각 신설되었고, 농협금융지주회사의 자회사로 NH농협은행, 농협생명보험, 농협손해보험이 신설되었다.

sh수협은행은 「수산업협동조합법」에 의해 1962년에 설립된 수산업협동조합중앙회 내에서 신용사업(수협은행)과 다른 사업(경제사업, 지도사업 등)으로 별도로 분리하여 관리되어 오다가 2016년 「수산업협동조합법」이 개정되면서 수협은행이 독립된 법인으로서 수산업협동조합중앙회의 자회사로 분리 설립되었다.

📊 02 ┃ 비은행예금취급기관

비은행예금취급기관에는 상호저축은행, 신용협동기구, 우체국예금, 종합금융회사 등이 있다.

(1) 상호저축은행

상호저축은행은 특정한 지역의 서민 및 소규모 기업의 금융편의를 도모하고 저축을 증대하기 위해 예금과 대출 업무를 주로 담당하는 금융기관이다. 주요 대출고객이 신용도가 낮은 서민이나 기업이라는 특징으로 예금이자가 일반은행보다 높은 편이고 대출이자는 매우 높다.

(2) 신용협동기구

신용협동기구는 협동기구에 가입한 회원(조합원)에 대한 저축편의와 대출을 통한 상호 간의 공동이익 추구를 목적으로 상호부조를 위해 만든 기구로서, 과거 상호금융회사라고 하였으나 그 이후 신용협동기구라는 용어로 통일하였다. 직장 단위의 신용협동조합, 지역 단위의 새마을금고, 상호금융12을 통해 조합원

상호 간의 상호부조를 목적으로 하는 농협단위조합의 농업협동조합(지역농협) · 수협단위조합의 수산업협동조합 · 산림조합 등이 여기에 해당한다.

(3) 우체국예금

우체국예금은 민간금융이 취약한 지역을 지원하기 위해 전국의 체신관서를 금융창구로 활용하는 국영금융으로서, 오직 예금만을 받는 수신만 할 수 있고 예금종류로는 저축예금, 정기예금, 정기적금 등이 있다.

(4) 종합금융회사

종합금융회사는 가계대출, 보험, 지급결제 등을 제외한 대부분의 기업금융업무를 수행한다. 국내 종합금융회사는 종합금융서비스 제공, 외자지원과 중장기 설비금융 원활화, 금융국제화 촉진과 선진금융기법 도입을 위하여 1975년 12월에 제정된 「종합금융회사에 관한 법률」에 의거하여 1976년 4월에 처음 한국종합금융주식회사가 설립되었다. 이후 저금리 단기자금을 들여와서 고금리 장기대출을 통한 무모한 자산 확장으로 1997년 외환위기 시 대부분 정리되고 현재는 전업종금사로 우리종합금융, 종금업 겸업 증권사로 메리츠종합금융증권, 종금업 겸업 은행으로 신한은행, KEB하나은행만 남아 있다.

📈 03 ┆ 금융투자업자

금융투자업자는 주식, 채권 등 유가증권과 장내 · 장외파생상품 등 금융투자상품의 거래와 관련된 업무를 하는 금융기관이다. 「자본시장과 금융투자에 관한 법률(이하 자본시장법)」에서는 투자매매업자, 투자중개업자, 집합투자업자, 투자일임업자, 투자자문업자, 신탁업자로 분류한다.

증권회사는 주식 · 채권 등의 증권발행을 주선하고 발행된 증권의 매매를 중개하는 것이 주요 업무이고, 투자매매업[13], 투자중개업[14], 투자자문업[15], 투자일임업[16],

---

12 조합원에 대한 여신(대출)과 수신(예금)
13 누구의 명의로 하든지 자기의 계산(거래의 결과가 자신에게 귀속됨)으로 금융투자상품의 매도 · 매수, 증권의 발행 · 인수 또는 그 청약의 권유, 청약, 청약의 승낙을 영업으로 하는 것을 말한다.

신탁업[17]을 할 수 있다. 자산운용회사는 주식 및 채권을 매매하고 펀드를 운용하기 위한 펀드매니저를 두고 있는 회사로서 집합투자업[18], 투자자문업, 투자일임업, 신탁업을 할 수 있다. 투자자문회사는 금융투자상품에 대한 투자자문업을 하는 회사로서 투자자문업을 할 수 있다. 투자일임회사는 투자일임업을 하는 회사이다. 신탁회사는 신탁업을 영업으로 하는 회사이다.

📊 04 ┊ 보험회사

보험회사는 사망·질병·노후 또는 화재나 각종 사고를 대비하는 보험을 인수·운영하는 금융기관으로 생명보험회사, 손해보험회사, 우체국보험, 공제기관 등으로 구분된다. 손해보험회사에는 일반적인 손해보험회사 외에도 재보험회사와 보증보험회사가 있다. 또한 국가기관이 취급하는 국영보험인 우체국보험과 강제가입을 원칙으로 하는 사회보험을 담당하는 연기금이 있다. 「보험업법」에서는 보험을 생명보험, 손해보험, 제3보험[19]으로 나눈다.

(1) 생명보험회사

생명보험은 보험사고(사람의 질병, 상해, 사망, 혹은 노후)로 인하여 발생하는 손해의 보상(보험금)을 약속한 증서(보험증권)를 보험자가 보험계약자[20]에게 판매하

---

14 명의에 상관없이 타인의 계산(거래의 결과가 그 타인에게 귀속됨)으로 금융투자상품의 매매, 증권의 발행·인수 또는 그 청약의 권유, 청약 및 승낙을 영업으로 하는 것이므로 금융회사가 금융투자상품을 고객에게 중개하는 것을 말한다.

15 금융투자상품의 가치나 종류, 종목, 취득 및 처분, 취득·처분의 방법, 수량, 가격 및 시기 등에 대한 투자판단에 관한 자문에 응하는 것을 영업으로 한다.

16 투자자로부터 투자판단의 전부 또는 일부를 위임받아 투자자별로 구분하여 금융투자상품의 취득·처분, 그 밖의 방법으로 운용하는 것을 영업으로 한다.

17 위탁자가 특정의 재산권을 수탁자에게 이전하고 수탁자로 하여금 수익자의 이익이나 특정목적을 위하여 그 재산권을 관리, 처분하게 하는 신탁을 영업으로 한다.

18 집합투자(펀드)를 설정하고 다수의 투자자로부터 자금을 모은 뒤 이 자금을 운용하여 수익을 나누는 업무를 말한다.

19 제3보험은 사람의 질병, 상해 또는 이에 따른 간병에 관하여 약정한 급여를 제공하거나 손해의 보상을 약속한 증서를 판매하고 그 대가로 보험료를 받는 것으로 2003년도에 도입되었다.

20 보험계약자는 보험자와 계약한 당사자로서 보험료 납입의무를 가지게 된다.

고 그 대가로 보험료를 받는 것을 말한다. 생명보험상품을 취급하는 회사를 생명보험회사라고 한다. 생명보험은 보험사업의 주체인 보험회사가 보험금을 지급해야 할 원인이 되는 보험사고, 즉 담보위험의 성격에 따라 사망보험, 생존보험, 혼합보험으로 분류할 수 있다.

사망보험은 보험사고(피보험자[21]의 사망)가 발생할 경우 보험금이 지급되는 보험이다. 사망보험은 보험기간에 따라 피보험자가 정해진 기간 안에 사망했을 경우 보험금을 지급하는 정기보험과 피보험자가 어느 때고 사망하더라도 보험금을 지급하는 종신보험이 있다.

생존보험은 약속한 기간이 만료되는 날까지 살아 있을 경우에만 보험금이 지급되는 보험이다. 생존보험은 일정시점에서의 목돈 마련이 주목적이기 때문에 보장성 기능보다는 저축성 기능이 강하며, 자녀학자금 마련을 위한 교육보험과 노후생활자금 마련을 위한 연금보험이 여기에 속한다.

혼합보험은 사망보험과 생존보험의 특징을 결합시킨 것으로 저축성 기능과 보장성 기능을 절충한 보험이다. 즉, 일정 기간 내에 사망 혹은 생존을 보험사고로 하여 보험금을 지급하는 보험이다.

(2) 손해보험회사

손해보험은 보험사고(우연한 사고, 화재, 도난 등)로 인하여 발생하는 손해의 보상을 약속한 증서(보험증권)를 보험계약자에게 판매하고 그 대가로 보험료를 받는 것을 말한다. 손해보험상품을 취급하는 회사를 손해보험회사라고 한다.

생명보험과 손해보험은 취급하는 보험의 위험특성이 근본적으로 다르기 때문에 생명보험과 손해보험의 겸업은 금지되지만, 자회사 형태로의 겸영은 가능하다. 또한 생명보험회사와 손해보험회사는 모두 제3보험인 상해보험, 질병보험, 간병보험에 대해서는 자회사 설립 없이 자유롭게 취급할 수 있다.

---

21 보험에 가입하고 보험사고가 발생할 경우 그 보험급부에 의해 직접 이익을 받는 자를 피보험자라 한다. 생명보험에서의 피보험자는 보험사고(사망, 생존 등) 발생의 대상이 되는 사람을 말하며, 손해보험에서의 피보험자는 보험사고(우연한 사고)가 발생함으로써 손해를 입은 사람(손해를 보상받을 사람)을 말한다. 생명보험과 손해보험 모두 피보험자와 보험계약자가 같을 수도 있고 다를 수도 있다.

1) 재보험회사

재보험은 보험회사[22]가 보험사고 발생 시 감당하기 어려울 정도로 큰 보상을 해 줘야 할 경우 이 위험을 분산하기 위해 보험회사가 다른 보험회사에게 다시 보험을 드는 것을 말한다. 이때 다른 보험회사를 재보험회사라고 한다. 우리나라에는 코리안리라는 재보험회사가 있다.

2) 보증보험회사

보증보험회사는 보증보험을 전담하는 회사를 말한다. SGI서울보증(주)은 일반적인 보증보험을 담당하고 있고, 준정부기관인 신용보증기금은 담보능력이 저조한 중소기업의 채무를 보증하고 있으며, 기술보증기금은 중소기업과 창업기업에 대한 원활한 자금공급을 설립목적으로 삼고 중소기업과 벤처기업의 기술을 평가하여 이를 보증해 준다.

(3) 우체국보험

우체국보험은 생명보험회사의 보험에 해당하는 건강보험, 개인연금보험 등을 취급한다. 우체국의 경우 농어촌 및 도서지역까지 전국에 고루 온라인으로 연결된 대규모 체신관서를 갖추고 있어 어느 곳에서든 이용이 편리하다는 장점이 있다.

(4) 연기금

생명보험이나 손해보험 외에 강제가입을 원칙으로 하여 개인과 고용주 또는 국가가 보험료를 부담하고 소득재분배 효과를 특징으로 갖는 사회보험[23]이 있다. 우리나라의 사회보험에는 노령·빈곤과 장애·사망에 대비하여 강제가입을 하고 국가가 보장하는 공적연금[24]인 국민연금(1988) 및 특수직역연금(공무원연금,

---

22 제1의 보험회사를 원보험자 또는 원수보험자라 한다.
23 질병·노령·장애·빈곤, 환경오염, 산업재해, 실직 등과 같이 다양한 사회적 위험으로부터 모든 국민을 보호하여 빈곤을 해소하고 국민생활의 질을 향상시키기 위해 국가가 마련한 제도적 장치를 사회보장제도라 한다. 우리나라에서 시행되고 있는 사회보장제도는 노인·부녀자·아동·장애인 등을 대상으로 제공되는 다양한 사회복지서비스, 기초생활보장과 의료보장을 주목적으로 하는 공공부조인 국민기초생활보장제도, 국민연금과 같은 사회보험 등이 있다.
24 우리나라의 연금제도는 공적연금과 사적연금으로 구성되는데, 사적연금으로는 기업이 보장하는 퇴직급여제도와 개인이 가입하는 개인연금이 있다.

사립학교교직원연금, 군인연금)과 장애·사망에 대비한 산업재해보상보험(1964, 이하 산재보험), 실업에 대비한 고용보험(1995), 질병에 대비한 국민건강보험(1977), 노인장기요양보험(2008) 등이 있다. 이러한 사회보험을 취급하는 공단 중 국민연금공단이나 근로복지공단은 크게 보면 보험회사이지만 이쪽은 보통 연기금[25]으로 분류한다.

국민연금과 특수직역연금은 각 관장부처와 실무기관이 다르다. 국민연금의 정책은 보건복지부, 실무는 국민연금공단이 맡는다. 공무원연금의 정책은 행정안전부, 실무는 공무원연금공단이 맡는다. 사립학교교직원연금의 정책은 교육부, 실무는 사립학교교직원연금공단이 맡고 있다. 다만, 군인연금은 국방부가 정책과 실무를 모두 관리하고 있다.

📊 05 ┊ 기타 금융기관

기타 금융기관에는 금융지주회사, 리스·신용카드·할부금융·신기술사업금융을 취급하는 여신전문금융회사, 벤처캐피탈회사, 증권금융회사 등이 있다.

(1) 금융지주회사

지주회사는 다른 주식회사의 주식을 소유하여 지배하는 것이 주업무인 주식회사를 말한다. 따라서 금융지주회사는 주식소유를 통해 은행, 증권회사, 보험회사 등의 금융회사를 1개 이상 자회사로 소유하여 지배하는 것을 주업무로 한다. 금융지주회사는 금융회사인 자회사의 지배만을 목적으로 하는 순수지주회사이므로 자체적인 영리업무를 할 수 없고, 금융과 관련 없는 회사를 자회사로 두어서도 안 된다. 금융지주회사는 대형화를 통한 금융산업 경쟁력 제고를 위해 2010년에 최초의 금융지주회사인 우리금융지주회사가 만들어졌다. 대기업계열의 금융사들은 지배구조 여건상 금융지주회사로 전환하지 않고 한화금융네트워

---

25 연금은 노후소득보장을 위해 근로기간 중에 보험료(기여금)를 내고 일정 연령에 도달하면 급여(보험금에 해당)를 받는 것을 말한다. 기금은 특정 공공사업을 위한 재원을 마련하기 위해 정부가 조성하는 돈을 말한다. 연기금은 연금과 기금을 합친 말로서 연금을 지급하는 원천이 되는 기금을 뜻한다.

크나 동부금융네트워크처럼 계열사로 두고 있다.

(2) 여신전문금융회사

여신전문금융회사는 돈을 빌려주기(여신)만 하는 회사이다. 이 회사는 채권을 발행하여 돈을 빌려오거나 다른 금융회사에서 돈을 빌려오는 등 예금 이외의 방법으로 자금을 조달하여 대출한다. 여기에는 기업이 필요로 하는 기계·설비 등을 직접 구입하여 정기적으로 사용료를 받고 빌려주는 시설대여(리스)회사, 신용카드의 발행 및 관리, 신용카드 이용과 관련된 대금결제 등을 하는 신용카드회사, 물건을 구매한 매수인에게 물건값을 빌려주고 그 원리금을 분할하여 받는 할부금융회사, 신기술을 개발 또는 사업화하는 중소기업자(신기술사업자)에게 투자 또는 융자해주는 신기술사업금융회사가 있다.

(3) 벤처캐피탈회사

고도의 기술력을 갖고 있어 장래성은 있지만 아직 경영기반이 약해 일반 금융기관에서 융자받기 어려운 벤처 비즈니스에 대해 주식취득 등의 형식으로 투자하는 기업, 혹은 이러한 기업의 자본 그 자체를 가리킨다. 일반적으로 당해 기업이 성장한 후 자신이 취득한 주식을 상장하여 자본이익으로 수익을 올린다.

(4) 증권금융회사

증권금융회사는 일반적으로 유가증권의 발행촉진 및 원활한 유통을 도모하기 위해 주로 증권회사와 일반투자자를 상대로 증권의 취득, 보유, 유통과 관련한 자금을 공급하거나 증권을 대여해주는 업무를 영위하는 기관을 말한다. 미국이나 유럽에서는 일반금융기관이 증권금융을 취급하는 데 비해 우리나라와 일본에서는 증권금융 전담기관을 두고 있다.

📊 06 ┃ 공적금융기관

공적금융기관은 금융거래에 직접 참여하기보다 정책적 목적으로 각각의 기능에 맞게 설립된 기관을 의미한다. 여기에는 한국자산관리공사, 한국주택금융공사, 한국투자공사 등이 해당된다.

한국자산관리공사는 금융회사 부실채권 인수, 정리 및 기업구조조정업무, 금융소외자의 신용회복지원업무, 국유재산관리 및 체납조세정리 업무를 수행하는 준정부기관이다.

한국주택금융공사는 주택금융 등의 장기적·안정적 공급을 촉진하여 국민의 복지증진과 국민경제의 발전에 이바지함을 목적으로 보금자리론과 적격대출 공급, 주택보증, 유동화증권 발행 등의 업무를 수행하는 준정부기관이다.

한국투자공사는 정부와 한국은행, 공공기금 등으로부터 위탁받은 자산에 대한 운용 및 관리업무를 위한 우리나라의 해외투자전문기관(국부펀드)이다.

📈 07 ┊ 금융보조기관

금융거래에 직접 참여하는 금융회사와 달리 금융거래에 직접 참여하지 않으면서 금융시스템이 효율적으로 작동하도록 돕는 기관으로 한국은행, 금융감독원, 예금보험공사, 금융결제원, 한국예탁결제원, 한국거래소, 신용보증기관, 자금중개회사 등이 있다.

한국은행은 우리나라의 중앙은행으로 발권은행이다. 경제상황에 따라 돈의 양(통화공급)을 늘려서 이자율을 낮추기도 하고 줄여서 이자율을 올리기도 한다. 이처럼 돈의 양을 늘리거나 줄임으로써 경제활동수준을 조절하는 통화정책을 수립하고 집행한다. 한국은행은 한국은행과 금융회사들 간 거래의 기준이 되는 이자율인 한국은행 기준금리를 지표로 삼아 통화정책을 수행한다.

한국은행은 여수신정책을 통해 은행의 은행역할도 한다. 은행이 개인이나 기업에게 예금을 받거나 대출하는 것과 마찬가지로 은행이 영업을 하다가 돈이 부족하면 한국은행으로부터 돈을 빌려오거나 돈이 남으면 한국은행에 예금할 수 있다. 또한 한국은행은 정부의 은행역할도 한다. 한국은행은 세금 등 정부수입을 국고금으로 받아 두었다가 정부가 필요할 때 돈을 내준다.

금융감독원은 금융시스템 감독, 금융건전성 감독, 영업행위 감독 등의 금융감독업무, 금융회사의 규제준수 여부 등에 대한 검사업무, 금융분쟁 조정 등 금융소비자보호업무를 수행한다.

예금보험공사는 금융회사가 파산 등으로 예금을 지급할 수 없는 경우 예금의 지급을 보장함으로써 예금자를 보호하고 금융제도의 안정성을 유지하는 업무를 담당하기 위해 「예금자보호법」에 의해 설립되었다. 예금보험공사는 은행, 투자매매업과 투자중개업을 인가받은 금융회사(증권회사, 자산운용회사 등), 보험회사, 종합금융회사, 상호저축은행의 예금자에 대한 보호업무를 담당하고 있다.

금융결제원은 금융기관 간의 온라인입출금 및 이체 등 전자금융결제를 할 수 있도록 금융기관 공동전산망을 운영하는 기관으로 어음교환소의 설치 및 운영, 은행지로업무, 금융기관공동전산망 관련업무, 외환 콜 거래실 운영 등을 하고 있다.

한국예탁결제원은 주식이나 채권 등 증권의 집중예탁 및 결제업무를 담당하는 국내 유일의 증권 중앙예탁결제기관이다. 즉, 증권매매가 이루어지면 증권과 대금은 예탁결제원을 통해 계좌 간 대체의 방법으로 결제된다. 한국예탁결제원은 주식·채권 등의 증권을 예탁 받아 안전하게 보관하고 증권의 매매거래에 따른 결제를 효율적으로 처리하는 기능을 수행한다.

한국거래소는 주식, 채권, 파생상품 등을 모두 거래하는 종합거래소로서, 크게 유가증권시장, 코스닥시장, 파생상품시장의 운영 및 시장감시 등의 업무를 수행한다.

자금중개회사는 금융회사 간의 자금거래 중개를 목적으로 금융위원회의 승인을 받아 설립된 회사를 말한다. 1996년 금융기관 간의 단기금융중개를 전담하는 한국자금중개(주)가 처음 문을 연 이래, 2001년 서울외국환중개(주), 2006년 KIDB자금중개(주)가 설립되었다.

- 돈의 기능: 교환의 매개수단, 가치척도, 가치저장

- 돈의 역사
  - 상품화폐(물품화폐): 소재가치＝명목가치
  - 금속화폐: 소재가치＝명목가치
  - 주조화폐: 소재가치≠명목가치 → 그레샴의 법칙
  - 태환지폐: 법화
  ※ 수표, 신용카드, 전자화폐: 돈이 아님.

- 통화량
  - 협의통화(M_1)＝현금통화＋예금통화
    ＝현금통화＋결제성예금(요구불예금, 수시입출식예금)
  - 광의통화(M_2)＝협의통화(M_1)＋저축성예금, 각종 수익성 금융상품
    ＝협의통화(M_1)＋준예금통화

- 금융시장 참가자: 가계, 기업, 정부

- 금융시장
  - 간접금융시장: 돈의 융통과정에서 중간매개체로 금융회사가 존재
  - 직접금융시장: 자금수요자와 자금공급자가 직접 돈을 융통
    → 주식시장, 채권시장, 외환시장, 선물시장, 옵션시장

- 금융시장의 기능: 자본자원배분, 투자자의 소비시점 결정, 위험배분

- 금융회사
  - 은행: 일반은행(화폐대차 매개, 화폐지급 매개, 예금통화 창출), 특수은행
  - 비은행예금취급기관: 상호저축은행, 신용협동기구, 우체국예금, 종합금융회사
  - 금융투자업자: 증권회사(투자매매업, 투자중개업, 투자자문업, 투자일임업, 신탁업), 자산운용회사(집합투자업, 투자자문업, 투자일임업, 신탁업), 투자자문회사(투자자문업), 투자일임회사(투자일임업), 신탁회사(신탁업)
  - 보험회사: 생명보험회사, 손해보험회사, 우체국보험, 연기금
  - 기타 금융기관: 금융지주회사, 여신전문금융회사, 벤처캐피탈회사, 증권금융회사
  - 공적금융기관: 한국자산관리공사, 한국주택금융공사, 한국투자공사
  - 금융보조기관: 한국은행, 금융감독원, 예금보험공사, 금융결제원, 한국예탁결제원, 한국거래소, 신용보증기관, 자금중개회사 등

chapter

02 금융상품

section 01 | 저축과 투자

📊 01 | 저축과 투자

(1) 저축과 투자의 개요

경제학에서 저축은 경제활동으로 얻은 소득 중에서 필요한 만큼을 소비하고 미래의 지출을 위해 남겨 놓은 부분, 즉 소득 중 쓰고 남은 부분을 말한다. 가계가 저축한 돈은 기업의 투자원천이 되는 돈으로 사용된다. 따라서 외국과 거래가 없을 경우 국민경제순환에서 국내 저축액은 국내 투자액과 일치한다.

저축의 크기와 일치하는 투자는 새로운 기계와 같은 자본재를 구입하는 데 사용되는 돈, 즉 새로운 자본의 창출을 위해 사용된 구매로 정의한다. 예를 들어, A가 기존에 존재하던 기계를 구매하였다면 이는 단지 기계의 소유주만 바뀌었을 뿐으로 기존의 자산을 재분배하는 구매행위이지 투자가 아니라고 본다. 만약 A가 새로 만든 기계를 샀다면 새로운 기계의 구매는 새로 만든 기계를 경제에 더하였으므로 투자로 본다.

이러한 큰 틀에서 경제학적인 측면에서의 저축과 투자의 개념은 금융거래라는 좁은 의미로 사용될 때는 다소 다르게 구분되어 사용된다. 금융거래에서의 저축은 절약하여 모아 둔다는 사전적인 의미로 사용한다. 원금손실을 보면 모아 둘 수 없다. 따라서 저축을 하면 정기예금과 같이 원금이 확실하게 회수되는 것처럼 미래 현금흐름이 보장된다.

투자는 이익을 얻기 위해서 가능성을 믿고 자금을 댄다는 의미로 사용하며 주식, 채권, 선물, 옵션 등 금융상품이 대표적인 투자의 대상이다. 이들 상품의 가격상승 가능성을 믿고 금융상품을 살 경우 기대대로 가격이 오른다면 이익을 낼 수 있다. 하지만 기대와 반대로 가격이 하락한다면 원금손실을 볼 수도 있다. 금융에서는 자산가격의 상승 혹은 하락이라는 변동성을 위험(risk)이라고 정의한다. 투자에는 항상 미래수익에 대한 위험이 따른다.

정기예금이나 정기적금과 같이 미래의 기대현금흐름이 확정된 저축은 확정된 이자율을 보장받는다. 반면, 투자는 미래라는 시간과 불확실이라는 위험을 떠안는 대가가 있어야 하므로 투자자가 기대하는 수익률(=요구수익률)은 시차보상인 무위험수익률과 위험보상인 위험보상율이 합쳐진 수익률이 된다.[1]

예를 들어, A가 1년 동안 100만원을 운용하고자 하는데, 이자율이 3%인 정기예금에 가입하는 1안과 주식을 사는 2안 중 어느 것을 선택해야 할까? 1안을 선택한다면 A는 1년 후에 원금 100만원과 시차보상인 이자 3만원을 확실하게 받는다. 하지만 2안을 선택한다면 A는 주식가격이 최소한 3% 이상 올라갈 것을 기대해야 한다. 만약 기대대로 주가가 상승하지 않고 하락한다면 A는 원금손실을 볼 수도 있다. 따라서 A의 기대수익률은 시차보상뿐만 아니라 위험보상도 고려하여 3% 이상(=3%+위험보상율)이 되어야 한다.

이처럼 확실하게 원금을 보장받는 정기예금과 같은 위험이 없는 상품에 돈을 운용하면 저축한다고 하고, 원금을 보장받지 못하는 주식과 같은 상품에 돈을 운용하면 투자한다고 한다.

---

1 원칙적으로 저축은 확실한 이자율, 투자는 불확실한 수익률로 사용하지만 이자율은 무위험수익률이므로 모두 수익률로 사용하기도 한다. 또한 저축의 수익률은 돈을 투하하는 시점에 예상하는 기대수익률인 사전적 수익률로, 투자의 수익률은 돈이 투하된 후에 결과를 나타내는 사후적 수익률로 구분하기도 한다. 금융시장에서 일반적으로 사용하는 이자율(금리)은 수익률 개념이다. 수익률은 투자한 금액 대비 얼마나 벌었는지를 나타내는 투자수익의 의미이다. 예를 들어, 만기 1년인 100만원짜리 채권을 사서 1년 후에 이자 10만원과 원금 100만원을 받았다면 수익률은 10%(=10만원/100만원)이다. 만약 만기 1년, 원금 100만원인 채권을 현재 90만원에 사서 만기 시에 100만원을 받았다면 할인된 10만원은 이자를 미리 받은 것이고, 수익률은 11.1%(=10만원(이자)/90만원)이다. 그리고 100만원짜리를 10만원 할인받아서 90만원에 샀으므로 할인율은 10%(=10만원(할인금액)/100만원)가 된다.

(2) 저축에서 투자로 이동

우리나라는 1997년 외환위기 이후 우리 경제가 선진 경제로 진입하는 과정에서 금융회사들이 안전한 국공채 투자를 선호하여 이자율하락을 초래하였고 정부도 경기부양 및 금융시장 안정화를 위해 저금리 기조를 유지함에 따라 이자율이 하락하는 추세를 나타내었다.[2]

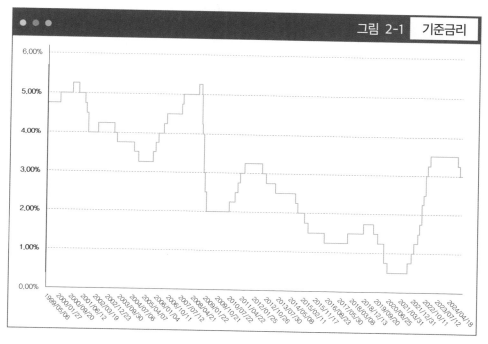

자료: 한국은행

특히 이자율이 낮을 때에는 실질이자율이 명목이자율(실질이자율에서 물가상승률을 더한 이자율)보다 중요하다. 왜냐하면, 아무리 명목이자율이 높아도 물가상승률이 높다면 우리가 실제로 느끼는 실질이자율은 낮아질 수밖에 없기 때문이다.

확실한 원금을 확보할 수 있는 저축의 경우에는 물가상승률을 고려한다면 실질적으로는 원금확보도 어려울 수도 있다. 예를 들어, 명목이자율이 3%인데 물

---

2 2008년 글로벌 금융위기 시기에는 기준금리가 크게 하락하였고, 1%대까지 하락했던 기준금리가 COVID-19 시기 이후 미국의 이자율 상승 영향으로 최근 3%대로 상승하였다.

가상승률이 4%라면 실질이자율은 −1%가 되어, 내 돈을 빌려주면서 오히려 내가 이자까지 줘야 하는 이상한 상황이 될 수도 있다.

그렇다면 저축은 전혀 필요 없는 것일까? 그렇지 않다. 나의 소비활동에 필요한 돈은 수시로 입출금이 가능한 예금계좌에 넣어 놓는다든지, 내년에 낼 등록금과 같이 가까운 미래에 확실히 사용할 돈은 정기예금과 같은 저축상품을 활용하면 된다.

만약 투자원금을 잃을 수 있는 주식과 같은 투자상품에 내년에 지출할 등록금을 투자할 경우 잘되면 정기예금금리 이상의 수익을 낼 수도 있지만 기대대로 되지 않을 경우에는 등록을 포기해야 하는 상황을 맞을 수도 있다. 따라서 투자상품에 대한 투자는 여유자금으로 해야 할 필요가 있다. 하지만 이자율이 낮아지는 경제상황에서는 저축을 통한 자산증식이나 노후생계보장이 어렵게 됨에 따라 고위험 고수익이라는 기본원리에 따라 어느 정도 위험을 감수하면서 그에 상응하는 높은 수익률을 얻을 수 있는 투자에 대한 관심이 보다 커지기도 한다.

📈 02 │ 화폐의 시간가치

현재 100만원을 저축하거나 투자할 때 1년 후에는 얼마를 받는 것이 적정할까? 이에 대한 답을 찾기 위해서는 화폐의 시간가치(time value of money)를 알아야 한다. 예를 들어, 이자율이 연 10%인 예금에 현재 100만원을 저축할 경우 1년 후에 110만원(＝원금 100만원＋이자 10만원)을 받는다. 이때 이자 10만원을 화폐의 시간가치라고 하고, 이자율 연 10%는 현재 금액을 동일한 가치의 미래 금액으로 전환하거나 미래 금액을 동일한 가치의 현재 금액으로 전환할 때 사용된다.[3]

따라서 현재 100만원의 가치는 미래 110만원의 가치와 동일함을 의미한다. 예를 들어, 1년 전에 10,000원이었던 피자를 사기 위해 현재 11,000원을 지불해야 하는 것은 동일한 피자를 사기 위해 1년 전 지불한 10,000원의 가치와 현재 지불한 11,000원의 가치가 같다는 것을 의미한다.

---

3 100만원×(1＋10%)＝110만원 혹은 110만원/(1＋10%)＝100만원

(1) 미래가치

이자는 계산방법에 따라 복리와 단리로 나눌 수 있다. 복리(compound interest) 는 이자가 재투자되어 매 기간마다 원금에 대한 이자뿐만 아니라 이자에 대한 이자까지 발생하는 것을 말한다. 예를 들어, 원금 100만원을 연 10% 이자율의 복리로 2년간 예금할 경우를 생각해 보자. 먼저 1년도 말에 받게 되는 금액은 원금 100만원과 이자 10만원을 합쳐서 받는다. 즉, 100만원＋100만원×0.1＝100 만원×$(1+0.1)^1$＝110만원을 받는다.

그리고 1년 말의 110만원을 10% 이자율로 1년 더 예금한다면 2년도 말에는 110만원×$(1+0.1)$＝[100만원×$(1+0.1)$]×$(1+0.1)$＝100만원×$(1+0.1)^2$＝121 만원이 되어 이자의 이자까지 붙게 된다.[4] 따라서 단리[5]로 계산할 경우의 이자 20만원에 비해 복리로 계산할 경우의 이자 21만원에는 이자에 대한 이자인 1만원 이 더 붙음을 알 수 있다.[6]

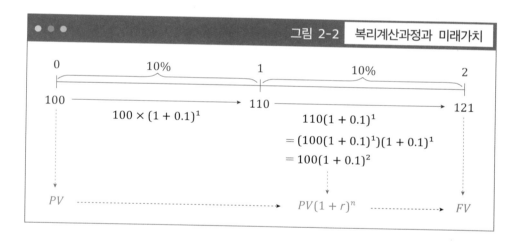

그림 2-2　복리계산과정과 미래가치

---

[4] 121만원＝110만원×$(1+0.1)$＝[100만원＋10만원]×$(1+0.1)$]＝100만원×$(1+0.1)$＋10만원×$(1+0.1)$
＝100만원＋10만원＋10만원＋1만원＝원금＋1차년도 이자＋2차년도 이자＋이자의 이자

[5] 단리(simple interest)는 이자가 재투자되지 않고 매 기간마다 원금에 대해서만 이자가 발생하는 것을 말한다. 예를 들어, 원금 100만원을 연 10% 이자율의 단리로 2년간 예금할 경우 2년도 말에는 원금 100만원과 1차년도의 이자 10만원, 2차년도의 이자 10원을 합친 금액, 즉 100만원×$(1+0.1×2)$＝120만원을 받는다. 이를 일반화하면, $FV = PV(1+r×n)$이다.

[6] 단리에 의한 미래가치 계산보다 복리에 의한 미래가치 계산이 일반적으로 많이 사용되므로 본서에서의 미래가치는 복리계산과정으로 설명한다.

현재가치 100만원 대신 PV(present value), 2년 후 미래가치 121만원 대신 FV(future value), 이자율 10% 대신 r, 기간 1년 대신 n으로 표시하여 일반화해 보자. 121만원은 100만원$\times(1+0.1)^2$으로 계산되었으므로, 이를 그대로 문자로 표시하면 다음과 같다.

$$FV = PV(1+r)^n \qquad\qquad (2-1)$$

(2) 현재가치

현재가치는 미래시점의 화폐가치가 현재시점에서는 얼마나 가치가 있는지를 나타낸 것으로 미래가치를 현재가치로 환산한 것이다. 예를 들어, 원금 100만원을 연 10% 이자로 1년간 예금할 경우 1년 후에 받게 되는 미래가치는 원금 100만원과 이자 10만원($=$100만원$\times0.1$)을 합친 110만원($=$100만원$\times(1+0.1)^1$)이다. 따라서 100만원으로의 환산은 110만원을 $(1+0.1)^1$으로 나눠주면 된다. 이러한 관계를 일반화하여 식(2-2)로 나타내었다.

$$PV = \frac{FV}{(1+r)^n} \qquad\qquad (2-2)$$

예를 들어, 매년 4%의 이자를 받을 경우 3년 후에 받게 되는 10,000,000원의 현재가치는 8,889,964원($=10,000,000/(1+0.04)^3$)이다.

 ○○○

읽을 거리

복리의 마법 '72의 법칙'

재테크 법칙 가운데 현 수익률을 복리로 적용할 때 원금이 2배로 불어나는 데 걸리는 시간을 계산하는 72의 법칙(the rule of 72)이란 게 있다. 예컨대 연 5%의 복리라면 투자자산이 2배가 되는 데 걸리는 시간은 72÷5로 계산해 14.4년이 된다. 72의 법칙은 월가의 전설적인 펀드매니저 Peter Lynch가 고안했다. 이 투자공식은 2000년 초 저금리 기조에 발맞춰 '복리의 마법'으로 소개되면서 널리 인용됐다.

복리의 마법에 관한 상징적 사례로 미국 뉴욕 맨해튼과 관련한 재미난 이야기가 전해진다.

17세기 유럽 강대국은 식민지 확보 경쟁을 벌였다. 1626년 네덜란드인들은 맨해튼을 인디언으로부터 통째로 넘겨받는 대가로 60길더(24달러)를 지불했다. 그것도 현금이 아닌 장신구와 구슬로 대신했다. 누가 보더라도 인디언이 바보짓을 했구나 싶을 수밖에 없다.

하지만 복리효과로 계산하면 사정이 달라진다. 월가 투자자 John Templeton(1912-2008)은 "24달러를 받은 인디언이 매년 8%의 복리수익률을 올렸다면 맨해튼은 물론 로스앤젤레스를 두 번 사고도 남는 돈이 됐을 것"이라고 역설했다. "복리는 가장 위대한 수학의 발견이다." 세계적인 물리학자 Albert Einstein(1879~1955)이 한 말이다.

[출처: 주간동아(weekly.donga.com), 2016. 12. 9.]

(3) 연금의 현재가치

연금이란 일정 금액의 현금흐름이 일정 기간 계속 발생하는 현금흐름 형태를 말한다. 예를 들어, 연이자율이 10%이고, 100만원을 2년 동안 매년 받는 연금[7]이 있다고 하자. 2년 동안 100만원을 연금으로 매년 받는 대신 현재 일시불로 받으면 얼마를 받을 수 있을까?

이는 1년 후에 받는 100만원의 현재가치 90.91만원($= 100$만원$/(1+0.1)^1$)과 2년 후에 받는 100만원의 현재가치 82.64만원($= 100$만원$/(1+0.1)^2$)을 합친 173.55만원이 된다. 이것을 연금의 현재가치라고 하는데, <그림 2−3>에서 나타냈듯이 2년 동안 연금의 현재가치는 기간이 1년인 경우의 현재가치와 기간이 2년이 경우의 현재가치를 합친 것이다.

$$연금의\ 현재가치 = \frac{100}{(1+0.1)^1} + \frac{100}{(1+0.1)^2} = 173.55$$

---

7 일반적으로 5년 이상 일정한 현금흐름이 발생하면 연금이라고 하는데, 본서에서는 설명의 편의상 연금을 2년으로 가정하여 설명한다.

그림 2-3 | 연금의 현재가치

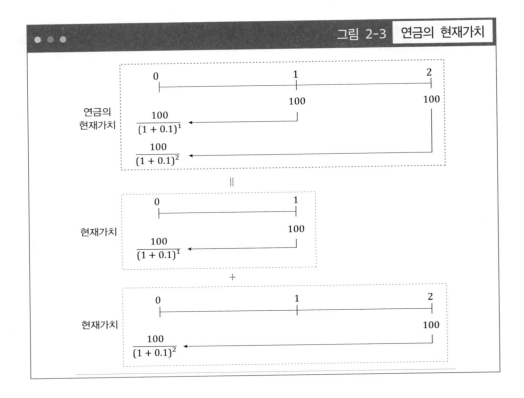

이제, 연금의 현재가치를 일반화해 보자. 위의 예에서 2년(기간) 대신 n, 100 만원 대신 C, 10% 대신 r이라고 표시하면, 매 기간 현금흐름의 현재가치를 모두 더하여 식(2-3)과 같이 연금의 현재가치를 나타낼 수 있다.

$$PV(\text{연금}) = \frac{C}{(1+r)^1} + \frac{C}{(1+r)^2} + \frac{C}{(1+r)^3} + \cdots + \frac{C}{(1+r)^n} \qquad (2-3)$$

(4) 연금의 미래가치

연금의 현재가치는 일정 기간 발생하는 현금흐름인 연금을 현재시점의 가치로 계산한 것이다. 따라서 연금의 미래가치는 매 기간 발생하는 현금흐름을 모두 미래가치로 계산하여 더해도 되지만 연금의 현재가치를 한 번에 미래가치로 계산해도 된다.

예를 들어, 연 이자율이 10%이고 2년 동안 매년 100만원을 받는 연금의 경우,

매년 받는 100만원을 하나씩 2년 후의 미래가치로 계산하여 모두 더해도 되고, 이 연금의 현재가치인 173.55만원을 2년 후의 미래가치로 계산해도 된다.

$$\text{연금의 미래가치} = 100(1+0.1)^1 + 100(1+0.1)^0$$
$$= 173.55(1+0.1)^2 = 210.01\text{만원}$$

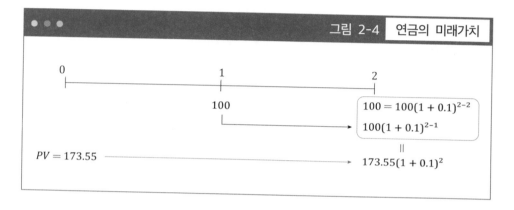

그림 2-4 연금의 미래가치

연금의 미래가치를 일반화해 보자. 위의 예에서 2년(기간) 대신 n, 100만원 대신 C, 10% 대신 r이라고 표시하면, 매 기간의 현금흐름의 n시점에서의 연금의 미래가치는 매 기간 발생하는 현금흐름의 미래가치를 모두 더하여 식(2−4)와 같이 나타낼 수 있다.

$$FV(\text{연금}) = C(1+r)^{n-1} + C(1+r)^{n-2} + \cdots + C(1+r)^0$$
$$= [PV(\text{연금})](1+r)^n \tag{2-4}$$

읽을 거리

카페라떼 효과

카페라떼 효과(caffe latte effect)란 소액저축의 중요성을 뜻하는 말로 무심코 사소한 것에 쓰는 낭비를 은유적으로 표현한 단어다. 카페라떼 효과는 사람들이 습관적으로 지출하는 소액의 기호식품에 대한 기회비용을 계산할 때 유용해진다.

예를 들어, 매일 사먹는 커피가격이 4~5천원 정도라면 이를 사먹지 않고 저축할 경우 한 달에 12~15만원 가량을 절약할 수 있다. 시계를 넓혀 이를 30년간 저축하면 물가상승률과 이자 등을 포함해 약 2억원 이상의 자금이 모이게 된다. 복리효과를 통해 시간이 지날수록 저축액은 더욱 늘어날 수 있다.

이 단어를 처음 고안한 사람은 미국의 재정전문가 David Bach다. 그는 자신의 자산관리지침서에서 4달러짜리 스타벅스 카페라떼를 예로 들며 무심코 하는 소액지출을 줄이거나 다른 것으로 대체해 장기적으로 저축하라고 조언한 바 있다.

이와 비슷한 말로 '시가렛 효과(cigarette effect)'가 있다. 담배 값이 4천 500원으로 인상된 후 이에 대한 지출을 줄여 금연을 할 경우 비슷한 효과를 누리게 되는 셈이다. 개인의 기호와 습관에 따라 각자의 카페라떼는 달라질 수 있다. 담배를 포함해 지각을 피하기 위해 습관적으로 올라타는 택시, 군것질, 게임 머니 등 소액이지만 크게 필요하지 않고, 반복적인 지출을 줄이는 것이 종자돈을 모으는 기본이 된다.

[출처: 연합인포맥스(news.einfomax.co.kr), 2016. 12. 2.]

section 02 │ 금융상품

📊 01 │ 원금손실 가능성에 따른 금융상품

금융시장에서는 많은 금융상품이 거래된다. 금융상품은 원금손실 가능성 여부에 따라 구분하거나 만기가 1년 미만인지 1년 이상인지에 따라 구분해 볼 수 있다. 원금손실 가능성 여부에 따라 구분할 경우 원금손실이 가능한 금융투자상품과 원금손실이 없는 비금융투자상품으로 나눌 수 있다.

비금융투자상품으로는 예금하는 기간 동안 확정된 이자를 보장받는 예금상품과 질병, 사망, 사고, 재난 등의 사고위험에 대비하기 위한 대부분의 보험상품이 여기에 해당한다.

금융투자상품은 원금손실을 초과하는 추가 손실 가능성에 따라 추가 손실 가능성이 없는 증권과 추가 손실 가능성이 있는 파생상품으로 나눈다.

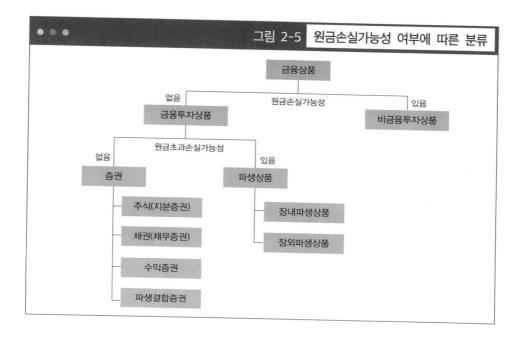

그림 2-5 원금손실가능성 여부에 따른 분류

증권은 유가증권의 준말로 증권 면에 일정한 권리나 금액이 기재되어 있어 자유롭게 매매나 양도 또는 증여 등이 가능한 종이조각을 말한다. 증권은 다시 주식(지분증권), 채권(채무증권), 수익증권, 파생결합증권[8]으로 나눌 수 있다.

파생상품은 기초자산의 가치 변동에 따라 가격이 결정되는 금융상품을 말한다. 주식이나 채권, 외환과 같은 기초자산의 가치가 변동하는 위험을 헷지하기 위하여 나타난 파생상품은 거래소 내에서 거래되는 선물, 옵션과 같은 장내파생상품과 거래소 밖에서 거래되는 스왑과 같은 장외파생상품으로 나눌 수 있다.

주식이나 채권과 같은 증권은 최악의 경우 회사가 망해서 주식가치가 0이 되거나 빌려준 돈을 못 받게 되면 주식이나 채권가치인 원금만 손실을 보면 된다. 하지만 파생상품의 경우 예를 들어, 콜옵션을 매도 할 경우 기초자산의 가격이 무한대로 상승하면 무한대로 손실을 볼 수도 있기 때문에 원금을 초과하여 손실을 볼 수도 있다.

---

8 재산적 가치를 가지는 사적인 권리를 표시하는 증권인 유가증권과 파생상품을 결합한 증권

📊 02 | 만기에 따른 금융상품

금융상품을 만기에 따라서 구분할 경우 만기 1년 미만의 금융상품은 단기금융상품이라고 하고 1년 이상의 금융상품은 장기금융상품이라고 한다.

(1) 단기금융상품

단기금융상품은 단기금융시장에서 거래되며 중앙은행의 통화정책이 단기금융시장(화폐시장: money market)에서 수행된다. 일반적으로 단기금융시장의 참가자는 위험회피성향이 크고 수익성보다 안전성과 유동성을 우선한다. 따라서 여윳돈이 있을 경우 안전성과 유동성이 큰 단기금융상품에 투자하여 운용하고 자금이 일시적으로 부족할 경우에도 단기 채무증서를 발행하여 부족한 자금을 조달할 수 있다. 단기금융상품은 콜, 환매조건부채권, 양도성예금증서, 기업어음, 전자단기채 등이 있다.

1) 콜

콜(call)은 자금거래가 전화 한 통화로 이루어진다는 의미에서 콜이라고 부르며, 금융기관 상호 간에 일시적인 자금과부족을 조절하기 위하여 초단기로 자금을 차입하거나 대여하는 금융상품을 말한다. 차입하는 입장에서는 콜머니(call money), 대출해 주는 입장에서는 콜론(call loan)이라고 부르고, 콜머니에 대한 금리를 콜금리(call rate)라고 한다.

콜거래의 최소거래금액은 1억원이고 만기는 최장 90일 이내에서 일별로 정할 수 있으며, 일시적인 자금과부족으로 인한 거래이므로 실제거래에서는 1일물 거래가 대부분이다. 콜금리는 콜시장의 자금수급사정에 따라 결정되므로 수시로 변한다. 금융회사의 단기유동성이 호전되면 콜자금의 공급이 증가하여 콜금리가 하락하고 반대로 금융회사의 단기유동성 사정이 악화되면 콜자금의 공급이 축소되어 콜금리가 상승한다.

2) 환매조건부채권

환매조건부채권(RP 또는 Repo: repurchase agreement)은 채권매도자가 일정기간이 경과한 후 정해진 가격으로 동일한 채권을 재매입하는 조건이 붙어 있는 채권거래로서, 채권매매가 처음 이루어지는 매입일[9]에 매입가를 주고 채권을 매입하는 것을 환매조건부채권 매수라고 한다.

예를 들어, 한국은행이 일정기간이 지난 후에 정해진 가격으로 다시 사들인다는 조건으로 시중은행들에게 파는 채권을 환매조건부채권(RP)이라고 한다. 이 경우 시중은행은 채권을 사들이는 대가로 한국은행에 돈을 지불하기 때문에 시중의 유동성이 줄어든다.

환매조건부채권거래를 경제적으로 보면 채권을 담보로 자금을 빌린 것과 마찬가지이다. 즉, 일정기간 동안 채권의 매도자가 매수자에게 채권을 넘겨주고 돈을 빌린 후 일정기간이 지나면 채권을 도로 회수하면서 빌린 돈을 갚는 구조이기 때문에 채권이 담보의 역할을 하는 것이다. 따라서 환매조건부채권 매도자 입장에서는 무담보 차입에 비해 저렴한 자금조달 수단이 되고, 환매조건부채권 매입자에게는 단기 여유자금을 안전하게 운용할 수 있는 수단이 된다.

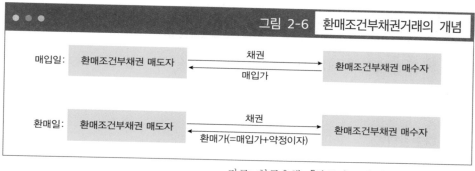

자료: 한국은행, 「한국의 금융시장」, 2016, p. 50.

환매조건부채권거래는 거래주체가 누군가에 따라 금융기관과 일반고객 간에 이루어지는 대고객 RP, 금융기관 간에 이루어지는 기관 간 RP, 한국은행의 공개시장운영 수단[10]으로써 한국은행과 금융기관 간에 이루어지는 한국은행 RP로 구분할 수 있다.

---

9 증권의 환매매가 이루어지는 시점을 환매일(repurchase date)이라 하며, 환매일의 매매가격은 환매가(repurchase price)라고 한다.

10 2008년 3월 이전까지는 한국은행의 정책금리로 익일물 콜금리가 사용되었으나, 2008년 3월 7일부터는 7일물 환매조건부채권 금리가 한국은행의 정책금리로 사용되고 있다.

대고객 RP거래의 대상채권은 국채, 통화안정증권, 금융채, 회사채 등으로 다양하며, 만기는 6일 이내가 대부분을 차지하고 있다. 기관 간 RP거래의 대상채권으로는 국채, 통화안정증권, 특수채 등이 주로 활용되고 있고, 만기별로는 익일물 거래가 대부분을 차지하고 있다.

한국은행 RP는 한국은행이 일시적인 유동성 과부족을 조절하기 위하여 RP매매를 활용하는 것으로, 거래대상채권은 국채, 통화안정증권, 정부보증채, 주택금융공사 MBS이다. 시중에 자금이 풍부할 때 한국은행은 시중의 유동성을 흡수하기 위하여 환매조건부채권을 매도한다. 즉, 한국은행이 보유한 거래대상 채권을 금융기관에 매도하면서 일정기간 후에 그 채권을 도로 되사기로 하는 계약을 체결하는 것이다. 따라서 환매조건부채권을 매도하는 시점에는 시중의 돈이 한국은행으로 들어가게 되고 환매조건부채권을 환매하는 시점에는 이 채권을 되사면서 시중에 돈이 풀려 유동성을 공급하게 된다.

예를 들어, 우리나라의 경상수지 흑자 지속으로 시중의 유동성이 풍부할 경우 환매조건부채권 매도를 통해 시중의 돈을 회수할 수 있다. 또는 글로벌 금융위기 때와 같은 경우에는 한국은행이 금융기관이 보유한 채권을 매입하면서 일정기간 후에 그 채권을 되파는 계약을 하는 환매조건부채권 매입을 할 수 있다. 이 경우 한국은행이 환매조건부채권을 매입하는 시점에서는 채권매입대금을 지급하므로 시중에 돈이 풀리게 되고 매도시점에 가서 채권매도를 통해 시중의 돈을 회수한다.

3) 양도성예금증서

양도성예금증서(CD: negotiable certificate of deposit)는 은행의 정기예금증서에 양도성을 부여한 것이다. 예금증서를 주고 예금을 받는다는 점에서 일반예금과 동일하지만, 권리의 이전과 행사에는 양도성예금증서의 소지가 필요하다는 점에서 유가증권에 해당한다. 권리를 이전할 수 있는 양도성예금증서는 무기명식으로 발행되며, 양도성예금증서의 보유자는 매각을 통해 현금화할 수 있으므로 중도해지는 금지된다.

양도성예금증서는 할인방식으로 발생되므로 투자자가 양도성예금증서를 매수할 경우 양도성예금증서 매수 시에 액면금액에서 예치 기간의 이자를 뺀 금

액으로 사서 만기에 액면금액을 받는다. 예를 들어, 1,000만원을 91일 동안 예
치하면 이자를 10만원 주는 양도성예금증서를 살 때 양도성예금증서매수자는
990만원을 주고 양도성예금증서를 사서 91일 후에 1,000만원을 돌려받는다.

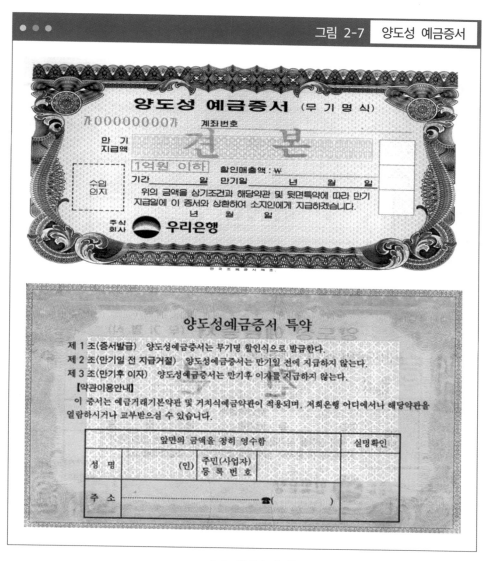

그림 2-7 양도성 예금증서

자료: 한국은행, 「우리나라의 금융시장」, 2009, p. 115.

한편, 양도성예금증서는 예금보호대상[11]이 아니다. 또한 양도성예금증서발행시 최단 만기만 30일로 제한하고 있고 최장 만기는 제한하지 않지만 실제 거래에서는 대부분 1년 이내로 발행되고 있다. 최저액면금액의 제한도 없으나 은행들은 500만원 또는 1,000만원으로 설정하여 운영하고 있다.

4) 기업어음

일반적으로 어음은 언제 누구에게 얼마만큼의 돈을 지불하겠다는 약속을 한 증서로서 공식적인 외상거래장이라고 할 수 있다. 기업이 은행에 당좌예금을 개설하면 거래은행은 기업어음증권이 명시된 어음용지를 준다. 기업은 어음용지를 받아서 발행하고 거래은행에 개설되어 있는 발행기업의 당좌예금을 통해 결제한다.

예를 들어, A기업이 B기업으로부터 물건을 구입한 후 물건대금을 현금 대신 어음을 준 경우를 생각해 보자. A기업이 어음을 줄 때 지불금액과 대금지급을 이행하는 만기일은 반드시 적어야 한다. 어음을 받은 B기업은 만기일에 돈을 받기 위하여 A기업을 찾아갈 필요 없이 어음에 지정된 은행에 가서 어음에 적힌 금액의 지급을 요구하면 어음의 발행인인 A기업의 당좌예금에서 해당 금액이 지급된다. 만약 A기업의 당좌예금에 만기일에 지급을 요구한 금액이 남아있지 않다면 은행은 지급을 거부하게 되어 이 어음은 부도어음이 된다. 이 경우 부도난 A기업은 정상적인 기업활동이 불가능해지고 금융거래도 중지된다.

한편, B기업이 자금 사정이 급하여 어음 만기일까지 기다리지 못하게 될 경우는 어떻게 될까? 이 경우 B기업은 어음을 매도하여 현금화할 수 있다. 하지만 만기일도 안 된 어음의 대금을 그대로 다 받을 수는 없고 만기일까지의 이자만큼을 공제한 어음할인을 통해 현금화할 수 있다.

기업어음(CP: commercial paper)은 위와 같이 기업들이 통상적인 상업활동에서

---

11 일반적으로 은행 등의 금융회사가 파산 등으로 인해 고객의 예금을 지급하지 못할 경우에 대비하여 「예금자보호법」에 의해 설립된 예금보험공사가 은행 등의 금융회사를 대신하여 예금자에게 일정 금액의 한도 내에서 예금 보험금을 지급한다. 주의할 점은 모든 금융회사와 금융상품이 예금자보호법상의 보호대상이 아니라는 점이다. 은행, 보험회사, 투자매매업자 및 투자중개업자, 종합금융회사, 상호저축은행 등은 「예금자보호법」상 보호 대상 금융회사이지만 신용협동기구는 예금보험공사로부터 보호를 받지 못한다. 또한 예금보험 가입 금융회사라 하더라도 운용 결과가 투자자에게 귀속되는 수익증권, 실적배당형 신탁 등은 보호 대상에서 제외된다.

대금결제를 위해 발행하는 상업어음과 달리 기업이나 금융기관이 단기자금을 조달할 목적으로 상거래와는 상관없이 발행하는 만기 1년 이내의 융통어음으로서 법률적으로는 발행인이 소지인에게 일정기일에 일정금액을 지급할 것을 약속하는 약속어음으로 분류된다.

자료: 한국은행, 「우리나라의 금융시장」, 2009, p. 136.

5) 전자단기채

전자단기채는 사채권으로 실물이 아닌 전자적으로 발행·유통되는 단기금융 상품으로 정의된다. 전자단기채는 콜시장에서 은행보다 신용도가 낮은 비은행 금융기관이 단기자금조달수요를 집중함에 따라 전체 금융시장의 위험이 증가하는 문제점과 공시의무가 없어 시장투명성이 부족한 기업어음시장에서 1일물 기업어음과 같은 초단기 기업어음 발행이 어렵다는 문제점을 해소하고 단기자금 조달이라는 본연의 목적을 달성하기 위해 2013년 1월 15일 도입되었다.

전자단기채는 법적으로는 어음이 아닌 사채권이지만 경제적으로는 기업어음과 동일하다. 다만, 기업어음은 실물로 발행 및 유통되지만 전자단기사채는 실물 없이 중앙등록기관의 전자장부에 등록되는 방식으로 발행 및 유통되는 점이 다르다. 전자단기사채는 발행과 유통이 전자장부에 등록됨으로써 거래의 투명성이 제고되고 증권과 대금의 실시간 동시결제가 가능해짐에 따라 발행기업은 발행 당일에 자금을 사용할 수 있으며, 투자자 입장에서는 만기 시 어음교환소(clearing house) 회부[12] 등이 필요치 않아 투자대금 회수과정에서 발생할 수 있는 신용위험이 축소되었다.

(2) 장기금융상품

장기금융상품은 대표적으로 주식과 채권이 있으며, 광의로 은행의 장기대출을 포함하기도 한다. 일반적으로 기업이나 정부 등은 장기적으로 사용하기 위한 자금을 장기금융시장(자본시장: capital market)에서 주식이나 채권거래를 통해 조달한다.

1) 주식

주식은 소유지분을 매도하여 기업운영자금을 조달하며, 기업은 조달된 자금을 채권처럼 상환할 필요가 없고, 주주에게 배당금을 지급하면 된다. 소유지분을 표시하는 증서인 주식은 배당이나 회사 청산 시 잔여재산을 먼저 받을 지위에 있는 우선주와 배당이나 잔여재산을 받을 때 우선주보다 후순위인 보통주로 구분된다.

주주는 기업의 주인이기 때문에 기업이 이익을 내지 못하면 배당금을 받지 못할 수도 있고 신규투자를 위해 벌어들인 이익을 사내에 유보할 경우에는 배당을 적게 받기도 한다. 또한 주식은 기업의 성공과 실패에 직접 관련되기 때문에 채권보다 투자위험이 더 크다. 이러한 주식은 기업에게는 채권과 더불어 자금조달을 위한 대표적인 직접금융수단이고 투자자에게는 자금운용을 위한 투자대상으로서의 기능을 수행한다.

2) 채권

채권은 정부, 지방자치단체, 특별법에 의해 설립된 법인, 상법상의 주식회사가 불특정다수인으로부터 거액의 자금을 조달하기 위하여 발행하는 일종의 차용증서로서 채무를 표시하는 증권을 말한다. 채권의 장점으로 일반적으로 안전성, 수익성, 환금성을 꼽는다.

안전성의 경우, 정부나 기업 등 신용도가 높은 기관이 채권을 발행하고 있고 만약 채권의 발행자가 파산하지 않으면 이자와 원금을 안정적으로 돌려받을 수 있으므로 안전성이 높다고 평가받는다. 특히, 정부가 발행한 국채의 경우 우리

---

12 일반적으로 채권의 원리금지급은 어음교환소(금융결제원)가 원리금지급 대행 은행에 교환확인을 하여 결제금액이 확정된 후 지급이 이루어진다.

나라에서 가장 안정성이 높다. 더구나 채권은 채권발행자가 파산하더라도 주주보다 채권자가 청산 순위가 높으므로 주식보다 안전한 투자상품이라고 할 수 있다.

수익성의 경우, 채권보유 시 투자자는 정해진 이자율에 따라 이자를 받는 이자소득과 채권가격 상승으로 인한 자본소득을 얻을 수 있다. 일반적으로 채권가격의 변동성은 주식에 비해 낮기 때문에 위험이 상대적으로 낮다. 따라서 채권의 기대수익률은 주식에 비해 낮다고 할 수 있다.

환금성의 경우, 투자자가 현금이 필요할 경우 채권을 유통시장에서 팔 수 있어 투자자금의 즉각적인 현금화가 가능할 뿐 아니라 주식과 달리 당일 결제 처리로 채권을 매도한 당일에 채권매도금액의 출금이 가능하기 때문에 투자자 입장에서 환금성이 높다는 특징을 가진다.

- 화폐의 시간가치
  - $FV = PV(1+r)^n$
  - $PV = \dfrac{FV}{(1+r)^n}$
  - $PV(연금) = \dfrac{C}{(1+r)^1} + \dfrac{C}{(1+r)^2} + \cdots + \dfrac{C}{(1+r)^n}$

  - $FV(연금) = C(1+r)^{n-1} + C(1+r)^{n-2} + \cdots + C(1+r)^0$
    $= [PV(연금)](1+r)^n$

- 원금손실 가능성에 따른 금융상품
  - 금융투자상품: 증권(주식, 채권, 수익증권, 파생결합증권), 파생상품
  - 비금융투자상품

- 만기에 따른 금융상품
  - 단기금융상품: 콜, 환매조건부채권, 양도성예금증서, 기업어음, 전자단기채
  - 장기금융상품: 주식, 채권

PART

02

전통적 금융상품 이해하기

chapter

03 주식

section 01 주식시장지표

주식시장에서 거래되는 주식의 추세 및 동향 등을 표현한 주식시장지표는 주가수준을 나타내는 주가수준지표, 거래의 활발한 정도를 나타내는 유동성지표, 주가와 기업실적을 상대적으로 비교한 투자지표 등이 있다. 주식시장지표는 투자자에게는 투자참고자료로 사용될 수 있고, 회사에게는 시황이나 업종 비교 등을 통해 상장주식의 관리수단으로 활용될 수 있으며, 정책당국에게는 시황에 따른 정책결정을 통한 시장관리수단으로 이용될 수 있다.

01 | 주가수준지표

(1) 주가지수 산출방법

주가지수는 금융자산에 대한 특정시장의 투자성과를 반영하기 위한 주식들의 평균화된 가격을 말한다. 주가지수를 산출하는 방법은 가격가중평균지수(price-weighted average index)법과 가치가중평균지수(value-weighted average index)법이 있다.

가격가중평균지수법은 1884년에 Charles H. Dow가 최초로 단순평균방식으로 11종목(철도주 9종목과 공업주 2종목)을 대상으로 지수를 산출한 이래, 1896년에

Charles H. Dow와 월스트리트저널 설립자인 Edward Jones에 의해 12종목(철도 회사 11개사, GE 1개사)으로 개편되었다. 이후 1928년에 30종목으로 확대하여 현행 계산 방식인 주식분할과 같은 인위적인 주가 변경의 영향을 제거한 방식으로 수정하여 산출한 Dow-Jones 30지수를 발표하였다.

표 3-1 주요 주가지수 산출현황

국가명	지수명칭	기준일(기준지수)	산출방법
한국	KOSPI	1980.1.4.(100)	가치가중평균
	KOSPI200	1990.1.3.(100)	가치가중평균
	KOSDAQ	1996.7.1.(100)	가치가중평균
	KRX100	2001.1.2.(1,000)	가치가중평균
미국	NYSE종합	2002.12.31.(5,000)	가치가중평균
	Dow Jones 산업평균	1896.5.26.(40.94)	가격가중평균
	S&P 500	1941(10)	가치가중평균
	NASDAQ 종합	1971.2.5.(100)	가치가중평균
영국	FTSE 100	1983.12.31.(1,000)	가치가중평균
독일	DAX 30	1987.12.30.(1,000)	가치가중평균
프랑스	CAC 40	1987.12.31.(1,000)	가치가중평균
일본	TOPIX 200	1968.1.4.(100)	가치가중평균
	NIKKEI 225	1949.5.16.(176.21)	가격가중평균

 가치가중평균지수법은 1923년 S&P(Standard & Poor's)에 의해 최초로 도입된 이래 국내외의 대다수 주가지수가 이 방법으로 산출되고 있다. KOSPI, KOSPI200, KOSDAQ150, KRX100, S&P 500,[1] TOPIX,[2] FTSE 100,[3] DAX 30,[4] CAC 40[5] 등이

---

1 1923년 233종목을 대상으로 가격가중평균방식으로 주가지수를 최초로 도입한 이래, 1957년에 1941-1943년 주가수준을 10포인트로 설정하여 S&P 500지수를 발표하였다. NYSE, AMEX, NASDAQ에 상장된 대형우량주 500종목으로 구성되어 있다.
2 동경증권거래소에 상장된 전 종목(약 1,700종목)을 대상으로 1968년 1월 4일 100포인트를 기준으

여기에 해당한다.

그러면, 가격가중평균지수법과 가치가중평균지수법으로 주가지수를 어떻게 계산할까? 가격가중평균지수법은 모든 주가들을 합한 다음 이를 종목수로 나누어 지수를 구한다. 가치가중평균지수법은 모든 주식의 비교시점의 시가총액(=주가×상장주식수)과 기준시점의 시가총액을 비교하여 지수를 산출한다.

예를 들어, 지수산출의 기준시점이 1월 3일이고 주식시장의 상장종목은 A, B, C 세 주식만 있다고 하자. 1월 3일에 A주식은 7,000원, B주식은 10,000원, C주식은 13,000원이고 상장주식수는 각각 500주, 400주, 100주이다. 1월 3일에 B주식이 2:1로 주식분할 되었다. 1월 4일에 A주식은 9,000원, B주식은 6,000원, C주식은 15,000원이 되었고 상장주식수는 각각 500주, 800주, 100주이다.

먼저, 가격가중평균지수법으로 주가지수를 구해보자. 이 방법은 주가지수산출 대상 종목의 주가를 모두 더한 값을 종목수로 나눠서 구하므로 1월 3일의 주가지수는 $10,000(=(7,000+10,000+13,000)/3)$이 된다.

1월 4일의 주가지수도 동일한 방식으로 구하는데 한 가지 주의할 점이 있다. 가격변화에 의한 지수의 등락 이외에 주식분할, 증자 및 감자, 배당 등의 기업 재무활동과 신규상장 및 상장폐지 등의 구성종목 변경으로 인한 인위적인 영향이 주가지수에 영향을 미쳐서는 안 된다.

이러한 기업활동이 있을 경우에는 이 기업활동 전과 후의 주가지수가 동일하도록 분모에 해당하는 종목수를 조정해야 한다. 위에서 주식분할 전의 주가지수 $10,000(=(7,000+10,000+13,000)/3)$과 주식분할 후의 주가지수 $10,000$ $(=(7,000+5,000+13,000)/x)$이 동일하게 유지되기 위해서는 분모(divisor)

로 하여 1967년 7월 1일부터 발표하였다.

3 파이낸셜타임즈와 런던증권거래소(LSE)의 합작법인인 FTSE(Financial Times Stock Exchange) 그룹에서 런던증권거래소에 상장된 시가총액 순서대로 우량주 100종목을 대상으로 1983년 12월 31일 1,000포인트를 기준으로 하여 시작하였다.

4 DAX 30(Deutscher Aktien IndeX=German stock index)은 프랑크푸르트 증권거래소에 상장된 주식 중 시가총액이 가장 큰 30개 기업을 대상으로 1987년 12월 30일 1,000포인트를 기준으로 하여 시작하였다.

5 CAC 40(Cotation Assistée en Continu=continuous assisted quotation)은 파리 증권거래소에 상장된 금융·산업·소비재·건설·자본재 등의 상위 100개 기업 중에서 각 분야를 대표하는 우량주 40개 기업을 대상으로 1987년 12월 31일 1,000포인트를 기준으로 하여 시작하였다.

를 $2.5((7,000+5,000+13,000)/x = 10,000 \rightarrow x = 2.5)$로 조정해야 한다. 분모 조정 후 1월 4일의 주가지수는 $12,000(=(9,000+6,000+15,000)/2.5)$으로 계산한다.

이와 같이 가격가중평균지수법은 주가수준을 쉽고 간편하게 산출할 수 있는 반면, 주가가 높은 종목이나 가격변동이 큰 종목이 주가지수에 더 크게 영향을 미치는 문제점 등을 고려하지 않고 단순히 주가만을 고려하기 때문에 시장 전반에 대한 균형적인 시황을 파악하기가 쉽지 않다.

이제, 가치가중평균지수법으로 주가지수를 산출해 보자. 주가지수 출발의 기준시점인 1월 3일의 기준지수는 100이라고 가정한다. 1월 3일의 시가총액은 8,800,000원($=7,000$원$\times500$주$+10,000$원$\times400$주$+13,000$원$\times100$주)이다. 즉, 시가총액이 8,800,000원일 때 주가지수는 100이다.

1월 3일에 주식분할과 같은 인위적인 주가조정이 있어도 시가총액을 계산하면 주식분할 전과 후의 시가총액이 동일하기 때문에 주식분할과 같은 인위적인 영향이 주가지수에 미치지 못한다. 따라서 1월 4일의 시가총액은 10,800,000원($=9,000$원$\times500$주$+6,000$원$\times800$주$+15,000$원$\times100$주)이고 이때 주가지수는 8,800,000원 : $100 = 10,800,000$원 : $x \rightarrow x = (10,800,000/8,800,000)\times100 \rightarrow x = 122.73$이 된다. 이는 기준시점의 시가총액 8,800,000원이 비교시점의 시가총액 10,800,000원으로 올라간 비율만큼 기준시점의 주가지수 100이 올라가서 비교시점의 주가지수는 122.73이 된 것이다.

이와 같이 가치가중평균지수법은 시가총액이 주식시장에서 가장 중요한 변수로 인식되는 현실에 비추어 시장 전체의 시황파악을 쉽게 하는 장점이 있는 반면, 시가총액 규모가 큰 대형주가 주가지수에 미치는 영향이 크게 되는 단점이 있다. 이에 산업별 지수 및 규모별 지수 등의 보조지수를 참고해서 종합적인 시황을 파악할 필요가 있다.

(2) 한국의 주가지수

한국거래소에서 발표하는 주가지수는 네 가지 종류가 있다. 첫째, 2005년 한국거래소의 통합 출범을 계기로 유가증권시장과 코스닥시장의 보통주를 대상으로 하는 KRX시리즈(KTOP30, KRX300, KRX100, KRX섹터지수 등), 둘째, 유가증권시

장의 상장종목을 대상으로 하는 KOSPI시리즈(KOSPI, KOSPI200 등), 셋째, 코스닥
시장의 상장종목을 대상으로 하는 KOSDAQ시리즈(KOSDAQ, KOSDAQ150 등), 넷
째, 특정한 주제의 구성종목을 선별하여 산출하는 테마지수시리즈(KOSPI고배당
50, KOSPI배당성장50 등)이다.

　이러한 주가지수시리즈 중에서 특히 KOSPI(기준시점 1980.1.4., 기준지수 100)는
가장 대표적인 주가지수로서 한국주식시장의 주식가격변동을 종합적으로 보여
준다. KOSPI는 유가증권시장에 상장된 모든 종목을 대상으로 기준시점에 비해
유가증권시장이 얼마나 더 커졌는지를 나타낸다.

　예를 들어, 오늘 현재 KOSPI가 3,054.39라고 하면, 이것은 오늘 우리나라 유
가증권시장의 규모가 기준시점인 1980년 1월 4일에 비해 약 30.54배 커졌다는
것을 의미한다. 이 외에도 KOSPI는 시황파악 및 투자판단을 위한 지표(indicator)
나 자산운용실적의 평가지표(benchmark)로도 이용되고 있다.

　한편, 선물, 옵션, ETF(exchange traded fund), ELS(equity linked securities)[6] 등 다
양한 금융상품의 기초자산으로도 이용되는 KOSPI200(기준시점 1990.1.3., 기준지수
100)은 1994년 6월에 개발되었다. KOSPI200은 KOSPI의 구성종목 중에서 시장대
표성(산업군 시가총액의 70% 이내), 유동성(산업 내 거래대금 순위 85% 이내), 산업대표
성을 고려하여 200종목을 뽑아서 KOSPI처럼 가치가중평균지수법으로 산출한다.

$$KOSPI = \frac{비교시점의 \ 시가총액}{기준시점(1980.1.4.)의 \ 시가총액} \times 100 (포인트) \qquad (3-1)$$

$$KOSPI200 = \frac{비교시점의 \ 시가총액}{기준시점(1990.1.3.)의 \ 시가총액} \times 100 (포인트) \qquad (3-2)$$

📈 02 ┆ 유동성지표

　가격과 관련된 주가지수 외에 주식시장을 나타내는 또 다른 지표로 거래가
얼마나 활발하게 되고 있는지를 볼 수 있는 유동성지표가 있다. 거래량과 거래

---

6 제7장 다양한 투자상품 참조

금액, 회전율, 시가총액이 대표적인 유동성지표에 해당한다.

(1) 거래량과 거래금액

거래량은 일정 기간 매매된 주식의 수량을 나타내고, 거래금액은 일정 기간 매매된 주식의 금액을 나타낸다. 거래량과 거래대금은 주가지수와 함께 주식시장의 장세를 판단하는 중요한 자료로 활용된다.

예를 들어, 기업의 실적이나 경기 전망에 대해서 낙관적인 예측이 강할 경우에는 주식에 대한 수요, 즉 주식을 사고자 하는 사람이 많아져서 주가가 상승한다. 반대로 비관적인 예측이 강할 경우에는 주식에 대한 공급, 즉 주식을 팔고자 하는 사람이 많아져서 주가가 하락한다. 실제로 주식시장에서 주식의 거래량과 주가는 서로 밀접한 관계를 가지고 움직인다.

거래량과 주가와의 관계에 대해서 거래량과 주가 중 어느 것이 먼저 영향을 주느냐에 대해서 학계의 의견은 다양하며, 이에 대해서 순차적 정보도달가설(sequential information arrival hypothesis)과 혼합분포가설(mixture of distributions hypothesis)이 대립하고 있다.

순차적 정보도달가설은 모든 거래자들이 새로운 정보를 알게 될 때까지 정보가 순차적이고 무작위적(random)으로 한 번에 한 거래자들에게 도달한다는 가설로서 과거 거래량에 대한 순차적 정보흐름은 현재 가격에 대한 예측력을 가지게 되고 반대로 과거 가격에 대한 순차적 정보흐름은 현재 거래량에 대한 예측력을 가지게 되어 가격과 거래량 사이에 양방향 또는 단일방향의 인과관계(causality)가 존재한다는 것을 의미한다.

혼합분포가설은 가격과 거래량이 새로운 정보에 동시적으로 반응한다는 가설로서 과거 가격에 포함된 정보는 미래 거래량을 예측하지 못하고 반대로 과거 거래량에 포함된 정보는 미래 가격을 예측하지 못하므로 가격과 거래량사이에는 아무런 인과관계가 존재하지 않고 거래량의 정보효과가 나타나지 않는다고 주장한다.

(2) 회전율

회전율(turnover ratio)은 일정 기간 매매가 얼마나 활발한지를 측정하는 지표이다. 거래량 혹은 거래금액을 상장주식수로 나누어 주식수에 비해 거래량 혹은 거래금액이 얼마나 큰지 봄으로써 매매의 활발 정도를 측정한다. 일별 회전율을 합계하여 월별 및 연별 회전율을 산출한다.

특정 개별종목의 회전율이 높을수록 매매가 활발함을 나타낸다. 종목별 회전율에 대한 정보는 한국거래소의 정보데이터시스템에서 회전율 상위종목을 찾아볼 수 있다. 예를 들어, 20XX년 X월 X일 현재 A기업의 일별 회전율이 107.19(%)인데 이는 하루에 약 한 번 정도 주식소유자가 바뀐다는 의미이다.

$$\text{상장주식회전율(거래량회전율)} = \sum \frac{\text{거래량}}{\text{상장주식수}} \times 100(\%) \tag{3-3}$$

$$\text{시가총액회전율(거래금액회전율)} = \sum \frac{\text{거래금액}}{\text{상장주식수}} \times 100(\%) \tag{3-4}$$

(3) 시가총액

시가총액은 일정 시점에서 현재의 시가로 상장된 주식을 평가할 경우 어느 정도의 금액이 되는지를 나타낸다. 개별종목의 시가총액은 개별종목의 주가에 상장주식수를 곱하여 구하고, 주식시장 전체의 시가총액은 개별종목의 시가총액을 모두 합하여 구한다. 예를 들어, S주식의 주가가 500,000원이고 상장주식수가 4,000,000주라면 시가총액은 2조원(=500,000원×4,000,000주)이 된다. 따라서 주가가 변하거나 상장주식수가 변하면 시가총액은 변하게 된다.

$$\text{주식시장 전체 시가총액} = \sum_{i=1}^{N} (\text{주가}_i \times \text{상장주식수}_i) \tag{3-5}$$

주식시장 전체의 시가총액은 주식시장의 규모를 나타내는 대표적인 측정치이다. 시가총액은 다른 금융자산 혹은 다른 나라의 주식시장과의 비교에도 유용하다. 예를 들어, 은행예금총액이나 보험의 계약고 등과 비교해서 주식시장의 시가총액이 크다는 것은 주식시장으로 자금유입이 활발하다는 것을 나타낸다고 볼 수 있다.

또한 주식시장 전체의 시가총액은 한 나라 경제규모의 크기를 알 수 있는 측정치로도 유용하다. 국민총생산(GNP)과 비교할 경우 국민경제 전체에서 주식시장이 차지하는 비중을 알 수 있다. 시가총액증감률과 경제성장률과의 비교를 통해서는 주식시장의 성장이 경제성장에 비해 얼마나 빠른지 느린지 볼 수 있다.

📈 03 ┃ 투자지표

(1) 배당관련 지표

주식에 투자할 경우 투자자는 배당소득과 자본이득을 얻을 수 있다. 예를 들어, 주당 30,000원인 주식을 매수하였는데 1년 후에 33,000원으로 상승하였고 배당금을 1,500원 받았다고 하자. 초기에 30,000원을 투자하였는데 미래현금흐름은 33,000원이 되어 3,000원의 자본이득이 발생하였고 주식을 보유하는 기간 동안 배당금 1,500원의 배당소득이 발생한 것이다.

주식보유로 인한 배당소득이 발생할 경우 배당수준을 나타내는 측정지표로 배당률(dividend ratio), 배당수익률(dividend yield), 배당성향(dividend payout)에 대해서 살펴보자. 배당률은 식(3-6), 식(3-7)과 같이 액면가 또는 주가 대비 주당 배당금의 비율을 말한다. 배당률은 우리나라와 같이 액면가제도가 있는 나라에서 배당수준을 나타내는 독특한 표현 방법이다.

$$액면배당률 = \frac{주당배당금}{액면가} \times 100(\%) \qquad (3-6)$$

$$시가배당률 = \frac{주당배당금}{결산기말 주가} \times 100(\%) \qquad (3-7)$$

배당수익률은 시장가격 대비 주당배당금의 비율인 식(3-8)을 말한다. 즉, 배당수익률은 배당률과는 달리 실제 투자했을 때 얼마나 수익을 올릴 수 있는지를 나타내기 때문에 투자자 입장에서 채권수익률이나 은행예금이자율 등 다른 투자대상의 수익률과 비교가능하다.

$$배당수익률 = \frac{주당배당금}{주가} \times 100(\%)$$
(3-8)

예를 들어, 액면가 5,000원인 A사의 결산기말 주가는 10,000원이다. 현재 주가가 높아져 주가가 20,000원이 되었고 주당배당금이 배당금이 1,000원이면 액면배당률은 20%(=1,000원/5,000원)이고 배당수익률은 5%(=1,000원/20,000원)가 된다. 하지만, 시가배당률은 결산기말 주가를 기준으로 하므로 10%(=1,000원/10,000원)가 된다. 이처럼 액면배당률과 실제 배당수익률이 서로 괴리가 생김에 따라 2003년 2월부터 배당을 공시할 때 배당금이 결산기말 주가의 몇 %인가를 나타낸 식(3-7)의 시가배당률을 반드시 명시하도록 하고 있다.

식(3-9)의 배당성향은 당기순이익에서 배당으로 얼마나 주는지를 나타내는 지표이다. 배당금을 사외로 유출시킨 정도를 보여주기 때문에 기업의 배당정책을 측정하는 지표로 자주 사용되고, 기업이 당기순이익 중에서 어느 정도의 배당금을 미래에 지급할 것인가를 예측할 때 도움이 된다.

$$배당성향 = \frac{배당금총액}{당기순이익} \times 100(\%)$$
(3-9)

(2) 기업가치의 상대적인 평가지표

기업가치를 나타내는 주식의 가치를 평가할 때 주가가 주당순이익이나 주당순자산 등에 비해 어느 수준인지를 평가해 볼 수 있다. 기업가치의 상대적인 평가는 주가수익비율(PER)을 이용하거나 주가장부가비율(PBR)을 이용하여 평가할 수 있다.

1) 주가수익비율(PER)

주가수익비율(PER: price-to-earnings ratio)은 주가를 주당순이익으로 나눠서 계산한다. 주가수익비율(PER)은 기업의 순이익(이익창출능력)에 비해 주가가 어떻게 평가되고 있는가를 판단할 수 있는 지표이다.

$$주가수익비율(PER) = \frac{주가}{주당순이익} \qquad (3-10)$$

주가수익비율(PER)이 높은 주식을 고PER 주식이라고 하고 낮은 주식을 저PER 주식이라고 한다. 고PER 주식은 이익에 비해서 주가가 높다는 것을 의미하고 저PER 주식은 이익에 비해서 주가가 낮다는 것을 의미한다. 따라서 저PER 주식을 사 놓으면 나중에 주가가 올라가서 이익을 볼 수도 있다는 관점에서 저PER 주식을 매수하기도 한다. 하지만 주가는 미래의 기업가치를 반영하여 형성되고 주당순이익은 이미 지난 과거의 성과로 계산하기 때문에 이를 근거로 계산한 PER에 의한 주가수준 평가가 정확하지 않은 점에 주의해야 한다.

일반적으로 기술집약적이거나 벤처기업 같은 경우 미래의 기업가치를 높게 보아 이익에 비해 주가가 매우 커서 PER값이 높게 나타나는 반면 안정적인 수익을 내지만 성장가능성이 크지 않은 음식료업종과 같은 기업은 PER값이 낮게 나타난다. 이외에도 주가수익비율은 개별 기업 간, 산업 간, 국가 간 주가수준을 상대적으로 비교하여 평가하거나 미래주가를 예측하는 데도 이용할 수 있다.

2) 주가장부가비율(PBR)

주가장부가비율(PBR: price-to-book ratio)은 주식의 시장가격(market value)을 장부가격(book value)으로 나눈 것이다. 이 비율은 재무상태표에 기록된 순자산가치(=자산-부채)인 주가에 비해 시장에서 주가가 어떻게 평가되고 있는지를 판단할 수 있는 지표이다. 따라서 주가장부가비율도 주가수익비율과 함께 가치평가지표로 널리 활용된다.

$$주가장부가비율(PBR) = \frac{주가\,(시장가치)}{주가\,(장부가치)} \qquad (3-11)$$

분모의 주가(=순자산가치)는 회사가 청산할 경우 기업가치에서 채권자 몫을 제외하고 주주가 가져갈 수 있는 몫을 장부상에 기록된 금액으로 나타낸 것이다. 일반적으로 장부상에 기록된 금액은 역사적 원가로 기록되어 있으므로 현행 시가보다 금액의 크기가 작기 때문에 대부분의 주식은 PBR이 1보다는 크다. 만약 PBR이 1보다 작다면 회사가 청산할 경우 현재 주가보다 장부상 주주가 가져 갈 몫이 더 큼을 의미한다.

01 주식의 개요

(1) 보통주

보통주(common stock)는 발행기업 입장에서는 안정적인 자기자본 조달의 수 단이 되고 투자자 입장에서는 일정 지분의 소유권을 나타내는 소유증서이기 때 문에 보통주를 소유한 주주는 회사의 경영에 참여할 수 있는 권리와 경제적 이 익을 얻을 수 있는 권리를 가진다.

경영에 참여할 수 있는 권리는 주주총회에서의 의결권, 이사·감사의 선임과 해임청구권, 주주총회소집청구권 등이 있다. 이는 경영자들이 주주들의 이익을 위해서 회사를 경영하도록 하고 부실한 경영을 예방하는 최소한의 장치이다.

경제적 이익을 얻을 수 있는 권리는 기업이 벌어들인 이익에 대해 보유하고 있는 지분비율에 따라 배당으로 이익을 분배받을 수 있는 권리인 이익배당청구 권, 기업이 청산될 경우 부채를 제외한 나머지 잔여재산에 대해서 지분비율만큼 분배를 받을 수 있는 권리인 잔여재산분배청구권, 기업이 유상 혹은 무상으로 새로운 주식을 발행할 경우 우선적으로 신주를 인수할 수 있는 신주인수권 등 이 있다.

(2) 우선주

우선주(preferred stock)는 이익배당청구권과 잔여재산분배청구권에 있어 채권 의 소유자보다는 우선순위가 낮으나 보통주주보다는 우선적인 지위가 있는 주 식이다. 기업은 주식 투자자에게 1년 동안 영업하여 얻은 이익을 배당이라는 이 름으로 나눠주는데, 우선주를 가지고 있는 주주는 보통주주보다 배당을 먼저 받 게 된다. 하지만 기업이 이익이 없다면 보통주처럼 배당을 받지 못한다. 마찬가지로 잔여재산 분배 시에도 보통주주보다 우선주주가 우선적 지위를 갖고 있다.

기업입장에서 우선주의 발행은 기존 주주들의 경영권을 보호하면서도 자금조달을 쉽게 할 수 있는 이점이 있고, 배당금을 규칙적으로 확실하게 받기를 원하는 투자자를 끌어들일 수 있다는 장점이 있다. 하지만 우선주는 주주총회에서 의결권이 부여되지 않아 회사경영에는 참여할 수 없기 때문에 보통주에 비해 싼 가격으로 거래된다.

우선주의 종류로는 일정률의 우선배당을 받고 잔여이익에 대해서도 보통주와 같이 배당에 참가하는 참가적 우선주와 잔여이익 배당에는 참가할 수 없는 비참가적 우선주가 있다. 또 당해 연도의 배당이 이미 정해진 우선배당률에 미치지 못했을 때 그 부족액을 다음 연도 이후의 이익에서 배당받을 수 있는 누적적 우선주와 그렇지 못한 비누적적 우선주의 형태로 분류된다.

읽을 거리

최고액권은 5만원… 최고액 주권은 얼마짜리?

우리나라 지폐가 1,000원, 5,000원, 1만원, 5만원의 4종 체제로 이루어져 있듯이 국내증시에 상장되는 주권은 1주, 5주, 10주, 50주, 100주, 500주, 1,000주, 1만주의 8가지를 발행할 수 있다. 액면가 5,000원짜리 주식이라면 1주에 5,000만원이 액면가 기준 최고가 주권이 되는 것이다. 1970년까지는 주식을 발행하는 기업이 직접 인쇄를 도맡았지만, 가짜 주권에 따른 유통이 사회문제로 대두되면서 1980년대 들어 8가지 권종으로 규격화했다.

각 권종마다 색상만 다를 뿐 규격은 가로 20㎝, 세로 11㎝로 통일돼 있다. 1주짜리는 연두색 바탕이 기본이다. 국내에서 시가총액 110조원을 자랑하는 삼성전자 1주도 이 같은 규격을 지키고 있다. 권종별 색상에 따른 주권의 밑바탕은 한국조폐공사에서 찍어내지만, 기업의 이름과 발행일 등 주요 사항은 한국예탁결제원에서 인쇄한다. 국내 실물주권은 경기도 일산에 있는 예탁결제원 보관소에 대부분 예치돼 철통방어를 자랑하며 보관돼 있다.

국내 주권은 규격화돼 있지만, 미국과 벨기에 등 대다수 해외국가에서는 기업별 특징을 살린 주권을 발행하는 경우가 많다. 1992년 발행된 액면가 25센트짜리 미국 월트디즈니사의 주권은 자사의 대표적인 만화 미키마우스와 백설공주, 도널드 덕 등을 넣어 기업 이미지를 명확히 드러내고 있다. 세계에서 가장 아름다운 증권 가운데 하나로 찬사 받는 1895년 설립된 벨기에 '마리타임 인스톨레이션사'의 주권은 아름다운 천사가 벨기에 브루헤 운하와 도시들을 비추는 모습이 인쇄됐다.

국내 주권의 보관도 서서히 역사의 뒤안길로 사라질 전망이다. 현재 진행 중인 전자주권법 안이 국회를 통과하면 증권거래 측면에서 실물주권은 자취를 감추게 된다. 전자주권화가 진행되면 실물주권은 등록해야 가치와 시세를 인정받을 수 있다. 전자화하지 않고 일정 기간이 지나면 주권으로 효력을 잃게 된다.

혹시 알까. 실물 우량주식을 한 장씩 지금부터 사 모은 뒤 자자손손 내려가면 몇 백 년 뒤 고문서로 가치를 인정받을지. 주식을 실물로 갖고 싶다면 HTS 등으로 매매하며 소유한 주식을 예탁결제원에서 실물로 교환하면 된다.

[출처: 머니투데이(news.mt.co.kr), 2010. 10. 30.]

(3) 주식시세표

주식시장의 거래현황을 보여주는 주식시세표는 거래소의 모든 상장기업의 거래현황이 담겨 있다. 주식시세표에서 종목명은 주식을 발행한 회사의 이름을 말하며 편리한 거래를 위해 종목별로 고유한 코드번호를 부여하고 있다. 보통주의 코드번호 끝자리는 0으로 끝나고 우선주의 코드번호 끝자리는 5로 끝난다.

<표 3-2>의 주식시세표에서 현대차, 광동제약은 끝자리가 0으로 끝나 모두 보통주임을 알 수 있다. 현대차우는 끝자리가 5로 끝나 우선주임을 나타내고

있다. 현대차우는 배당을 보통주보다 1% 정도 더 배당하는 비참가적·비누적적
무의결권주식이다. 광동제약의 코드번호 옆에 알파벳 'D'는 주식의 액면가를 구
분하는 기호이다. A는 액면가 100원, B는 액면가 200원, C는 액면가 500원, D는
액면가 1,000원, E는 액면가 2,500원, 무표시는 액면가 5,000원을 의미한다.

표 3-2 주식시세표(20XX년 X월 X일)

종목명 (코드번호)	종가	전일비	거래량	시가	고가	저가	52주	
							최고	최저
현대차 (005380)	232,500	▲ 4,000	813,920	231,500	233,500	229,000	289,000	65,000
현대차우 (005385)	105,500	▲ 1,500	55,136	105,500	105,500	104,000	135,000	39,150
광동제약 (009290 D)	8,370	▲ 120	160,971	8,320	8,450	8,260	13,350	3,910

주식의 가격으로는 장이 시작할 때 체결된 첫 거래가격인 시가, 장 마감 시까
지 당일 거래된 가격 중 가장 높은 가격인 고가, 장 마감 시까지 당일 거래된
가격 중 가장 낮은 가격인 저가, 장 마감 시 마지막으로 체결된 거래 가격인 종
가가 있다. 전날의 종가와 당일의 종가를 비교하여 가격의 등락을 표기한 것을
전일비라고 한다. 이외에도 주식시세표에는 하루 동안 거래된 주식의 양인 거래
량, 그리고 52주(1년) 동안의 최고가격과 최저가격에 대한 정보 등을 나타내고
있다.

읽을 거리

종목코드

삼성전자(005930), POSCO(005490), 현대차(005380), 현대중공업(009540), 현대모비
스(012330). 유가증권시장의 시가총액 상위 5개 종목의 종목명과 종목코드다. 주식 거래를 할
때, 이들 종목을 사거나 매매하려면 증권사의 홈트레이딩시스템(HTS) 등 매매시스템에 접속해
종목명을 한글로 입력하거나 뒤의 숫자인 종목코드를 입력하면 된다. 전자공시시스템(DART)
등 기업정보가 공개적으로 나타나는 곳에서도 해당 기업을 찾으려면 기업명이나 종목코드로

조회하면 된다. 이처럼 종목코드는 증권시장에서 기업명을 대체하는 역할을 한다.

종목코드라고 불리는 것은 정확한 표현으로는 '증권표준코드'라고 한다. 전 세계적으로 증권 거래가 크게 증가하고 증권거래가 전산화되자 국제증권식별번호(ISIN)가 도입됐다. 유가증권의 매매와 관리에 있어서 특정 유가증권을 지칭하는 국제적으로 표준화된 번호를 만든 것이다. 우리의 경우는 ISIN 국내 등록기관인 한국거래소가 국제표준화기구(ISO)가 정한 국제표준(ISO 6166)과 한국산업규격(KS X ISO 6166)에 따라 증권 및 관련 금융상품에 대해 부여한 고유번호를 말한다.

삼성전자 보통주의 종목코드는 '005930'인데 이는 약칭해서 표현된 것이다. 실제 삼성전자 보통주의 종목코드를 검색해보면 'KR7005930003'으로 나온다. 무려 12자리나 된다. 표준코드는 총 12자리로 국가코드(2자리), 기본코드(9자리), 검사코드(1자리)로 이뤄진다. 그리고 기본코드는 유가증권이 주식인지 채권인지 아니면 기타 금융상품인지에 따라서 달라진다. 주식의 경우 기본코드(9자리)는 속성코드(1자리), 발행체고유코드(5자리), 종목구분코드(3자리)로 나눠진다.

삼성전자 보통주의 종목코드를 다시 살펴보면, 처음의 2자리인 'KR'은 국가코드를 말한다. 그리고 기본코드로 9자리가 나타나는데 첫 숫자인 '7'은 증권을 말한다. 이어지는 '00593'은 증권 발행회사가 거래소에 코드를 신청한 순서에 따라 부여한 번호다. 뒤의 세 자리는 보통주, 전환주, 신주 여부에 따라 나뉘는데 보통주(0)이고 전환이 되지 않으며(0), 구주(0)임을 말한다. 그리고 마지막 자리는 검사코드(3)가 주어진 것이다.

그러면 삼성전자 보통주의 공식 표준코드인 'KR7005930003'가 일반적으로 불리는 '005930'으로 변형된 것은 어떤 과정을 거쳤을까. 한국거래소의 단축코드 부여 방식에 따르면 주권의 경우 7자리가 기본이다. 단축속성코드(1자리), 발행체고유코드(5자리), 종목구분코드(1자리)로 이뤄진다. 주권의 경우 알파벳을 써 'A'를 표시하나 이 역시 생략돼 한 자리수가 빠지고 원래 3자리인 종목구분코드가 1자리로 단축되며 결국 6자리 숫자가 탄생하는 것이다.

[출처: 조선비즈(biz.chosum.com), 2010. 10. 16.]

📈 02 │ 주식시장

(1) 발행시장

주식시장에서 거래되는 주식은 기업입장에서는 장기자금조달원이 되고, 투자자입장에서는 자금을 효율적으로 운용할 수 있도록 해 준다. 주식이 거래되는 주식시장은 크게 발행시장과 유통시장으로 구분한다.

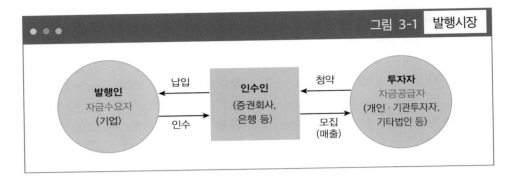

그림 3-1 발행시장

발행시장은 기업이 주식을 발행하여 최초로 투자자에게 매도하는 시장이다. 자금수요자(기업: 발행주체)가 자금공급자(투자자)에게 새로 발행되는 주식의 취득 청약을 권유(모집)하거나, 이미 발행된 주식의 취득 청약을 권유(매출)하여 돈을 조달하는 시장이 발행시장이며, 새로운 주식이 최초로 출시되는 시장이라는 점에서 1차시장이라고도 한다. 발행시장은 자금수요자인 발행인, 자금공급자인 투자자, 주식·채권 등의 증권을 발행하는 사무를 대행하고 발행위험을 부담하는 인수인으로 구성된다.

발행인은 증권을 발행하여 자금을 조달하는 주체로서 기업 등이 있다. 투자자는 발행시장에서 모집 또는 매출에 의하여 증권을 취득하여 발행인에게 자금을 공급하는 자를 말하며, 개인투자자, 기관투자자, 기타법인으로 구분된다.

인수인은 증권의 발행인과 투자자 사이에서 자금을 중개하는 자를 말한다. 발행인은 증권발행과 금융·자본시장에 대한 전문지식 및 경험을 가지고 있는 인수인의 서비스를 이용하고 이에 대한 비용을 지급하는데 인수인의 역할은 일반적으로 증권회사가 담당한다.[7]

(2) 유통시장

이미 발행된 주식이 투자자 간에 매매되는 시장을 유통시장이라고 하며 2차시장이라고도 부른다. 투자자는 유통시장에서 소유하고 있는 주식을 매각하여 투자자금을 회수하거나 이미 발행된 주식을 취득하여 금융자산을 운용한다. 유

---

7 인수는 증권을 발행인으로부터 매입하는 것이며, 청약은 증권의 모집 및 매출 시 인수인에게 해당 증권의 매입을 요청하는 행위를 말한다.

통시장은 발행된 주식의 시장성과 유동성을 높여 일반투자자의 투자를 촉진시킴으로써 발행시장에서의 장기자본조달을 원활하게 해 준다.

1) 유가증권시장

유통시장 중 기업규모가 큰 우량주식은 유가증권시장에서 거래된다. 유가증권시장에 상장[8]하고자 하는 기업은 자기자본 300억원 이상, 상장주식수 100만주 이상, 일반주주 500명 이상, 발행주권에 대한 양도제한이 없을 것 등 한국거래소에서 정한 상장요건을 충족해야 한다.

유가증권시장에서는 상장된 주식을 대상으로 개별경쟁매매[9]로 거래가 이루어진다. 또한 한국거래소는 상장기업의 상장요건 충족여부와 기업내용 적시공시 실시여부에 따라 상장을 폐지할 수 있다. 상장폐지되기 전에 일정기간 동안 관리종목으로 지정하여 상장폐지를 유예할 수 있다.

2) 코스닥시장

1996년 7월에 개설된 코스닥시장은 IT(information technology), BT(bio technology), CT(culture technology) 기업과 벤처기업의 자금조달 목적으로 개설된 시장이다. 코스닥시장의 모태는 1986년 12월 재무부가 발표한 「중소기업 등의 주식거래 활성화를 위한 시장조직화 방안」에 따라 1987년 4월 증권업협회(현 금융투자협회) 내에 개설된 별도의 주식장외시장이었다.

하지만 이 장외시장은 상대매매방식[10]으로 거래가 이루어지는 등 문제점이 많았다. 이에 낙후된 거래방식인 상대매매방식을 경쟁매매방식으로 전환하기 위하여 1996년 5월에 (주)코스닥증권시장이 설립되고 7월부터 경쟁매매방식으로 거래되는 독립된 시장으로 금융투자협회(당시 증권업협회)에 의해 운영되어 오다가 2005년 1월에 증권거래소, 선물거래소와 함께 통합되어 현재는 한국거래소

---

8 한국거래소가 정한 요건을 충족한 기업이 발행한 주권을 증권시장에서 거래할 수 있도록 허용하는 것을 말한다.
9 한국거래소에 호가가 제출될 경우 가격우선의 원칙 및 시간우선의 원칙 등 일정한 경쟁원칙에 의해 매매계약이 체결되는 방식이다.
10 쌍방이 일대일로 협의하여 종목, 수량, 가격을 정하는 매매거래로서, 매도호가와 매수호가의 가격이 일치하는 경우에는 일치하는 수량 범위 내에서 매매가 체결되지만 가격이 일치하지 않은 경우 체결을 원하는 투자자는 상대호가를 탐색하여 자신의 호가를 정정해야 한다.

내의 사업본부제 형식인 코스닥시장으로 구분되어 운용되고 있다.

3) 코넥스시장

코넥스(KONEX: Korea New Exchange)시장은 「중소기업기본법」상의 중소기업이 발행하는 주식만 상장하는 중소기업 전용 주식시장으로 2013년 7월에 개장하였다. 코넥스시장은 성장 가능성은 있지만 기존의 유가증권시장이나 코스닥시장에 상장하기에는 규모 등이 작은 창업 초반기 중소·벤처기업의 원활한 자금조달을 위해 유가증권시장 및 코스닥시장에 비해 진입요건을 완화한 시장이다.

이 시장의 상장기업이 창업 초반의 중소기업이고 공시의무가 완화된 점 등을 고려하여 투자자는 벤처캐피탈, 기관투자자, 3억원 이상 예탁한 개인 등으로 제한되며, 일반 개인투자자는 자산운용사들이 출시하는 코넥스 상장주식 투자펀드에 가입하는 방식(간접투자방식)으로 투자할 수 있다.

4) K-OTC

장외주식시장인 K-OTC(Korea Over-The-Counter)시장은 2000년 3월 27일 금융투자협회(당시 증권업협회)가 개설한 장외주식호가중개시장으로 유가증권시장과 코스닥시장에 이어 세 번째로 문을 열었다는 뜻에서 제3시장이라고 하였다. 이 시장에서는 유가증권시장이나 코스닥시장에 상장되지 않은 기업이 주권의 매매거래를 위하여 지정신청을 하면 금융투자협회(당시 증권업협회)가 주권의 매매거래 지정을 결정하여 호가중개시스템을 통해 거래할 수 있었다.

이후 정부의 벤처활성화 방안의 일환으로 제3시장을 개편하여 2005년 7월 13일 제3시장을 프리보드로 새롭게 출범시켰다. 프리보드시장은 유가증권시장이나 코스닥시장에 비해 진입요건과 진입절차가 간단하고, 공시사항 등 유지요건을 최소화하고 있다. 프리보드의 종목을 매매하기 위해서는 증권회사에 계좌를 개설하여야 하며 유가증권시장 및 코스닥시장 종목의 매매를 위해 개설한 계좌로도 가능하다.

여기서는 일정 요건을 갖춘 비상장주식을 대상으로 유가증권시장, 코스닥시장, 코넥스시장에서 거래되지 못하는 주식을 대상으로 개별경쟁매매가 아닌 상대매매로 거래가 이루어진다. 2014년 8월에는 프리보드를 확대 개편한 장외주식시장으로 K-OTC를 개설하여 금융투자협회가 운영하고 있다.

읽을 거리

주식시장의 역사

주식시장의 역사는 국가별로 최초의 증권거래소를 설립하여 운영함으로써 시작된다. 세계 최초의 주식거래는 1602년에 설립된 네덜란드 동인도회사의 주식이 거래되면서 시작되었다. 당시에는 무역회사 주식이 주로 거래되었으며, 이 주식은 투기성이 높았고 회사설립 직후 바로 매매가 이루어졌다. 이후 1613년 세계 최초의 증권거래소인 암스테르담거래소가 설립되면서 공식적인 시장에서 주식이 거래되기 시작하였다.

영국의 경우 16세기경 상업이 크게 발전하면서 중개인들이 런던에 설립된 왕립거래소(The Royal Exchange)에 모여 상품 및 신용장, 증권 등의 거래를 중개하였는데 이것이 영국에서의 거래소의 기원이다. 이후 주식중개인들은 증권거래소라는 간판을 걸고 자치규약을 만들고 입장료를 징수하는 등 거래소를 증권업자의 자치적 관리조직으로 유지시켜 오다가 1802년에 독립된 건물을 가진 런던증권거래소(London Stock Exchange)가 공식적으로 발족하게 되었다.

미국의 뉴욕증권거래소도 영국과 마찬가지로 최초에는 각종 상품의 경매시장으로 출발하였다. 1792년에 증권브로커들에 의해 경매시장으로부터의 독립을 의미하는 협정이 만들어졌고, 이를 계기로 증권브로커들만의 시장이 월가의 노상에 생겨나게 되었다. 이것이 발전하여 1817년 뉴욕주식거래소(New York Stock and Exchange Board)가 설립되었다.

우리나라에는 1956년 3월 한국증권거래소가 설립된 이후 유가증권의 유통시장이 계속 유지 발전 되어왔다. 2005년 1월 과거 한국증권거래소, 한국선물거래소, (주)코스닥증권시장, 코스닥위원회 등 4개 기관이 통합하여 주식회사 형태의 한국증권선물거래소가 설립되었다. 이후, 2009년 2월 「자본시장법」이 시행되면서 그 명칭을 한국거래소(KRX: Korea Exchange)로 바꾸게 되었다. 이로써 한국거래소는 현물과 파생상품을 동시에 취급하는 종합거래소가 되었다.

[출처: 한국거래소(www.krx.co.kr), 살아있는 동영상강좌]

📈 03 ┃ 매매제도

(1) 매매거래의 일반절차

한국거래소에 개설된 시장에서의 매매거래는 투자자가 회원사인 증권회사에 매매거래계좌를 개설한 후, 증권회사를 통하여 주문[11]을 제출하고 증권회사는

---

11 투자자의 매매거래 의사표시

해당 주문을 접수 순서에 따라 한국거래소로 제출한다. 이처럼 우리나라 주식시장의 경우 회원사는 투자자로부터 주문을 접수받고 거래소는 회원사로부터 호가를 접수받는 구조인데 최근에는 인터넷상의 HTS(home trading system)이나 MTS(mobile trading system)를 통한 매매거래가 일반화되고 있다.

호가[12]를 접수한 한국거래소는 매매체결원칙에 따라 일치되는 호가끼리 거래를 체결하는 개별경쟁매매에 의해 거래를 체결시키고 그 결과를 즉시 증권회사에 통보한다. 증권회사는 통보받은 체결결과를 다시 투자자에게 통보한다. 결제는 T(당일)+2일, 즉 매매거래가 발생한 날로부터 이틀 후인 3일째 되는 날에 이루어진다.

(2) 매매체결원칙

거래소의 매매체결원칙은 가격우선의 원칙과 시간우선의 원칙이 있다. 가격우선의 원칙은 저가매도호가가 고가매도호가에 우선하고 고가매수호가가 저가매수호가에 우선하여 체결되는 원칙이다.[13] 시간우선의 원칙은 동일가격호가에 대하여는 먼저 접수된 호가가 우선하여 체결되는 원칙이다.

만일 동시호가나 동일가격호가가 되어 시간우선의 원칙을 적용하기 어려울 경우에는 수량이 많은 호가가 우선하는 수량우선의 원칙과 고객의 위탁매매호가가 증권회사의 자기매매호가보다 우선하는 위탁매매우선의 원칙을 적용한다.

시초가와 종가의 경우에는 시간우선의 원칙이 적용되지 않는 동시호가를 적용하고 있다. 개장 1시간 전인 오전 8시부터 장이 개시되기 전까지 주문을 받아서 여기서 제시된 가격을 모아 오전 9시에 단일가격으로 매매를 체결하여 시초가가 결정된다.

마찬가지로 장이 끝나기 10분 전인 오후 3시 20분부터 매매체결 없이 주문만

---

12 회원의 매매거래 의사표시이며, 한국거래소는 거래를 표준화하고 매매체결을 원활히 하기 위하여 적정 호가가격단위(가격대별로 호가할 수 있는 최소단위)를 설정하고 있다. 즉, 가격이 2,000원 미만일 경우 1원 단위, 2,000원 이상 5,000원 미만일 경우 5원 단위, 5,000원 이상 20,000원 미만일 경우 10원 단위, 20,000원 이상 50,000원 미만일 경우 50원 단위, 50,000원 이상 200,000원 미만일 경우 100원 단위, 200,000원 이상 500,000원 미만일 경우 500원 단위, 500,000원 이상일 경우 1,000원 단위로 호가한다.
13 매매거래에서 매도를 위해 제시하는 증권가격을 매도호가, 매수를 위해 제시하는 증권가격을 매수호가라고 한다.

받다가 오후 3시 30분에 단일가격으로 매매를 체결하여 종가를 결정하고 있다. 한편, 장이 개시되기 전인 오전 8시부터 오전 9시까지, 그리고 장종료 후 오후 3시 40분부터 오후 6시까지에는 시간외거래가 가능하다.

(3) 주문유형

1) 지정가주문

투자자가 사거나 팔고자 하는 종목, 수량, 가격을 지정하는 주문형태이다. 가장 일반적인 주문이며 투자자가 지정한 가격이나 그 가격보다 유리한 가격으로 거래가 체결된다. 예를 들어, 투자자가 A주식을 10,000원에 매수주문을 낼 경우 10,000원은 매매거래가 가능한 가격의 한도를 나타내므로 지정한 10,000원이나 이 가격보다 낮은 가격으로 체결이 가능하다. 반대로 10,000원에 매도주문을 낼 경우 10,000원이나 이 가격보다 높은 가격으로 체결이 가능하다.

2) 시장가주문

투자자가 사거나 팔고자 하는 종목과 수량만 지정하고 가격은 지정하지 않는 주문형태이다. 현재 시점에서 가장 유리한 가격조건이나 시장에서 형성된 가격으로 즉시 체결하고자 할 때 사용한다. 시장가로 체결되기 때문에 일반적으로 지정가주문보다 빨리 매수주문 혹은 매도주문이 체결된다.

3) 조건부지정가주문

주식시장의 매매거래시간 중에는 지정가주문으로 거래가 체결되지만 거래체결이 이루어지지 않은 잔여수량에 대해서는 종가결정(장종료 전 10분간 단일가매매) 시에 시장가주문으로 자동으로 체결되는 주문형태이다.

4) 최유리지정가주문

이 주문은 상대방의 최우선호가 가격으로 지정되어 주문한 것으로 본다. 매도의 경우에는 상대방인 매수자의 가장 높은 매수가격으로 즉시 체결하고, 반대로 매수의 경우에는 상대방인 매도자의 가장 낮은 매도가격으로 즉시 체결하는 주문이다.

5) 최우선지정가주문

이 주문은 자기 주문 방향의 최우선호가 가격으로 지정되어 주문한 것으로 본다. 매도의 경우에는 매도주문의 접수시점에서 가장 낮은 매도주문의 가격으로 지정한 것으로 보아 이 가격으로 체결하고, 매수의 경우에는 매수주문의 접수시점에서 가장 높은 매수주문의 가격으로 지정한 것으로 보아 이 가격으로 체결하는 주문형태이다.

읽을 거리

월가의 상징, 황소

증권시장의 상징인 소와 곰의 유래에 대해 여러 가지 설이 있다. 가장 널리 알려진 설은 소와 곰이 다른 동물을 공격하는 방법에서 유래되었다는 것이다. 즉, 곰은 발을 아래쪽으로 내려치는 방법으로 상대를 공격하는 반면에 소는 뿔을 위쪽으로 쳐들어 상대를 공격하는 데서 유래한 것이라고 한다. 그러나 이것은 사실이 아니다.

Bear라는 말은 18세기 영국에서 곰가죽 중개상(bear skin jobber)들이 잡지도 않은 곰가죽을 미리 판데서 유래하여 공매자(short seller)를 의미하는 말로 쓰이기 시작하였다고 한다. 소와 곰이 반대적 의미를 가지게 된 것은 미국에서 한때 유행했던 소와 곰을 서로 싸우도록 부추기는 스포츠(baiting)에서 곰의 상대방이 소라는 데서 유래한 것이라고 한다.

MetaMarkets.com의 CEO로서 월가의 사료수집에 관심을 가지고 있는 Don Luskin이라는 사람이 조사한 바에 의하면 "bull" and "bear"라는 말이 처음으로 설명된 영어책자는 Thomas Mortimer가 쓴 "Every Man His Own Broker, or, A Guide to Exchange Alley"라고 한다. (Don Luskin은 1785년에 인쇄된 이 책의 10판을 소장하고 있음)

Mortimer에 의하면 1785년 당시에는 "bull" 과 "bear"라는 말이 오늘날 사용되는 것보다는 한정된 의미로 사용되었다. Bulls는 주가가 오를 것이라고 생각하거나 희망하는 사람을 지칭하기보다는 오늘날의 신용거래를 하는 투자자와 같은 의미로 사용되었다. 즉, 돈 없이 주식을 사서 결제일 전에 주식을 팔아 차익을 남기려고 했던 사람이었다. 마찬가지로 Bears도 그 시대에는 장세를 비관적으로 보는 사람을 지칭하는 것이 아니라 공매를 하는 사람을 표현하는 말이었다. 마지막으로 소와 곰의 상징을 유행시킨 사람은 만화가 Thomas Nast라고 한다.

[출처: 한국거래소(www.krx.co.kr), 종합자료실]

01 | 효율적 시장

1953년 Maurice Kendall은 몇 가지 경제변수의 시간적 변화를 추적하면 호황기와 불황기에 걸친 경제순환과정을 예측할 수 있을 것이라는 경제학자들의 주장을 주가에도 적용하여 주가 변동에서 반복적인 패턴을 찾아내려는 시도를 하였으나 주가 움직임에서 어떠한 예측 가능한 패턴을 찾아낼 수 없었다.

주가 움직임이 예측 불가능하다는 것은 주가가 랜덤 워크(random walk)를 따라서 움직이므로 주가 변동이 무작위적이라는 것이고 이것은 주식시장이 비합리적인 시장이 아니라 효율적인 시장이라는 것을 의미한다.

만약 주가 움직임이 예측 가능하다면 이것은 정부의 재정정책, 통화정책, 그 기업이 속한 산업에 관한 정보, 영업성과 및 경영 상태에 대한 정보 등 주가를 예측하는 데 사용할 수 있는 이용 가능한 모든 정보가 아직 주가에 다 반영되지 않았다는 것이 된다. 이는 주식시장이 비효율성을 가지고 있음을 의미한다.

효율적 시장가설(EMH: efficient market hypothesis)은 이용 가능한 모든 정보가 현재 주가에 모두 반영되어 있다는 가설이고, 정보의 반영 정도에 따라 약형(weak-form), 준강형(semistrong-form), 강형(strong-form) 효율적 시장가설로 구분된다.

(1) 약형 효율적 시장

약형 효율적 시장가설은 과거 주가변동의 양상, 거래량의 추세, 과거 이자율의 동향에 관한 정보 등 역사적 정보가 현재 주가에 이미 완전히 반영되어 있다는 주장이다. 따라서 약형 효율적 시장가설에 의하면 과거 주가변동의 형태나 시장과 관련된 자료를 바탕으로 미래 주가의 변동추이를 예측하려는 차트분석이나 이동평균선 분석 등의 기술적 분석(technical analysis)으로는 초과수익을 얻을 수 없다고 주장한다.

(2) 준강형 효율적 시장

현재 주가에는 역사적 정보뿐만 아니라 공개적으로 이용가능한 모든 정보가 이미 완전히 반영되어 있다는 주장이 준강형 효율적 시장가설이다. 따라서 이 가설에 의하면 과거의 주가와 거래량뿐만 아니라 기업의 회계정보 발표, 회계처리방법의 변경, 취급제품 관련 공시사항, 공표된 정부의 경제정책, 경쟁업체의 공지사항, 기업의 배당이나 유·무상증자 또는 합병계획, 신문 등에 발표된 모든 공시된 정보 등과 같은 공개정보에 바탕을 둔 기본적 분석(fundamental analysis)으로는 초과수익을 얻을 수 없다고 주장한다.

(3) 강형 효율적 시장

강형 효율적 시장가설은 현재 주가가 역사적 정보, 공개된 정보뿐만 아니라 공개되지 않은 사적인 정보(private information)까지 이미 완전히 반영하고 있으므로 투자자는 어떠한 정보에 의해서도 초과수익을 얻을 수 없다는 주장이다. 따라서 내부정보를 갖고 있는 정부관료(government officials)나 기업내부자(corporate insiders: 임원, 이사회, 대주주)들조차도 강형 효율적 시장에서는 초과수익을 얻을 수 없다고 주장한다.

⛰ 02 | 기술적 분석

기술적 분석은 주식의 내재가치를 결정짓는 기본 요인들을 고려하지 않고 과거의 주가나 거래량 등의 움직임 들을 살펴봄으로써 미래의 주가를 찾는 기법이다. 대부분의 기술적 분석은 주식의 시장가격에 내재하는 어떤 추세를 찾으려고 노력한다. 기술적 분석에서 캔들차트와 이동평균선은 추세를 이해한다는 의미에서 중요하고 기본이 되는 대표적인 분석기법이다.

(1) 캔들차트 분석

차트는 기본적으로 선차트(line chart)와 캔들차트(candle chart)가 있는데, 선차트는 매일의 종가를 직선으로 연결하여 시장추세를 나타낸다. 캔들차트는 시가,

고가, 저가, 종가를 하나의 캔들(봉)에 모두 표시하고, 시가와 종가를 비교하여 그 결과에 따라 색깔로 구분하고 있다.

시가에 비해 종가가 상승한 경우(주가가 상승한 날)는 붉은색 혹은 백색의 양선 (white candle)으로 양봉이라 하고, 시가에 비해 종가가 하락한 경우(주가가 하락한 날)를 청색 혹은 흑색의 음선(black candle)으로 음봉이라 한다. 시가와 종가가 표시된 캔들을 몸통이라고 부르고, 고가가 표시되는 위의 꼬리를 윗수염, 저가가 표시되는 아래 꼬리를 아랫수염이라고 한다.

캔들차트는 하나의 캔들이나 여러 개의 캔들을 결합하여 패턴을 판독한다. 기 본적으로 상승장에서는 양봉이 많아지게 되고 하락장에서는 음봉이 많아지게 된다. 또한 몸통의 길이가 길수록 시장의 방향성을 알 수 있다. 예를 들어, 양봉 이면서 큰 몸통을 가진다면 상승세가 강하다는 의미이고 반대로 음봉이면서 큰 몸통을 나타낸다면 하락세가 강하다는 의미이다.

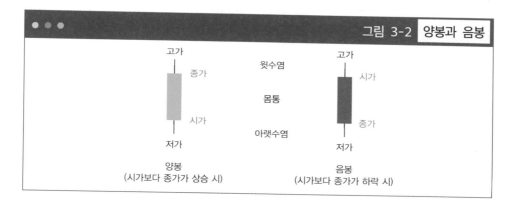

그림 3-2 **양봉과 음봉**

양봉
(시가보다 종가가 상승 시)

음봉
(시가보다 종가가 하락 시)

(2) 이동평균선 분석

일정기간 동안 주가의 산술평균치를 나타내는 이동평균선은 주식시장의 전반 적인 주가흐름을 판단하고 향후 주가추이를 전망하는데 사용되는 대표적인 기 술지표이다. 이동평균선은 단기이동평균선으로 5일 및 20일 이동평균선, 중기이 동평균선으로 60일 및 120일 이동평균선, 장기이동평균선으로 200일 이동평균 선이 활용된다.

일반적으로 상승추세일 경우 주가는 이동평균선 위에서 움직이고, 하락추세일 경우 주가는 이동평균선 아래에서 움직이며, 횡보세(보합세)일 경우 주가는 이동평균선에 수렴해 가는 특징이 있다. 이동평균선 분석으로 일반적으로 많이 사용하는 것은 지지선·저항선 분석, 배열도 분석, 교차 분석, 이격도 분석 등이 있다.

1) 지지선·저항선 분석

지지선과 저항선은 말 그대로 지지해 주는 선과 저항해 주는 선을 의미한다. 만약 공을 아래로 던졌을 때 바닥을 맞고 튀어 오를 경우 바닥은 공이 더 이상 아래로 내려가지 않도록 지지하고 있고, 반대로 공을 위로 던졌을 때 천장을 맞고 내려오게 될 경우 천장은 공이 위로 올라가는 것을 막는 저항이 된다. 이처럼 공의 위아래 움직임을 주가의 변동이라고 볼 때 바닥은 지지선, 천장은 저항선이 된다.

예를 들어, 20일 이동평균선은 20일 동안 주식의 평균적인 거래가격이라고 볼 수 있으므로, K전자 이동평균주가가 10만원이라는 것은 K전자 주식의 평균 매매단가가 10만원임을 의미한다. 만약 12만원인 K전자 주가가 계속 내려가면 10만원에 K전자 주식을 매수한 사람들은 자신들이 매수한 가격대를 지키려고 할 것이므로 매물이 줄어들게 되어 20일 이동평균선이 주가하락을 막는 가격선인 지지선의 역할을 한다. 반대로, K전자 주가가 8만원이었다가 10만원으로 계속 올라가면 평균매매단가 10만원보다 싸게 산 투자자들의 매물이 증가하여 20일 이동평균선은 가격의 상승을 멈추는 가격선인 저항선의 역할을 한다.

이동평균선은 이동평균을 계산하는 기간이 길수록 지지와 저항의 강도가 세기 때문에 단기이동평균선보다 중기이동평균선이, 중기이동평균선보다 장기이동평균선이 지지와 저항의 강도가 높다고 할 수 있다. 따라서 주가가 상승할 경우에는 단기이동평균선, 중기이동평균선, 장기이동평균선이 차례로 저항선의 역할을 하고 주가가 하락할 경우에는 단기이동평균선, 중기이동평균선, 장기이동평균선이 차례로 지지선의 역할을 한다.

2) 배열도 분석

이동평균선은 평균하는 기간이 다르기 때문에 장단기 이동평균선 간에 움직이는 시차가 존재한다. 주가가 상승추세일 경우에는 단기이동평균선, 중기이동평균선, 장기이동평균선 순서로 상승한다. 반면 주가가 하락추세일 경우는 단기이동평균선, 중기이동평균선, 장기이동평균선 순서로 하락한다.

따라서 주가가 상승추세일 경우 맨 위에서부터 주가, 단기이동평균선, 중기이동평균선, 장기이동평균선의 순서를 이루는 정배열 상태가 되고, 하락추세에서는 상승추세에서의 경우와 반대로 맨 위에서부터 장기이동평균선, 중기이동평균선, 단기이동평균선, 주가의 순서를 이루는 역배열 상태가 된다. 그러므로 정배열로의 전환은 매수신호로, 역배열로의 전환은 매도신호로 간주할 수 있다.

3) 교차 분석

교차 분석은 이동평균선들이 서로 교차하는 시점을 매매시점으로 하는 분석기법이다. 주가는 계속 변하기 때문에 이동평균선도 주가의 변화에 따라 움직이게 됨에 따라 이동평균선들이 서로 교차하기도 한다. 특히, 단기이동평균선이 장기이동평균선을 상향돌파할 때를 골든크로스(golden cross)라고 하며 강세장으로의 전환신호로 보아 매수신호로 간주한다.

반대로 단기이동평균선이 장기이동평균선을 하향돌파할 경우는 데드크로스(dead cross)라고 하고 약세장으로의 전환신호로 보아 매도신호로 간주한다. 일반적으로 돌파가 발생할 때 대규모 거래가 수반될수록 그 강도가 강해지며, 장기이동평균선이 돌파될 때가 중기이동평균선이 돌파될 때보다 더 큰 의미가 있다.

4) 이격도 분석

이격도는 주가와 이동평균선 간의 간격을 말한다. 이동평균선은 과거의 주가를 평균한 값이므로 후행성지표이다. 따라서 실제로 투자를 할 시점에서 시간적으로 다소 늦다는 결함을 가지고 있다. 이를 극복하기 위한 현실적인 투자기법인 이격도 분석은 당일의 주가를 당일의 이동평균으로 나누어 백분율로 구한다.

$$이격도 = \frac{당일\,주가(혹은\,지수)}{당일\,이동평균주가(혹은\,지수)} \times 100 \tag{3-12}$$

이격도가 100%를 초과하면 당일 주가가 이동평균선보다 높은 가격에 형성되어 있다는 의미이므로 이익실현을 위해 매도시점이라는 의미를 갖는다. 반대로

100% 미만이면 당일 주가가 이동평균선보다 낮게 형성되어 있어, 저평가된 것으로 보아 매수신호로 받아들인다.

비교하는 이동평균선에 따라 20일 이격도, 60일 이격도 등으로 구분되며 20일 이격도가 주로 활용된다. 예를 들어, 해당일 종가가 11,000원인 종목의 20일 이동평균가격이 10,000원인 경우에 20일 이격도는 110%가 된다. 이론적인 근거는 없지만 경험적으로 알려져 실무에서 일반적으로 많이 사용하는 기준은 <표 3-3>과 같다. 보합세일 때 20일 이격도가 105% 이상이면 주가가 이동평균선으로 복귀하는 경향이 많아 매도시점으로 간주하고 95% 이하이면 매수시점으로 간주한다.

표 3-3 이격도와 매매신호

	20일 이격도	60일 이격도	신호
상승국면	98% 이하 106% 이상	98% 이하 110% 이상	매수 매도
하락국면	92% 이하 102% 이상	88% 이하 104% 이상	매수 매도
보합국면	95% 이하 105% 이상	90% 이하 110% 이상	매수 매도

<그림 3-3>에는 20XX년 2월 1일부터 11월 30일까지의 기간 동안 H주식의 이동평균선과 이격도 분석을 나타내었다. 3월 중순에 골든크로스가 나타났으며 5월 초순까지 이동평균선이 정배열을 나타내었다. 상승국면에서의 20일 이격도가 98% 이하로 나타나 매수신호를 보냈고, 하락국면에서의 20일 이격도는 102% 이상으로 나타나 매도신호를 보냈다.

20XX년 6월 초순에 5일 이동평균선이 20일 이동평균선을 하향돌파하여 하락세를 보였으나 6월 동안 60일 이동평균선의 저항을 받아 더 이상 하락하지 않음을 볼 수 있다. 즉, 60일 이동평균선이 지지선으로 작용하고 있음을 보여주고 있다.

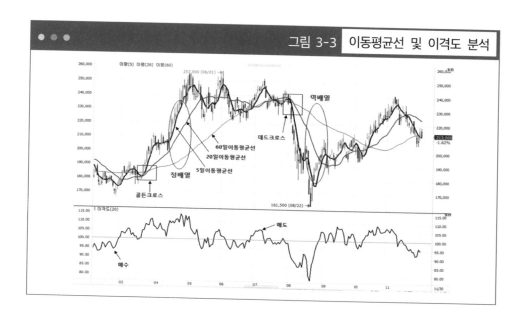

그림 3-3 이동평균선 및 이격도 분석

읽을 거리

Peter Lynch

Peter Lynch는 Warren Buffett과 더불어 살아 있는 월스트리트의 신화로 통하는 투자가다. Peter Lynch는 1977년 5월말 초대형 투자회사인 피델리티의 마젤란 펀드를 2천만 달러에 인수하여 13년 동안 운용하여 1990년 5월 31일 은퇴하는 날까지 660배에 달하는 140억 달러의 규모(누적 기준 2,703%)의 수익률을 올린 후, 한창 전성기인 47세에 은퇴하고, 서민적이며 이해하기 쉬운 투자전략을 내놓았다.

그가 '레깅스'라는 팬티스타킹을 만드는 헤인스에 투자한 사례는 대표적인 Peter Lynch식 투자전략으로 알려져 있다. 당시 헤인스는 고급 팬티스타킹을 생산해 백화점 등에 공급했지만, 싸구려 제품을 주로 팔던 슈퍼마켓에도 비교적 저렴한 가격에 고급제품을 공급하는 결단을 내렸다. 여성들의 출입이 빈번한 슈퍼마켓에서 이 상품을 우연히 접하고 매우 만족스러워한 아내 캐롤린의 말을 Peter Lynch는 놓치지 않았다. 그는 바로 제조회사를 알아본 후 곧바로 이 회사의 주식을 매수했고 6배의 수익을 남겼다. 그의 용어를 빌리자면 6루타를 친 것이다.

그렇다고 그가 펀더멘털을 무시하지는 않는다. Lynch는 "자기가 잘 아는 종목을 사라"는 자신의 조언이 시장에서 잘못 해석되고 있다며, 자신의 저서인 '전설로 떠나는 월가의 영웅, 피터 린치' 2000년 2판 때 서문을 이렇게 다시 썼다. "저는 여러분에게 쇼핑하기 좋다거나 좋아하는 제품을 만든다는 이유로 또는 음식이 맛있다는 이유로 주식을 사라고 권하지는 않습니다.

상점이나 제품 혹은 식당을 좋아한다는 사실은 분명 그 종목에 관심을 가지고 분석할 이유가 되지만, 그것만으로는 주식을 매수할 수 없습니다. 회사의 수익 전망, 재무상태, 경쟁력, 향후 계획 등에 대해 스스로 충분히 공부하기 전에는 절대로 투자하지 마십시오."

Peter Lynch는 급성장주, 대형우량주, 저성장주, 경기순환주, 회생주, 자산주 등 모두 6가지의 범주로 투자대상 종목들을 구분했다. Lynch가 이야기하는 급성장주란 매년 수익이 20-25% 이상 늘어나는 기업, 그리고 재무구조가 양호하여 상대적으로 투자 위험이 낮은 기업을 말한다. 대형우량주는 연 매출이 수백억달러이고, 수익성장률이 10-19%에 달하는 기업과 경기의 움직임에 실적이 큰 영향을 받지 않는 기업이다.

저성장주는 대형기업이면서 한자리 수의 이익성장률이 기대되는 기업이다. 경기순환주는 경기 흐름에 따라 일정한 형태로 매출과 수익이 오르고 내리는 기업이다. 회생주는 구제금융 등 어려움에 처해 있지만 회생하려고 노력하는 기업을 말하며, 마지막으로 자산주는 재무상태표 상에는 나타나지 않지만 자산가치가 큰 기업을 뜻한다.

[출처: 세계일보(www.segye.com), 2012. 5. 29.]

📊 03 | 기본적 분석

기본적 분석은 기업의 진정한 가치인 내재가치(intrinsic value) 혹은 본질가치(fundamental value)를 분석하여 미래주가를 예측하는 방법이다. 기본적 분석을 위한 주식의 가치평가모형에는 절대가치평가모형(absolute valuation model)과 상대가치평가모형(relative valuation model)이 있다.

절대가치평가모형은 자산의 본질적 가치를 평가하는 방법이다. 미래현금흐름을 현금흐름의 시차와 불확실성이 반영된 요구수익률로 할인한 현재가치인 내재가치를 구하는 배당할인모형이 대표적이다. 한편, 상대가치평가모형은 주식의 가치를 평가할 때 비교대상, 즉 주당순이익이나 주당순자산 등에 비해 주가가 상대적으로 어느 수준인지를 평가하는 방법으로서 주가수익비율(PER)을 이용하는 모형이 있다.

(1) 배당할인모형

배당할인모형은 가장 단순하고 가장 오래된 현재가치 주식평가모형이다. 투자자가 주식을 보유할 경우 얻을 수 있는 현금흐름은 배당과 주식매도 시의 매도금액으로 구성된다. 그런데, 주식매도 시점에서의 주식가격은 매도시점 이후의 배당금에 의해서 결정되기 때문에 매도금액도 결국 배당에 의해서 결정된다.

하지만 이 경우 기업이 영원히 존속한다는 계속기업의 가정하에서 보면 배당을 무한히 추정해야 하기 때문에 실제로 사용하기 어려운 한계점이 있다. 이에 배당을 매년 일정한 비율로 무한히 성장한다고 가정한다면 미래의 모든 배당을 추정하는 문제가 크게 단순화되어 실제 적용이 가능하게 된다.

예를 들어, A기업의 올해 말 배당(D_1)은 1,000원이고, 매년 배당이 10%씩 성장한다고 하자. 그러면 내년 말 배당(D_2)은 1,100원($= 1,000(1+0.1)$)이 될 것이고, 후년 말 배당(D_3)은 1,210원($= 1,100(1+0.1) = 1,000(1+0.1)^2$)이 될 것이다. 따라서 요구수익률($r$)이 15%라고 할 때, 주가는 식($3-13$)과 같이 구할 수 있다.

$$P_0 = \frac{1,000}{(1+0.15)^1} + \frac{1,100}{(1+0.15)^2} + \frac{1,210}{(1+0.15)^3} + \cdots$$

$$= \frac{1,000}{(1+0.15)^1} + \frac{1,000(1+0.1)}{(1+0.15)^2} + \frac{1,000(1+0.1)^2}{(1+0.15)^3} + \cdots \qquad (3-13)$$

이제, 주가를 구하기 위해 식($3-13$)의 양변에 $1/(1+0.15)$을 곱하면 식($3-14$)가 된다.

$$\left(\frac{1}{1+0.15}\right)P_0 = \frac{1,000}{(1+0.15)^2} + \frac{1,000(1+0.1)}{(1+0.15)^3} + \frac{1,000(1+0.1)^2}{(1+0.15)^4} + \cdots \;\; (3-14)$$

식($3-13$)에서 식($3-14$)를 빼준 후 정리하면, 배당이 일정한 비율로 성장한다는 가정하에서 할인하여 주식의 내재가치를 찾는 모형인 식($3-15$)의 항상성장모형에 의한 주가 20,000원이 계산된다.

$$\left(1 - \frac{1}{1+0.15}\right)P_0 = \frac{1,000}{(1+0.15)}$$

$$\rightarrow \ P_0 = \frac{1,000}{0.15 - 0.1} = 20,000원 \quad \rightarrow \quad \text{일반화: } P_0 = \frac{D_1}{r - g} \tag{3-15}$$

(2) 주가수익비율(PER)평가모형

주가수익비율(PER)을 이용하여 다음과 같이 미래주가를 추정하는 데 적용할 수 있다.

$$주가수익비율(PER) = \frac{주가 \ (P_0)}{주당순이익}$$

$$\rightarrow \ 미래주가(P_1) = 정상적 \ PER \times 미래주당순이익 \tag{3-16}$$

미래주가(P_1)는 정상적 PER에 미래주당순이익을 곱하여 계산할 수 있다. 이 때 정상적 PER을 어떻게 산정하는지가 중요한데, 정상적 PER을 구하는 방법으로 해당 기업의 과거 수년간(5~10년)의 평균 PER을 이용하는 방법, 동종산업의 평균 PER을 이용하는 방법, 동류위험을 지닌 주식의 PER을 이용하는 방법, 시장전체의 평균 PER을 이용하는 방법이 있다.

예를 들어, A기업의 현재 주당순이익은 1,000원이며, 매년 10%의 성장을 계속할 것으로 전망된다고 하자. 그리고 동종 산업 내의 경쟁업체 평균 PER은 5배이고 과거 5년간의 평균 PER은 6배였다. 이 경우 A기업의 1년 후 주당순이익은 1,100원(=1,000×1.1)이 되고, 동종 산업 내의 경쟁업체 평균 PER을 이용할 경우의 주가는 5,500원(=5×1,100)이 된다. 만약 과거 5년간의 평균 PER를 이용할 경우의 주가는 6,600원(=6×1,100)이 된다.

Warren Buffett

Buffett은 "어떤 기업을 분석할 때 향후 100년 내지 그 기업이 존속할 때까지 그 기업과 주주 사이의 미래 현금유출입을 알 수 있고 적절한 할인율로 현금흐름을 할인할 수 있다면 그 기업의 내재가치를 구할 수 있다"라고 말한다. 이러한 개념은 John Burr Williams가 '투자가치이론(The Theory of Investment Value)'이란 책에서 처음 언급한 이후 오늘날에도 여전히 진리로 받아들여진다.

Buffett은 11세에 처음으로 주당 38.5달러에 산 주식을 얼마 후 40달러에 팔았다. 이 주식은 나중에 200달러까지 올라갔다. Buffett은 그때 장기투자의 중요성을 확실하게 깨달았다고 말한다. 컬럼비아대 경영대학원에 들어간 Buffett은 '가치투자의 아버지'로 불리는 Benjamin Graham으로부터 투자기법을 본격적으로 배웠다.

Buffett의 대표적인 투자사례는 1988년에 매수한 코카콜라이다. Buffett이 코카콜라를 매수할 당시 장기국채이자율이 9%였고, 코카콜라 성장률은 15%였다. 9%에서 15%를 빼면 마이너스(-)가 되어 할인율로 사용할 수 없게 되므로 이를 극복하기 위하여 2단계배당할인모형을 사용하였다.

먼저 코카콜라가 적어도 향후 10년간은 평균 이상의 비율로 주주이익(당기순이익과 감가상각비의 합에서 자본적 지출을 차감한 것)이 증가할 것이고 이후에는 평균 5%로 성장이 둔화될 것이라는 가정에서 출발했다. 따라서 11년차부터는 9%의 무위험이자율에서 5%의 성장률을 뺀 4%를 할인율로 하여 기업의 미래수익의 현재가치를 구하였다.

Buffett은 이렇게 구한 내재가치를 시장가치와 비교하여 1988년 시점에 시장이 코카콜라를 내재가치의 50%에서 70% 사이에서 평가하고 있다고 보았다. 코카콜라는 당시 실적이 좋지 않은 사업부문을 매각해서 실적이 좋은 시럽제조사업에 재투자하고 있었고 Buffett은 코카콜라의 수익성이 개선되리라는 것을 확신하고 있었다.

Buffett은 어떻게 했을까? 1988년부터 1989년 사이에 코카콜라 주식을 10억 달러나 사들였다. 10년 뒤인 1998년 말 투자한 코카콜라의 주식가치는 130억 달러에 달했다.

[출처: 「워렌 버핏 집중투자」, 로버트 핵스트롬 지음/최용훈 옮김, pp. 132-133, p. 180 요약]

- 주가수준지표
  - 주가지수 산출방법
    → 가격가중평균지수법: 주가의 합÷종목수
    → 가치가중평균지수법: 비교시점의 시가총액의 합과 기준시점의 시가
      총액의 합을 비교

    $$KOSPI = \frac{비교시점의 \ 시가총액}{기준시점(1980.1.4.)의 \ 시가총액} \times 100(포인트)$$

    $$KOSPI200 = \frac{비교시점의 \ 시가총액}{기준시점(1990.1.3.)의 \ 시가총액} \times 100(포인트)$$

- 유동성지표
  - 거래량: 일정기간 동안 매매된 주식의 수량
  - 거래금액: 일정기간 동안 매매된 주식의 금액
    → 순차적 정보도달가설, 혼합분포가설
  - 회전율: 일정기간 동안 매매가 얼마나 활발한지를 측정

    $$상장주식회전율(거래량회전율) = \sum \frac{거래량}{상장주식수} \times 100(\%)$$

    $$시가총액회전율(거래금액회전율) = \sum \frac{거래금액}{상장주식수} \times 100(\%)$$

  - 시가총액: 주식시장의 규모를 나타내는 대표적인 측정치

    $$주식시장 \ 전체 \ 시가총액 = \sum_{i=1}^{N}(주가_i \times 상장주식수_i)$$

- 투자지표
  - 배당관련 지표

$$\rightarrow \text{액면배당률} = \frac{\text{주당배당금}}{\text{액면가}} \times 100(\%)$$

$$\rightarrow \text{시가배당률} = \frac{\text{주당배당금}}{\text{결산기말 주가}} \times 100(\%)$$

$$\rightarrow \text{배당수익률} = \frac{\text{주당배당금}}{\text{주가}} \times 100(\%)$$

$$\rightarrow \text{배당성향} = \frac{\text{배당금총액}}{\text{당기순이익}} \times 100(\%)$$

- 기업가치의 상대적인 평가지표

$$\rightarrow \text{주가수익비율(PER)} = \frac{\text{주가}}{\text{주당순이익}}$$

$$\rightarrow \text{주가장부가비율(PBR)} = \frac{\text{주가(시장가치)}}{\text{주가(장부가치)}}$$

• 보통주: 경영에 참여할 수 있는 권리, 경제적 이익을 얻을 수 있는 권리

• 우선주: 경제적 이익을 얻을 수 있는 권리
- 참가적 우선주, 비참가적 우선주, 누적적 우선주, 비누적적 우선주

• 주식시장
- 발행시장: 발행인, 인수인, 투자자
- 유통시장: 유가증권시장, 코스닥시장, 코넥스시장, K-OTC시장
  → 매매체결원칙: 가격우선의 원칙, 시간우선의 원칙, 수량우선의 원칙, 위탁매매우선의 원칙
  → 주문유형: 지정가주문, 시장가주문, 조건부지정가주문, 최유리지정가주문, 최우선지정가주문

- 효율적 시장

강형 효율적 시장가설
(주가에 과거정보, 공개적으로 이용 가능한 정보, 내부정보까지 반영)
→ 어떠한 투자자도 지속적인 초과수익을 얻을 수 없음

준강형 효율적 시장가설
(주가에 과거정보, 공개적으로 이용 가능한 정보 반영)
→ 기본적 분석으로 초과수익을 얻을 수 없음

약형 효율적 시장가설
(주가에 과거정보 반영)
→ 기술적 분석으로 초과수익을 얻을 수 없음

- 기술적 분석
  - 캔들차트 분석
  - 이동평균선 분석: 지지선·저항선 분석, 배열도 분석, 교차 분석, 이격도 분석

- 기본적 분석
- 절대가치평가모형(항상성장모형)

$$P_0 = \frac{D_1}{r - g}$$

- 상대가치평가모형(주가수익비율(PER)평가모형)
  미래주가(P_1) = 정상적 PER × 미래주당순이익

chapter 04 채권

---

section 01 채권시장지표

📊 01 | 이자율

(1) 이자율의 의의

돈을 빌려온 사람은 돈을 빌려 쓰는 데 대한 비용을 지불해야 하고, 돈을 빌려준 사람은 돈을 사용하게 해준 데 대한 수익을 얻는다. 이처럼 이자는 돈(금)을 사용한 대가, 즉 돈의 값이라 할 수 있고, 이자율(금리)은 원금에 대한 이자의 비율을 말한다.

예를 들어, A가 이자율(금리) 10%로 은행에 100만원을 예금한 것은 은행에 100만원을 빌려준 것에 해당하므로 은행은 A에게 돈을 빌린 비용으로 이자 10만원(이자율(금리) 10%)을 지불해야 하고, A는 빌려준 대가로 이자 10만원을 받게 된다. A가 은행에 돈을 예금하지 않으면 이 돈으로 여행이나 옷을 사는 등의 현재 소비를 통해 자기 자신의 만족감을 극대화시킬 수 있을 것이다. 따라서 이자는 A가 현재의 소비를 포기한 대가로 받은 것이라고도 볼 수 있다.

(2) 이자율의 종류

1) 기준금리

우리나라 안에서 통용되는 금리의 기준인 기준금리(base rate)는 한국은행의 통화신용정책에 관한 주요 사항을 심의·의결하는 정책결정기구인 금융통화위원회(Monetary Policy Board)에서 물가동향, 국내외 경제상황, 금융시장여건 등을 종합적으로 고려하여 결정하는 정책금리이다. 한국은행과 금융기관 간 환매조건부채권(RP) 매매금리(7일물)를 기준금리로 정하고 있다.

기준금리의 변동은 채권매매, 지급준비율, 재할인율 등의 통화정책으로 통화량이나 물가, 이자율에 영향을 미치기 때문에 한국은행이 제시하는 기준금리는 매우 중요하다. 기준금리가 변동되면 이는 금융시장의 단기금리에 바로 영향을 주어 같은 방향으로 움직이게 되고 이어서 장기금리의 변동으로 이어져 궁극적으로 실물경제 활동에 영향을 미치게 된다.

2) 시장금리

한국은행에서 기준금리를 발표하면 이를 기준으로 금융기관들은 각각 이자율을 정한다. 기준금리가 올라가면 시중의 시장금리도 올라가고 기준금리가 내려가면 시장금리도 내려간다. <그림 4-1>에 기준금리 변동에 따른 은행 여수신금리 산정체계를 나타내었다. 기준금리가 변동하면 지표금리[1]인 단기시장이자율, 장기시장이자율, 자금조달이자율이 변동한다. 지표금리에 가산금리를 더하면 은행의 여수신금리가 산정된다.

---

1 금융거래의 결과로 지급하거나 교환해야 할 금전이나 금융상품의 가치를 결정할 때 준거가 되는 금리를 의미한다.

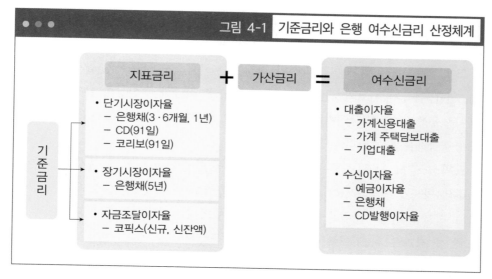

그림 4-1 기준금리와 은행 여수신금리 산정체계

지표금리 + 가산금리 = 여수신금리

기준금리

지표금리
• 단기시장이자율
  − 은행채(3·6개월, 1년)
  − CD(91일)
  − 코리보(91일)

• 장기시장이자율
  − 은행채(5년)

• 자금조달이자율
  − 코픽스(신규, 신잔액)

여수신금리
• 대출이자율
  − 가계신용대출
  − 가계 주택담보대출
  − 기업대출

• 수신이자율
  − 예금이자율
  − 은행채
  − CD발행이자율

자료: 은행연합회, 한국은행

단기시장이자율 중 양도성예금증서(CD)수익률은 변동이자율로의 대출, 이자율스왑, 본지점 간 자금이전의 준거금리로 널리 사용되고 있다. 하지만 91일물 양도성예금증서(CD)의 발행 및 유통 물량이 많지 않기 때문에 자금사정이 좋지 않은 일부 은행이 높은 수익률로 양도성예금증서(CD)를 발행할 경우 양도성예금증서(CD)수익률이 급변할 가능성이 있다. 뿐만 아니라 만기가 다양한 단기이자율의 도입 필요성도 지속적으로 제기되었다.

이에 양도성예금증서(CD)수익률을 대체할 단기이자율로 2004년 7월 26일부터 코리보(KORIBOR: Korea inter-bank offered rate)를 공시하고 있다. 코리보는 한국의 은행 간 대차시장에서의 단기기준이자율로서 이자율을 제시한 은행이 은행 간 대차시장에서 통상 거래 가능한 규모의 중도상환가능 등 조건이 붙지 않은 원화자금을 무담보 차입할 경우 적용 가능한 호가금리(offered rate)를 의미한다. 코리보의 만기는 1주일, 1개월, 2개월, 3개월, 6개월, 12개월의 총 6종이다.[2]

한편, 양도성예금증서(CD)는 은행의 전체 자금조달규모에서 차지하는 비중이 크지 않아 양도성예금증서(CD)수익률이 은행의 자금조달비용을 제대로 반영하지 못하는 문제점도 있었다. 이에 양도성예금증서(CD)를 대신할 새로운 대출 준

---

2 은행연합회(portal.kfb.or.kr): 금융상품정보 참조

거이자율로서 은행자금조달 상품의 가중평균이자율인 코픽스(COFIX: cost of funds index)를 2010년 2월 16일에 최초로 공시하였다.

코픽스는 신규취급기준 코픽스와 잔액기준 코픽스로 구분하여 공시하고 있는데, 신규 취급기준 코픽스는 한 달 동안 신규로 취급한 수신상품 금액의 가중평균이자율을 말하며, 잔액기준 코픽스는 월말 보유하고 있는 수신상품 잔액의 가중평균이자율을 말한다.

코픽스 출시 이후 시중은행은 코픽스 연동 대출상품을 적극 출시하는 한편, 기존의 양도성예금증서(CD)수익률 연동 대출인 주택담보대출을 코픽스 연동 대출로 전환할 경우 6개월간 1회에 한하여 별도의 수수료 부담 없이 전환할 수 있도록 한 결과 코픽스 연동 대출이 양도성예금증서(CD)수익률 연동 대출을 상당부분 대체하였다.

하지만 코픽스는 은행 전체 조달자금의 평균이자율로서 평균만기가 9−10개월 수준이고 월 1회만 공시되고 있기 때문에 은행들은 만기가 짧은 변동이자율로의 단기대출이자율로는 여전히 양도성예금증서(CD)수익률을 선호하였다. 이에 2012년 7월 코픽스를 보완하여 만기가 짧은 기업대출 및 가계 신용대출에 활용할 수 있도록 단기 코픽스를 도입하였다.

단기 코픽스는 신규로 취급한 만기 3개월의 수신상품[3]의 가중평균이자율로서 2012년 12월 20일부터 공시되고 있다. 또한, 2019년 7월 15일부터는 은행이 대출 재원으로 활용 가능한 자금의 잔액과 이자율을 가중평균하여 산출[4]하는 신잔액기준 코픽스도 공시하고 있다.

한편, 장기시장이자율은 1년 이상 국채, 회사채, 은행채 등의 수익률이 이용된다. 대체로 만기가 길수록 원금을 회수할 가능성이 적어지므로 위험이 더 커지게 된다. 따라서 만기가 길수록 수익률이 높아지는 것이 일반적이다. 실제로 <표 4−1>에서 국채를 보면 만기가 길수록 수익률이 높아지는 것을 볼 수 있다. 그리고 3년짜리 국채와 회사채에서 보듯이 같은 만기라도 국채보다는 회사채

---

3 코픽스와 단기 코픽스 산출 대상 수신상품은 정기예금, 정기적금, 상호부금, 주택부금, 양도성예금증서, 환매조건부채권매도, 표지어음매출, 금융채(후순위채 및 전환사채 제외)의 8개이다.

4 은행연합회(portal.kfb.or.kr) 금융상품정보: 기존의 단기 코픽스에 포함되는 8개 상품과 기타예수금(은행간거래 정기예금, 비거주자예금 등), 차입금(한은차입금, 정부차입금, 후순위채·전환사채 등), 결제성자금을 포함하여 산출한다.

의 수익률이 높음을 알 수 있다. 이는 회사채의 발행자인 기업의 신용도가 국채의 발행자인 국가의 신용도보다 낮기 때문에 그만큼 위험에 대한 대가를 보상하는 개념으로 수익률이 높은 것이다. 다시 말하면, 무위험자산인 국채보다 회사채가 위험이 높기 때문에 회사채의 수익률이 높다고 볼 수 있다. 회사채 내에서도 신용도가 높은 회사채(3년, AA-)의 수익률이 신용도가 낮은 회사채(3년, BBB-)의 수익률보다 낮음을 알 수 있다.

표 4-1 시장금리

시장금리 \ 날짜	20XX/03/10	20XX/03/11	20XX/03/12
CD(91일)	0.75%	0.75%	0.75%
KORIBOR(3개월)	0.73%	0.73%	0.74%
KORIBOR(6개월)	0.78%	0.78%	0.79%
KORIBOR(12개월)	0.87%	0.88%	0.88%
국고채(3년)	1.182%	1.179%	1.223%
국고채(10년)	2.036%	2.027%	2.092%
국고채(20년)	2.119%	2.108%	2.164%
국고채(30년)	2.118%	2.103%	2.160%
회사채(3년, AA-)	2.134%	2.123%	2.149%
회사채(3년, BBB-)	8.507%	8.495%	8.523%

자료: 한국은행 경제통계시스템(https://ecos.bok.or.kr)

3) 명목이자율과 실질이자율

현실에서는 이자율을 어떻게 계산할 것인가에 대해서 다양한 방식으로 계산하는데, 대표적으로 명목이자율과 실질이자율로 구분해서 이자율을 계산하기도 한다. 명목이자율은 화폐단위로 표시한 이자율을 말하며, 실질이자율은 재화단위로 표시한 이자율을 말한다. 명목이자율과 실질이자율은 어떠한 관계가 성립할까?

명목이자율은 화폐단위로 표시한 이자율을 말하며, 실질이자율은 재화단위로 표시한 이자율을 말한다. 명목이자율과 실질이자율은 어떠한 관계가 성립하는지 생각해 보자.

예를 들어, 명목이자율을 10%라고 할 경우 100만원을 차입했다면 1년 후에 110만원(=100(1+0.1))을 상환해야 한다. 한편, 현재 100만원인 컴퓨터가 1년 후에는 107만원이 되었다고 하자. 일반적으로 투자자는 실질적인 구매력에 관심이 있으므로 1년 후의 금액 110만원을 1년 후에 구매할 수 있는 컴퓨터(재화)의 개수로 바꿔보면 1.028개(=110/107=(100(1+0.1))/107=(1+0.028))가 된다. 즉, 1년 후에 110만원을 가지고 107만원짜리 컴퓨터(재화) 1개와 추가로 0.028개의 컴퓨터(재화)를 살 수 있다. 이처럼 재화단위로 표시한 이자율인 0.028을 실질이자율이라고 한다.

이제 명목이자율과 실질이자율 사이에 어떤 관계가 있는지 생각해 보자.

(1+0.028)=(100(1+0.1))/107에서 분모인 1년 후 컴퓨터 가격 107만원은 연초 100만원짜리 컴퓨터 가격이 7% 상승(물가상승률 7%)한 것이므로 100(1+0.07)으로 나타낼 수 있다. 따라서 (1+0.028)=(100(1+0.1))/107 → (1+0.028)=[100(1+0.1)]/[100(1+0.07)] → (1+0.028)=(1+0.1)/(1+0.07) → (1+0.1)=(1+0.028)(0+0.07)이 되므로, 명목이자율과 실질이자율은 다음과 같은 관계가 성립한다.[5]

$$1 + 명목이자율 = (1 + 실질이자율)(1 + 물가상승률) \tag{4-1}$$

이때 실질이자율에 물가상승률을 곱한 값은 현실적으로 매우 작은 값을 가지므로 0이라고 가정하여 (식 4-1)을 다음과 같이 간략하게 나타낼 수 있다.

$$명목이자율 \approx 실질이자율 + 물가상승률 \tag{4-2}$$

---

5 Irving Fisher(1930)는 명목이자율은 실질이자율과 향후 예상되는 물가상승률의 합과 같다고 주장하였으며, 이를 피셔효과라고 한다.

유럽 투자자들은 왜 마이너스 금리에 투자하는가?

아직 한국에서는 마이너스 금리라는 개념이 생소하지만 유럽에서는 2015년 스위스에서 마이너스 금리 국채를 처음 발행했고, 작년에는 독일이 유럽연합(EU) 국가 중 최초로 마이너스 금리 국채를 발행했다. 심지어 헨켈 등 독일 일부 회사도 마이너스 금리 회사채를 발행했다. 가까이는 일본 또한 마이너스 금리 국채를 발행해 오고 있다.

마이너스 금리 채권이 발행되고 거래되는 것은 수요가 존재하기 때문인데, 이런 수요를 유발하는 가장 중요한 요인 중 하나가 유럽 중앙은행들의 마이너스 기준금리정책이다. 지급준비금 등을 중앙은행에 예치해야 하는 은행들로선 이런 마이너스 금리를 부담할 수밖에 없으며, 은행들은 이런 금리 부담을 고객에게 전가하게 된다. 결국 은행고객은 현금을 예치하려면 이자를 지급해야 하는 아이러니컬한 상황에 놓이게 되는 것이다. 일정규모 이상의 기업은 현금을 사내 금고 등에 보관하는 것이 현실적으로 불가능하고 은행에 예치해야 하기 때문이다.

이런 상황은 결국 기관들로 하여금 현금보다 금리 부담이 작으면서도 그만큼 안전하고 유동성이 풍부한 투자처를 찾도록 만듦으로써 국채에 대한 수요를 증가시킨다. 즉, 국채 금리가 마이너스라 할지라도 그 금리가 은행 예치금리보다 높다면 기관으로선 이런 채권을 매입할 요인이 발생하는 것이다. 이런 안전한 채권의 수요증가는 신용도가 높은 일부 회사채까지 이어짐으로써 마이너스 금리 회사채 발행이 가능해진다.

마이너스 금리 채권을 매입하는 또 다른 요인은 시세차익에 대한 기대다. 마이너스 금리는 채권을 만기까지 보유했을 경우 오히려 이자를 지급해야 하는 상황을 의미한다. 하지만 만기 전 금리가 추가적으로 하락하면 채권가격은 상승해 마이너스 금리로 채권을 매입했다 할지라도 차익을 남기고 채권을 매도할 수 있다.

실제로 유럽 중앙은행의 추가적 양적완화 및 채권매입 기조에 따라 많은 투자자가 추가적 금리하락을 예상하고 마이너스 금리 채권을 매입했다. 이와 비슷하게 환율변동에 대한 예측도 금리와 관계없이 채권수요를 유발한다. 예를 들어, 일본 국채수익률이 마이너스라 할지라도 엔화가치가 상승할 것으로 예상된다면 외국인투자자 입장에서는 일본 국채를 매입할 요인이 발생하는 것이다.

[출처: 한국경제(www.hankyung.com), 2017. 2. 27.]

📊 02 ┃ 이자율의 영향

이자율은 경제활동주체에게 중요한 영향을 준다. 돈을 빌려주는 가계의 입장에서는 소득수준뿐만 아니라 이자율에도 영향을 받기 때문에 이자율이 올라가면 현재소비를 줄이고 대신 이자소득을 바라고 저축을 한다. 반면 이자율이 내려가면 이자부담이 줄어들기 때문에 낮은 이자로 돈을 빌려서 집이나 자동차 등과 같은 내구재를 소비할 수 있는 능력이 커진다. 하지만 이 경우 금융자산가의 경우 이자소득이 줄어들어 소비위축이라는 부정적인 효과도 무시할 수 없다.

돈을 빌려 쓰는 기업의 입장에서는 이자율이 올라가면 자금조달비용이 올라가기 때문에 기업의 투자가 줄어든다. 높은 이자를 갚고 남을 만큼을 벌어야 기업이 유지되기 때문이다. 예를 들어, 돈을 빌려와서 시설투자를 한 경우 자금조달비용은 제품을 만드는 원가에 포함되는데 이자율이 올라가면 그만큼을 제품가격에 반영되어 제품가격이 상승, 즉 물가가 상승하게 된다. 반면 이자율이 낮아지면 기업의 자금조달비용 부담이 줄어들어 투자가 활성화된다.

한편, 국가 간 자본이동이 자유로울 경우 투자자는 더 높은 수익을 얻을 수 있는 곳에 투자하므로 이자율이 높은 나라로 자본이 이동하게 된다. 예를 들어, 한국의 이자율이 미국의 이자율보다 높다면 달러를 원화로 바꿔서 한국에 투자하게 될 것이다. 이때 달러의 공급과 원화의 수요가 증가하므로 달러가치는 하락하고 원화가치는 상승하여 환율하락(원화 평가절상)이 일어난다.

반대로 미국의 이자율이 우리나라의 이자율보다 높다면 원화를 달러로 바꿔서 미국에 투자될 것이다. 이때 원화의 공급과 달러의 수요가 증가하므로 원화가치는 하락하고 달러가치는 상승하여 환율상승(원화 평가절하)이 일어난다.

하지만 경제 전체적으로 볼 때 예를 들어, 이자율이 하락하면 자금수요자인 기업은 이자 부담이 줄어들어 경제 심리가 호전되지만, 자금공급자인 가계는 소비위축이 발생하기도 하므로 이자율 인하만으로 소비 및 투자가 반드시 늘어날 것이라고 보기는 어렵다. 일반적으로 이자율은 소비, 생산, 물가, 환율 등 경제에 미치는 영향이 매우 크기 때문에 정부(중앙은행)는 이자율을 통화정책수단으로 사용하여 국민경제가 전체적으로 바람직한 수준이 되도록 유도한다.

📊 03 │ 이자율과 통화정책

(1) 통화정책의 목표

통화정책은 경제안정화를 위하여 중앙은행이 통화량, 이자율 등을 변화시키는 정책을 말한다. 대부분의 국가에서는 통화정책으로 물가안정을 추구한다. 이를 위해 적절한 경제지표를 선택하여 적절한 수준으로 유지하고자 한다. 우리나라는 일정한 기간 일정한 수준에서 물가를 안정시키겠다는 것을 미리 제시하고 이에 맞춰서 통화정책을 펴는 물가안정목표제를 채택하고 있다.[6]

(2) 통화정책의 수단

통화정책의 수단으로 가장 대표적으로 활용하고 있는 것은 공개시장운영이다. 공개시장운영이란 한국은행이 금융시장에서 금융회사를 상대로 국채를 사거나 팔아서 시중에 유통되는 돈의 양이나 이자율 수준을 조절하며, 대표적으로 증권매매와 통화안정증권 발행·환매를 통해 이루어진다.

증권매매는 국채를 매매하여 돈을 시중에 공급하거나 회수하는 것을 말한다. 한국은행이 금융시장에서 국공채를 매입하면 유동성(본원통화[7])이 시중에 공급된다. 증권매매의 종류에는 단순매매와 일정기간 이후 증권을 되사거나 되파는 환매조건부채권(Repo)매매가 있다. 증권매매는 환매조건부채권매매(통상 7일물) 중심으로 이루어지고 단순매매는 제한적으로 활용된다. 왜냐하면 단순매매는 유동성이 영구적으로 공급되거나 환수되어 장기시장이자율에 직접적인 영향을 줄 수 있기 때문이다.

한편, 한국은행이 통화안정증권을 발행하면 시중의 유동성(본원통화)은 줄어들고 반대로 환매하면 시중의 유동성(본원통화)은 늘어난다. 통화안정증권은 비교적 만기가 길기 때문에 그 기간 동안 정책효과가 지속된다.

(3) 통화정책효과의 파급

한국은행의 기준금리 변경은 다양한 경로를 통해 경제 전반에 영향을 미친다.

---

6 한국은행(www.bok.or.kr): 통화정책 참조
7 한국은행이 공급하는 지폐와 주화로서 민간 화폐보유액과 예금은행 지급준비금의 합으로 측정된다.

통화정책효과의 파급경로는 길고 복잡하고 경제상황에 따라 변하기도 하므로 그 영향의 크기나 파급경로가 어떻게 변화되고 있으며 또 현재 어떻게 작동하고 있는지를 정확하게 파악하는 것은 매우 어렵지만, 일반적으로 다음과 같은 경로를 통하여 통화정책의 효과가 파급된다고 할 수 있다.

1) 이자율경로

통화정책 효과의 파급은 유동성 변화를 통한 이자율 변화를 통해 투자와 소비를 변화시키는 이자율경로가 가장 일반적인 파급경로이다. 기준금리 변경은 단기시장이자율, 장기시장이자율, 은행의 예금이자율 및 대출이자율 등 금융시장의 이자율 전반에 영향을 미친다. 예를 들어, 한국은행이 기준금리를 인상할 경우 콜금리 등 단기시장이자율은 즉시 상승하고 은행의 예금이자율 및 대출이자율도 대체로 상승하며 장기시장이자율도 상승압력을 받는다.

이와 같은 각종 이자율의 움직임은 소비, 투자 등 총수요에 영향을 미친다. 예를 들어, 이자율 상승은 차입을 억제하고 저축을 늘리는 한편 예금이자 수입 증가와 대출이자 지급 증가를 통해 가계의 소비를 감소시킨다. 기업의 경우에도 다른 조건이 동일할 경우 이자율 상승은 금융비용 상승으로 이어져 투자를 축소시킨다.

2) 자산가격경로

자산가격경로는 자산의 가치를 변경시켜 실물경제에 영향을 주는 것을 말한다. 예를 들어, 이자율이 상승할 경우 주식, 채권, 부동산 등 자산을 통해 얻을 수 있는 미래 수익의 현재가치가 낮아지게 되어 자산가격이 하락하게 된다. 이는 가계의 자산, 즉 부(wealth)의 감소로 이어져 가계소비의 감소 요인이 된다.

3) 환율경로

통화정책이 실물경제에 영향을 미치는 또 다른 경로는 환율경로이다. 통화정책으로 이자율이 상승하게 되면 미국채권과 같은 외국자산에 비해 국내채권과 같은 국내자산을 보유할 때 수익이 더 커진다. 국내자산을 보유하기 위해서 외환을 팔고 국내통화를 사게 되면 환율이 하락하고 국내통화는 평가절상된다.

국내통화가 평가절상되면 수출입에 어떠한 영향을 미칠까? $1＝₩1,100인 환율이 $1=₩1,000으로 내려가면 환율하락(평가절상)이라고 하며, 이는 미국달러의 가치가 하락하고 상대적으로 원화의 가치가 상승한 것을 의미한다. 따라서 우리나라 수입업자가 미국 수출업자로부터 1,100원을 주고 1달러짜리 물건을 수입하던 것을 환율하락 후에는 같은 물건을 1,000원을 주고 수입하게 되므로 수입가격이 내려가서 우리나라의 수입은 늘어나게 된다.

반면, 미국 수입업자가 우리나라 수출업자로부터 1,100원짜리 물건을 수입할 때 환율하락 전에는 1달러 주던 것을 환율하락 후에는 1.1달러를 주어야 하므로 미국 수입업자 입장에서는 물건값이 0.1달러 비싸져서 미국의 수입이 감소함에 따라 우리나라의 수출이 줄어들게 된다.

4) 신용경로

기준금리가 변경될 경우 은행의 대출태도에 영향을 주기도 한다. 예를 들어, 이자율이 상승하게 되면 은행은 돈을 빌려가는 사람의 상환능력에 대한 우려 등이 커지기 때문에 이자율이 낮을 때 보다 대출에 더 신중해질 수 있다. 이는 은행대출을 통해 자금을 조달하는 기업의 투자는 물론 대출자금을 활용한 가계의 소비도 위축시킨다.

section 02 채권시장

📈 01 | 채권의 종류

(1) 발행주체에 따른 분류

채권은 정부, 지방자치단체, 특별법에 의해 설립된 법인인 공공기관, 「상법」상의 주식회사만 발행할 수 있다. 채권의 발행주체에 따라 정부가 발행하는 국채, 한국은행이 발행하는 통화안정증권, 지방자치단체가 발행하는 지방채, 한국전력공사·예금보험공사 등 법률에 의해 직접 설립된 법인이 발행하는 특수채, 「상법」상의 주식회사가 발행하는 회사채, 금융회사가 발행하는 금융채로 구분할 수 있다.

1) 국채

국채는 정부가 공공목적을 달성하기 위하여 발행하는 국고채권, 재정증권, 국민주택채권, 보상채권을 말한다. 4가지 종류의 국채는 자금용도에 따라 나누어지는데 종목에 따라 발행방식 및 이자지급방식 등이 다르다.

국고채권은 「국채법」에 의해 국채발행 및 상환업무를 종합적으로 관리하는 공공자금관리기금의 부담으로 경쟁입찰 방식으로 발행한다. 국고채권은 6개월마다 이자가 지급되는 이표채로서 만기 3년, 5년, 10년, 20년, 50년이다.[8]

재정증권은 「국고금관리법」에 의해 재정부족자금 일시 보전을 위해 경쟁입찰 방식으로 발행한다. 재정증권은 1년 이내(통상 3개월 이내)로 발행하는 할인채이다.

국민주택채권은 「주택도시기금법」에 의해 국민주택건설 재원조달을 목적으로 부동산 등기 및 각종 인허가와 관련하여 의무적으로 매입해야 하는 첨가소화 방식으로 발행된다. 국민주택채권은 연단위 복리채로 만기 5년이다.

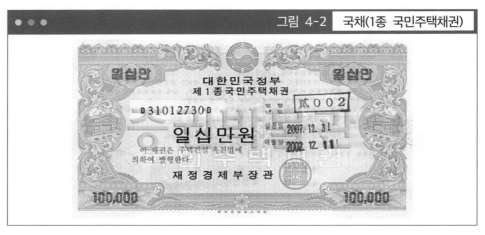

그림 4-2 국채(1종 국민주택채권)

자료: 한국예탁결제원 증권박물관(museum.ksd.or.kr)

보상채권은 국가나 지방단체 등의 사업시행자가 공익사업을 하면서 보상하는 토지의 보상금(용지보상비)을 지급하기 위해 현금 대신 채권으로 지급하는 국채

---

8 재정자금의 안정적 조달과 장기투자수요의 충족을 위해 2000년 10월에는 만기 10년, 2006년 1월에는 만기 20년, 2012년 9월에는 만기 30년, 2016년 10월에는 만기 50년 국채를 발행하였다.

를 말한다. 보상채권은 당사자 앞 교부방식으로 발행하며, 만기 5년 이내(실제로는 3년 만기)의 연단위 복리채이다. 2003년 1월 공익사업을 위한 「토지 등의 취득 및 보상에 관한 법률」에 의해서 공공용지보상채권의 명칭을 보상채권으로 변경하였다.

2) 통화안정증권

통화안정증권은 한국은행 「통화안정증권법」에 의해 한국은행이 유동성을 조절하기 위해 금융통화위원회가 정하는 한도 내에서 발행한다. 한국은행은 경상수지 흑자(적자)나 외국인투자자금 유입(유출) 등이 발생하여 시중 유동성이 증가(감소)할 경우 통화안정증권을 발행(상환)하여 시중 유동성을 회수(공급)하는 주요 공개시장운영 수단으로 활용한다.

3) 지방채

지방채는 서울도시철도채권, 지방도시철도공채, 서울특별시지역개발채권, 지역개발공채 등과 같이 지방공공기관인 특별시, 도, 시, 군 등의 지방자치단체가 지방재정의 건전한 운영과 공공의 목적을 위해 재정상의 필요에 따라 발행하는 채권이다.

4) 특수채

특수채는 한국전력공사, 예금보험공사 등과 같이 특별법에 의하여 설립된 법인이 발행한 한국전력채권, 예금보험기금채권, 부실채권정리기금채권 등을 말한다. 통상적으로 국채, 지방채, 특수채를 합하여 국공채로 부른다.

5) 회사채

회사채는 주식회사가 일반대중으로부터 자금을 조달하기 위해 발행하는 채권이다. 일반적으로 1년, 2년, 3년, 5년, 10년 등의 만기로 발행되는데 대체로 3년 이하가 주로 발행되고 있고, 액면이자율은 발행기업과 인수기관 간 협의에 의해 자율적으로 결정하여 발행한다.

6) 금융채

금융채는 은행, 증권회사, 리스회사, 신용카드회사 등 금융회사가 발행하는 채권이다. 금융회사는 금융채를 발행하여 조달한 자금을 장기 산업자금으로 대출한다. KDB산업은행이 발행하는 산업금융채권, 중소기업을 지원하기 위해 IBK기업은행이 발행하는 중소기업금융채권 등이 여기에 해당한다.

읽을 거리

만기 50년 국채

국채는 국가가 빌린 빚으로 세금을 담보로 발행하는 것이나 마찬가지다. 국채는 채권의 한 종류다. 채권은 돈을 빌릴 경우 언제까지 갚고, 빌린 돈에 매년 얼마의 이자를 내겠다고 약속하는 일종의 증표다. 채권은 돈을 빌리는 주체에 따라 이름이 달라진다. 개인이 빌리면 사채, 기업이 빌리면 회사채, 은행이 발행하면 은행채가 된다.

우리나라 국채시장의 역사는 60년이 훌쩍 넘는다. 대한민국 정부 수립 이듬해인 1949년 발행된 건국채가 최초다. 이후 산업부흥국채와 도로국채 등 지금과는 다른 형태의 다양한 국채가 발행됐다. 1999년 현재의 '국고채'로 통합됐다. 발행 목적과 만기 등에 따라 국고채권, 재정증권, 국민주택채권 등으로 나뉜다. 2000년대 들어서는 국채 만기의 장기화가 이뤄졌다. 2006년 1월에는 국고채권 20년물이, 2012년 9월에는 30년 만기 국고채권이 나왔고 2016년 10월에는 50년 만기 국고채권이 나왔다.

역사적으로 유례가 없는 초저금리가 이어지면서 세계적으로도 초장기 채권 발행이 늘어나는 추세다. 지난해 초 영국은 최장기 채권 중 하나인 2068년 만기 53년물 국채를 발행했다. 2014년엔 멕시코와 프랑스전기공사(EDF)가 100년 만기 채권을 발행했고 캐나다와 스페인도 50년물 국채를 처음으로 찍었다. 물론 만기가 없이 이자만 지급하는 영구채도 있다. 영국이 1750년대 영구채권을 뜻하는 콘솔(consols)을 발행했다.

정부의 초장기 국고채 발행은 재정자금을 안정적으로 조달하고 채무를 효과적으로 관리할 수 있는 이점 때문이다. 기존 국고채 만기가 돌아와 차환을 발행할 때 부담해야 하는 이자율변동위험도 줄여준다. 하지만 장기 국고채의 발행은 자칫 빚을 후세에 떠넘기는 부작용을 초래할 수 있다. 빚은 있는 것보다 없는 게 좋다.

[출처: 파이낸셜뉴스(www.finnews..com), 2016. 8. 17. 수정]

(2) 이자지급방법에 따른 분류

1) 이표채

이표채(coupon bond)는 매 기간마다 미리 약정한 이자를 지급하고 만기가 도래하면 채권의 액면가를 상환하는 채권을 말하며 우리나라의 경우 대부분의 회사채는 이자가 3개월 후급발행이고 국채는 6개월 후급발행이다.

2) 할인채

할인채(discount bond, zero-coupon bond)는 액면금액에서 상환일까지의 이자를 단리로 미리 할인한 금액으로 발행하는 채권을 말한다. 예를 들어, 액면가액이 10,000원, 액면이자율이 연 10%, 만기가 1년인 A채권이 있다고 하자. 이 채권이 할인채라면 투자자는 이자인 1,000원(=10,000원×10%)을 미리 뗀 9,000원을 주고 채권을 사서 만기 시에 액면가액인 10,000원을 받는다. 이처럼 할인채는 선이자를 떼고 발행한다. 만약 위의 A채권이 이표채라면 액면가 10,000원에 사서 1년 후에 이자 1,000원과 원금 10,000원을 합한 11,000원을 받는다.

3) 복리채

복리채(compound interest bond)는 채권발행 후 만기까지 이자지급 단위기간의 수만큼 복리로 이자가 재투자되어 만기 시에 원금과 이자가 일시에 지급되는 채권으로 이자지급횟수가 커질수록 채권의 만기상환금액이 증가하는 채권이다. 예를 들어, 액면가액 10,000원, 만기 5년, 액면이자율 5%, 연단위 복리채인 국민주택채권의 경우 5년 후의 만기상환원리금은 12,763원($=10,000원×(1.05)^5$)이 된다.

📊 02 ┆ 채권시장

(1) 발행시장

자금을 자금공급자로부터 직접 빌리기 위해 발행하는 채무증서의 일종인 채권은 채권시장에서 거래된다. 주식과 마찬가지로 발행시장에서 만들어진 채권은 유통시장에서 거래된다. 다만, 채권은 정부, 지방자치단체, 특별법에 의해 설립된 법인인 공공기관, 「상법」상의 주식회사가 발행하기 때문에 이들이 발행자가 된다.

(2) 유통시장

우리나라 채권유통시장은 상장종목채권에 대한 다수의 매매주문이 한곳에 집중되어 경쟁매매를 통해 거래가 이루어지는 장내시장과 개별적인 상대매매를 통해 거래가 이루어지는 장외시장으로 구분된다.

일반적으로 채권은 잔존만기, 채권수익률, 액면이자율 등 채권가격에 영향을 미치는 요인들이 다양하기 때문에 거래소 밖의 장외시장에서 증권회사(브로커나 딜러)의 단순중개를 통해 대부분 거래해 왔다. 하지만 2008년 전후의 글로벌 금융위기 이후 금융기관에 대한 자본건전성 규제의 강화로 브로커나 딜러의 역할이 축소되었고, 대신 전자시스템을 통한 주문집중 및 매매체결정보의 실시간 제공 등으로 최근에는 장내거래가 크게 확대되고 있다.

장내시장은 한국거래소 안에 개설된 채권시장인 국채전문유통시장, 환매조건부채권(Repo)시장, 일반채권시장, 소액채권시장을 말한다. 국채전문유통시장 및 환매조건부채권(Repo)시장은 도매시장이고, 일반채권시장 및 소액채권시장은 소매시장이다.[9]

1) 국채전문유통시장

1999년 3월에 국고채시장 활성화 및 거래투명성 제고를 위해 개설한 국채 전자거래시장으로 국채전문딜러 등 시장조성 활동을 담당하는 금융기관들만이 참가하는 시장이다. 주요 시장참가자는 거래소의 채무증권회원인가를 취득한 은행과 금융투자회사이고, 연금, 보험, 기금 등의 기타 금융기관 및 일반투자자도 위탁참여가 가능하다. 거래대상채권은 국고채, 통안증권, 예금보험공사채권이나 국고채가 거래의 대부분을 차지하고 있다. 매매수량단위는 10억원의 정수배이다.

2) 환매조건부채권시장

환매조건부채권(Repo)시장의 주요 시장참가자는 국채전문유통시장과 동일하다. 거래대상채권은 국고채권, 외국환평형기금채권, 통화안정증권, 예금보험공사채권 및 발행인(또는 보증기관)의 신용등급이 AA 이상인 회사채 및 기타 특수채 증권이다. 이러한 거래대상채권은 신용도가 높고 유동성이 풍부함으로 거래

---

9 한국거래소(www.krx.co.kr): 채권시장 참조

안정성이 매우 높다.

3) 일반채권시장

일반채권시장은 한국거래소에 상장된 모든 종목의 채권을 거래할 수 있는 시장으로 회사채, 주식 관련 사채, 국민주택채권 등이 빈번하게 거래된다. 시장참여자에 제한이 없으며 매매수량단위는 액면 1,000원으로 소규모 채권투자도 가능하다. 일반채권시장은 주식처럼 개별경쟁매매방식으로 매매가 이루어지며 가격우선의 원칙 및 시간우선의 원칙에 따라 매매가 이루어진다.

4) 소액채권시장

일반 국민들이 주택구입, 부동산 등기, 자동차 등록 등 각종 인허가 시에 의무적으로 매입한 국공채(첨가소화채권)의 환금성을 높이기 위하여 개설된 특수목적의 시장이다. 채권을 의무적으로 매입한 채권매입자는 매출은행 창구나 금융투자회사를 통해 매입채권의 매도주문을 낼 수 있다. 거래대상채권은 1종 국민주택채권, 서울도시철도채권, 지역개발채권, 지방도시철도채권 등이 있다. 소액채권 매입의무자들은 대부분 매입 즉시 매도한다.

읽을 거리

첨가소화채권, 주택·자동차 살 때 의무매입

채권은 정부, 공공기관, 특수법인, 기업 등이 장기자금을 일시에 조달하기 위해 발행하는 일종의 차용증서다. 기관뿐 아니라 일반인도 경제활동에서 채권거래가 일어난다. 자동차나 집을 살 때 준조세 성격의 채권구매가 의무화될 정도로 생활과 밀접하다. 또 초저금리시대를 맞아 채권투자가 활발하다. 최근 채권은 대체로 은행예금보다 금리가 높은 안전자산으로 평가받아 투자가 늘고 있다. 금리, 물가, 환율, 국내외 경제상황 등과 밀접한 관계를 맺는 채권관련 상식 및 채권투자 방법 등을 쉽게 소개한다.

누구나 자동차를 사거나 아파트를 분양 또는 구입하게 되면 준조세 성격의 첨가소화채권을 의무적으로 매입해야 한다. 첨가소화채권은 등기나 인허가, 면허 등록 시 첨가(添加)해서 일반인을 대상으로 소화(消化)시키는 채권을 말한다. 현대인의 생활필수품이 되어버린 승용차를 구입할 때 차량별로 1,000㏄~1,500㏄ 미만은 9%, 2,000㏄ 미만 12%, 2,000㏄ 이상은 20%의 채권을 매입해야 한다. 서울시 거주자는 서울도시철도채권, 광역시거주자는 지방도시철도채권, 시·도·군 거주자는 지역개발채권을 매입한다. 1월말 현재 발행잔액이 21조원이다. 지난해 3조 5,000억원이 발행됐다.

또 아파트를 분양받거나 기존 주택을 구입하게 되면 국민주택채권1종을 매입해야 한다. 채권의무매입 비율은 시가표준액이 2,000만~5,000만원 미만은 1.3%, 5,000만~1억원 미만은 1.9%, 1억~1억 6,000만원 미만은 2.1%, 1억 6,000만~2억 6,000만원 미만은 2.3%, 2억 6,000만~6억원 미만은 2.6%, 6억원 이상은 3.1%에 해당하는 국민주택채권1종을 구입해야 한다(특별·광역시 기준). 1월말 현재 발행잔액이 63조원, 지난해 약 16조원이 발행됐다.

승용차(2,000㏄ 이상)의 가격이 3,000만원이라고 가정할 때 서울시민은 이 차를 구입하기 위해 만기 7년인 서울도시철도채권(표면금리 1.25%) 600만원어치를 의무적으로 구입해야 한다. 또 서울에서 시가 6억원 아파트를 구입할 땐 만기 5년인 국민주택채권1종(표면금리 1.75%) 1,860만원어치를 구입해야 한다.

이렇게 구입한 채권을 만기까지 보유하면 채권의 액면금액과 이자를 받을 수 있다. 하지만 대부분의 채권매입자는 자동차나 주택 구입비용을 최소화하기 위해 채권을 매입하는 즉시 할인해 매도하게 된다. 이렇게 첨가소화채권을 매도할 때는 증권사에 이체해 매도하는 것이 가격 산정에 유리하다. 일상생활에서 필수적으로 거래되는 채권에 대한 관심을 조금만 기울이면 수익을 더 얻을 수 있는 것이다. 거래정보는 증권사의 홈트레이딩시스템(HTS)이나 금융투자협회가 운영하는 채권정보센터(www.kofiabond.or.kr)에서 비교할 수 있다.

[출처: 파이낸셜뉴스(www.finews.com), 2017. 2. 7.]

 section 03 채권가격과 채권수익률

📊 01 ┃ 채권가격

일반적으로 가치평가는 자산으로부터 기대되는 미래현금을 적절한 할인율로 할인하는 현금흐름할인법을 많이 사용한다. 자산이 채권이라면 채권에서 기대되는 미래현금흐름인 이자와 액면가액을 적절한 할인율로 할인하여 채권가치를 평가한다. 즉, 채권을 매수하면 채권보유기간 동안 이자를 받고 보유기간 말에 채권의 액면가액을 받는다. 따라서 채권가격은 미래의 정기적인 이자지급액과 만기에서의 액면가액을 채권수익률로 할인한 현재가치가 된다. 액면이자를 C,

액면가액을 F, 만기를 n, 채권수익률을 r이라고 할 때 채권가격은 식$(4-3)$으로 나타낸다.

$$P_0 = \frac{C}{(1+r)^1} + \frac{C}{(1+r)^2} + \cdots\cdots + \frac{C+F}{(1+r)^n} \qquad (4-3)$$

예를 들어, 액면가액(F) 1,000원, 연 10% 이자후급, 만기(n) 2년, 채권수익률 (r)이 8%인 채권이 있다. 이 채권이 1년마다 이자를 지급할 경우 채권가격 $P_0 = 100/(1.08)^1 + 1,100/(1.08)^2 = 1,035.67$원이 된다.

📈 02 | 채권수익률

채권수익률이란 채권투자로부터 미래에 획득 가능한 모든 투자수익의 현재가치와 채권의 시장가격을 일치시켜주는 할인율이라 할 수 있다. 따라서 식$(4-3)$에서의 요구수익률(r)로 채권수익률을 사용하며, 이는 시장에서 인정하는 채권금리(시장수익률)이고, 시장의 여건에 따라 형성되는 유통수익률을 의미한다. 또한 채권수익률은 지금 채권을 사서 만기까지 보유할 때 얻을 수 있는 평균수익률인 만기수익률(YTM: yield to maturity)을 의미하므로 채권수익률은 채권의 투자성과를 측정하는 데 보편적으로 사용되고 다른 금융상품과의 비교수익률로 이용할 수 있다. 만기수익률을 계산하기 위해서는 채권가격을 구하는 식을 이용하여 식$(4-4)$로 구한다.

$$P_0 = \frac{C}{(1+r)^1} + \frac{C}{(1+r)^2} + \cdots + \frac{C+F}{(1+r)^n} \quad \rightarrow \quad r \text{ (만기수익률)} \qquad (4-4)$$

예를 들어, 액면가액 10,000원, 연 10% 이자후급, 만기 3년인 채권의 현재가격이 10,253원일 경우 채권의 미래현금흐름의 현재가치와 현재가격을 같게 해주는 할인율$(r=9\%)$인 만기수익률은 아래의 식을 풀어서 구한다.

$$10,253원 = \frac{1,000원}{(1+r)^1} + \frac{1,000원}{(1+r)^2} + \frac{11,000원}{(1+r)^3} \;\rightarrow\; r = 9\%(만기수익률)$$

그러면, 만기수익률(채권수익률)과 채권가격은 어떤 관계를 가질까? 예를 들어, 액면가액이 10,000원, 액면이자율이 5%, 만기 1년인 채권이 있다고 하자. 시중의 채권수익률이 3%라면 5% 이자를 받을 수 있는 이 채권을 서로 사려고 할 것이므로 채권의 수요가 커져서 채권가격이 올라갈 것이다. 반대로 시중의 채권수익률이 7%라면 어느 누구도 5% 이자를 받는 채권을 사려고 하지 않을 것이고 채권의 수요가 줄어들어 채권가격이 하락할 것이다.

즉, 채권수익률이 내려가면 채권가격은 비싸지고 채권수익률이 올라가면 채권가격은 싸지게 된다. 따라서 채권수익률과 채권가격은 역의 관계로 움직인다. 식(4-1)에서 채권수익률(r)이 내려가면 채권가격(P_0)이 올라가고, 채권수익률(r)이 올라가면 채권가격(P_0)이 내려가는 것을 확인할 수 있다.

한편, 채권의 수익률에는 만기수익률 이외에도 명목수익률(nominal yield), 경상수익률(current yield) 등 다양한 수익률이 있다. 명목수익률은 채권의 권면에 기재된 이자율이다. 이자지급액을 액면가격으로 나눈 것으로 액면이자율, 쿠폰이자율 또는 표면이자율이라고 한다.

경상수익률(current yield)은 직접이율 또는 단순수익률, 직접수익률, 이자수익률이라고도 하는데 이자지급액을 시장가격(매입가격)으로 나눈 것을 말한다. 이는 상환일까지의 기간은 무시하고 투자금액(매입가격)에 대해서 얼마의 이자를 얻을 수 있는지를 계산한 것이다.

예를 들어, 액면가 10,000원, 연 10%, 이자후급, 만기 3년인 채권의 현재가격이 10,253원일 경우 명목수익률은 10%(=1,000/10,000), 경상수익률은 9.75%(=1,000/10,253)이다.

📈 03 | 듀레이션

일반적으로 채권투자 시 투자자금이 투자기간에 맞춰서 제대로 상환되는가가 가장 중요한 관심사라 할 수 있다. 만약 3년을 투자기간으로 생각한다면 만기가

3년인 채권에 투자하거나 혹은 만기가 3년 이상인 채권에 투자하여 3년이 된 시점에서 매도함으로써 투자원금을 회수할 수 있다.

하지만 일반적인 경우 채권을 보유하면 이자를 받기 때문에 실제로는 만기 이전에 투자원금의 일부가 회수된다. 즉, 만기와 투자원금의 회수기간이 반드시 일치하지는 않는다. 그러면 실제로 투자원금을 모두 회수되는 기간은 언제일까? 이것은 채권에서 매번 발생하는 이자와 원금을 현재시점의 가치로 따져서 찾을 수 있다.

예를 들어, 채권수익률 12%, 액면이자 100원, 만기 2년, 액면가액 1,000원인 채권이 있다고 하자. 이 채권의 투자원금이 회수되는 기간은 표면상 만기인 2년 이지만, 만기까지의 기간 동안 원리금을 각 기간에 나눠서 받기 때문에 실제로 투자원금이 회수되는 기간은 2년보다 짧을 것이다. 그러므로 실제로 투자원금 이 회수되는 기간은 1년과 2년을 평균하여 계산하면 되는데, 이때 각 기간에 회 수되는 현금의 크기가 다르므로 각 기간에 가중치를 주어 구한다.

각 기간의 가중치는 총회수 되는 금액의 현가 966.2원$(=100/(1+0.12)^1+1,100/(1+0.12)^2)$에서 1년도에 회수되는 현금의 현가 89.29원$(=100/(1+0.12)^1$이 차지하는 비중과 2년도에 회수되는 현금의 현가 876.91원$(=1,100/(1+0.12)^2)$이 차지하는 비중이다. 따라서 투자원금이 회수되는데 소요되는 평균기간은 1년 $\times(89.29$원/966.2원$)+2$년$\times(876.91$원/966.2원$)=1.91$년이 된다.

이와 같이 채권보유 시 여러 시점에서 발생되는 현금흐름을 고려하여 채권투 자액이 실제로 회수되는 데 걸리는 기간을 듀레이션(duration)이라고 하며, 가중 평균회수기간 혹은 가중평균만기라고도 부른다.

section 04　채권안정성 평가

채권을 발행한 기관의 원리금 상환 능력이 나쁘다는 것은 채권의 신용이 좋 지 않다는 것을 의미한다. 신용이 낮은 회사한테 돈을 빌려줄 사람은 별로 없을 것이다. 그렇다면 채권의 신용이 어느 정도인지에 대해서 누가 평가할까? 채권의 신용평가는 신용평가기관이 한다. 대표적으로 미국의 S&P(Standard & Poor's Corporation), 무디스(Moody's Investors Service) 등이 있으며 우리나라도 한국기업평가, 한국신용평가 등이 있다.

표 4-2 채권등급기준

등급		정의	S&P 등급	Moody's 등급
투자등급	AAA	원리금 지급 능력이 최상급으로 채무불이행가능성이 거의 없는 상태	AAA	Aaa
	AA	원리금 지급 능력이 매우 우수한 수준으로 채무불이행 가능성이 매우 낮은 상태	AA + AA AA –	Aa1 Aa2 Aa3
	A	원리금 지급 능력은 우수하여 채무불이행 가능성이 낮지만 경제적 상황변화에 따라 약간의 위험이 존재할 수 있음	A + A A –	A1 A2 A3
	BBB	원리금 지급 능력이 양호하지만 상위 등급에 비해서 경제적 상황 따라 원리금의 지급 능력이 저하될 가능성을 내포하고 있음	BBB + BBB BBB –	Baa1 Baa2 Baa3
투기등급	BB	원리금 지급 능력이 당장은 문제가 되지 않으나 장래 안전성을 보장할 수 없는 투기적인 요소를 내포하고 있음	BB + BB BB –	Ba1 Ba2 Ba3
	B	경제상황이 불안정해 질 경우 채무불이행 가능성이 큰 상태	B	B
	CCC	현재 원리금 지급의 불안 요소가 있으며 채무불이행 가능성이 높음	CCC	Caa
	CC	채무불이행 가능성이 상위 등급보다 더 높음	CC	Ca
	C	현재 이자지급이 연기되고 있고 채무불이행 가능성이 매우 높음	C	C
	D	채무불이행 상태	D	

주: 한국기업평가의 무보증 선순위회사의 등급기준.

신용평가기관이 부여한 회사채 신용등급은 원리금의 회수 가능성에 대한 정보를 제공한다. 현재 우리나라의 신용평가기관은 원리금지급 확실성에 따라 최고수준인 AAA등급부터 원금이나 이자지급이 불능상태인 D등급까지 크게 10등급으로 나누어 구분하고 있다.

AAA부터 BBB까지(S&P의 경우는 AAA부터 BBB-등급까지, 무디스의 경우는 Aaa부터 Baa3등급까지)는 원리금의 지급능력이 양호한 우량채권으로서 투자적격채권을 나타낸다. 그리고 BB등급 이하(S&P의 경우는 BB+등급 이하, 무디스의 경우는 Ba1등급 이하)는 원리금의 지급능력이 의문시되는 투기적 채권인 불량채권으로서 정크본드(junk bond)라고 부른다.

높은 신용등급을 부여받은 회사는 채무불이행 위험이 낮다는 이유로 낮은 이자율로 회사채를 발행할 수 있어 자금조달비용을 낮출 수 있다. 반면, 낮은 신용등급을 부여받은 회사는 높은 이자율을 제공해야 투자자들이 관심을 가질 것이다. 신용등급이 낮은 채권에 투자할 경우에 높은 이자를 받는 대신 채무불이행을 당할 우려도 있으므로 일반투자자는 가급적 BBB등급 이상의 채권에 투자하는 것이 바람직하다.

평가기관들이 채권안정성을 평가할 때 경기변동성·시장지배력·사업다양성·진입장벽 등의 산업특성, 마케팅능력·시장점유율·제품다양성 등의 시장경쟁력, 가격리더쉽·생산성 등의 운영효율성, 경영성과·경영일관성 등의 경영관리능력 등에 대해서 평가를 한다.

또한 이러한 평가 외에도 회사의 재무상태를 측정하기 위해 재무분석도 수행한다. 주요 재무분석으로는 투자자본에 대한 경영성과 평가 및 이익창출평가를 위한 수익성 분석, 단기채무지급능력을 평가하는 유동성 분석, 장기채무지급능력을 평가하는 레버리지 분석 등이 있다.[10]

📊 01 ┊ 수익성 분석

수익성 분석은 이익창출능력을 측정하는 지표이다. 기본적으로 수익성 분석은 투자자본에 대한 투자이익의 형태인 투자수익률(ROI: return on investment)로

---

10 이재하·한덕희 저, 「핵심재무관리」, 박영사(2020), pp. 18-31 참조.

분석하기 때문에 투자자본과 투자이익이 무엇인지에 따라 분석의 초점이 조금씩 달라진다.

(1) 총자산이익률

총자산이익률(ROA: return on assets)은 이익을 총자산(=총자본)으로 나눈 비율이다. 이때 여러 회계이익 중 당기순이익을 총자산으로 나눈 비율을 총자산순이익률이라고 하고, 영업이익을 총자산으로 나눈 비율은 총자산영업이익률이라고 한다.

총자산순이익률은 총자산, 즉 총자본인 자기자본과 타인자본을 조달하여 투자하였을 때 얼마만큼의 당기순이익을 내었는지를 보여주는 비율로서 자산 1원당 창출된 당기순이익의 크기를 나타낸다.

$$\text{총자산순이익률(ROA)} = \frac{\text{당기순이익}}{\text{총자산}} \tag{4-5}$$

총자산영업이익률은 금융수익(이자수익)과 금융비용(이자비용)을 고려하기 전의 영업이익을 총자산으로 나눠주므로 자본조달의사결정에 대한 평가는 하지 않는다. 대신에 생산, 판매, 관리라는 핵심영업활동에 대한 효율성을 평가한다.[11]

$$\text{총자산영업이익률(ROA)} = \frac{\text{영업이익}}{\text{총자산}} \tag{4-6}$$

(2) 자기자본순이익률

자기자본순이익률(ROE: return on equity)은 자기자본 1원당 창출된 순이익의 크기를 나타낸다. 이 비율은 총자산이 아니라 자기자본을 투자자본으로 삼기 때문에 주주입장에서 주주가 투자한 금액에 대해 기업이 얼마만큼의 순이익을 내었는지, 즉 자기자본의 투자효율성을 나타내므로 주주들이 요구하는 최소한의

---

11 총자산순이익률과 총자산영업이익률을 계산할 때 분자의 당기순이익은 회계기간 동안의 수치이므로 분모의 총자산은 회계기간의 결산기말 시점에서의 수치 대신 기초금액과 기말금액의 평균치를 사용한다.

투자수익률이 되며 이는 주주의 요구수익률(required rate of return) 또는 기업의 자기자본비용이라고도 한다.

자기자본순이익률은 총자산순이익률(=당기순이익/총자산)과 재무레버리지(=총자산/자기자본)로 분해할 수 있다. 총자산순이익률은 기업이 자산을 얼마나 잘 이용하였는가를 나타내고, 재무레버리지는 총자산 규모가 자기자본에 비해서 얼마나 큰지를 나타낸다. 기업이 자산을 잘 이용하고 있는 상황에서 총자산 규모가 자기자본에 비해 크다면 자기자본순이익률은 커질 것이다.

$$\text{자기자본순이익률(ROE)} = \frac{\text{당기순이익}}{\text{자기자본}} \tag{4-7}$$

$$= \frac{\text{당기순이익}}{\text{총자산}} \times \frac{\text{총자산}}{\text{자기자본}}$$

📊 02 │ 유동성 분석

유동성 분석은 기업의 단기채무지급능력을 측정하는 것이다. 만기 1년 미만인 유동부채를 효율적으로 상환하려면 현금화가 가능한 유동자산을 충분히 보유하고 있어야 한다. 유동자산과 유동부채의 금액을 비교하는 방법에 따라 세 가지로 유동성을 분석할 수 있다.

(1) 유동비율

유동비율(current ratio)은 유동자산을 유동부채로 나눈 비율로서, 기업의 단기부채인 유동부채를 상환하기에 충분한 유동자산을 보유하고 있는지를 파악할 수 있다. 통상적으로 유동비율이 100% 이상이 되어야 유동성이 확보되었다고 볼 수 있다. 유동비율이 높을수록 채권자에게 더 안전한 것으로 평가되지만, 경제상황이나 기업의 규모에 따라 적정한 유동비율의 크기는 달라질 수 있다.

$$\text{유동비율} = \frac{\text{유동자산}}{\text{유동부채}} \tag{4-8}$$

(2) 당좌비율

유동자산 중에서 재고자산의 경우 현금으로 전환이 늦거나 어려울 수 있으며, 재고자산의 평가방법에 따라 재고자산의 가치도 달라질 수 있다. 이 점을 고려하여 유동자산 중에서 재고자산을 빼고 당좌자산[12]만을 가지고 유동부채의 상환능력을 측정한 것이 당좌비율(quick ratio)이다.

유동비율은 높은데 당좌비율이 낮게 나타나면 재고자산의 현금화에 대한 상황을 잘 감안하여 유동성을 분석해 주어야 한다. 만일 재고자산이 쉽게 현금화되지 않는 상황이면 기업의 단기채무 지급 능력에 문제점이 있다고 본다.

$$당좌비율 = \frac{당좌자산}{유동부채} \qquad (4-9)$$

(3) 순운전자본구성비율

순운전자본구성비율(net working capital to total assets)은 유동자산에서 유동부채를 차감한 순운전자본이 총자본에서 얼마나 차지하고 있는지를 나타낸 비율이다. 순운전자본구성비율이 양(+)의 값을 가지면 유동자산으로 유동부채를 상환할 수 있지만, 음(−)의 값을 가지면 상환할 수 없음을 의미한다. 기업의 파산이나 부실을 예측할 때 이 비율이 도움이 된다.

$$순운전자본구성비율 = \frac{순운전자본}{총자본} = \frac{유동자산 - 유동부채}{총자본} \qquad (4-10)$$

📊 03 ┊ 레버리지 분석

레버리지[13] 분석은 기업의 장기채무 지급 능력을 측정하는 것이다. 기업의 자기자본과 타인자본 간의 비율인 자본구조는 경영위험의 정도에 따라 영향을 받

---

12 판매과정을 거치지 않고 즉각적으로 현금화할 수 있는 자산으로 현금 및 현금등가물, 단기금융상품, 단기매도가능금융자산, 매출채권, 단기대여금, 미수금, 미수수익, 선급금, 선급비용 등이 포함된다.
13 타인자본의 의존도를 레버리지(leverage)라고 한다.

는다. 현금흐름 예측이 용이하고 경영위험이 낮은 기업은 타인자본에 대한 의존도를 어느 정도 높일 수 있을 것이다. 자기자본과 타인자본의 조합을 평가하고 기업이 채무 상환을 효율적으로 수행할 수 있는지를 여러 각도에서 분석할 수 있다.

(1) 부채비율

부채비율(debt ratio)은 재무상태표의 총부채를 자기자본으로 나눠서 계산한다. 이 비율은 채권회수의 안정성을 측정하며, 일반적으로 100% 이하일 때 안정적이라고 본다. 부채비율은 결산기말 시점에서만 계산되기 때문에 정태적 비율이다. 주주의 1원 투자에 대해서 얼마나 차입했는지에 대한 정보로 이용할 경우 이자보상비율과 같은 동태적 비율과 병행하여 판단하는 것이 바람직하다.

$$부채비율 = \frac{총부채}{자기자본} \tag{4-11}$$

(2) 자기자본비율

자기자본비율(stockholders'equity to total assets)은 총자본에서 자기자본이 차지하는 비중을 보여준다. 우리나라 은행의 경우 자기자본비율을 대출심사의 중요한 기준으로 삼고 있다. 일반적으로 자기자본이 총자본에서 50% 이상 될 때 양호하다고 본다.

$$자기자본비율 = \frac{자기자본}{총자본} \tag{4-12}$$

(3) 이자보상비율

이자보상비율(interest coverage ratio)은 영업이익을 이자비용으로 나누어 계산하며, 기업이 이자지급을 위해 충분히 영업이익을 내었는지를 보여준다. 기업의 재무의사결정이 잘 이루어지면 이자지급이 수월할 것이므로, 이자보상비율을 통해 재무의사결정에 대한 평가도 할 수 있다. 이자보상비율이 1배 이하이면 영

업활동으로 벌어들인 이익으로 이자비용을 낼 수 없는 기업을 의미하므로 부실
기업예측이나 퇴출기업심사 등에 유용하다.

$$이자보상비율 = \frac{영업이익}{이자비용} \qquad (4-13)$$

(4) 비유동비율

비유동비율(non-current ratio)은 비유동자산을 자기자본으로 나눈 것이다. 일
반적으로 비유동자산은 장기적으로 운용되는 자산이기 때문에 가장 안정적이고
장기성 자산인 자기자본으로 조달하는 것이 기업의 장기 안정성 측면에서도 바
람직하다.

따라서 이 비율은 조달된 자금이 유동자산과 비유동자산에 합리적으로 배분
되어 기업의 안정성이 확보되었는지를 판단하는 척도가 된다. 통상적으로 100%
이하이면 양호한 것으로 판단한다. 만약 비유동비율이 100%를 넘으면 비유동자
산에 투입된 자본이 자기자본뿐만 아니라 타인자본에서도 조달하고 있음을 의
미한다.

$$비유동비율 = \frac{비유동자산}{자기자본} \qquad (4-14)$$

(5) 비유동장기적합률

중화학공업이나 기간산업의 경우 거액의 투자자금이 필요한데 이를 모두 자
기자본으로만 조달하는 것은 현실적으로 어렵다. 일반적으로 기업은 자기자본
외에 장기부채로 자본을 조달하여 투자한다. 이에 비유동비율을 확대하여 자기
자본에 비유동부채까지 고려한 비유동장기적합률(non-current asset to net worth
and non-current liability)로 자본배분의 안정성을 측정한다.

$$비유동장기적합률 = \frac{비유동자산}{자기자본 + 비유동부채} \qquad (4-15)$$

읽을 거리

채권 직접투자 절세효과: 이자수익만 내고 매매차익은 '비과세'

자산가들이 채권형 펀드에 간접투자하지 않고 채권에 직접투자하는 데는 절세효과가 있기 때문이다. 채권에 직접투자하는 경우에 발생하는 수익은 표면금리에 따라 지급받는 이자수익과 중도 매매에 따른 매매수익이 있다. 수익률 5%짜리 채권이라도 표면금리가 3%라면 매매수익은 2%가 된다. 그런데 채권을 투자할 때 세금은 이자수익에 대해서만 내고 매매차익에 대해서는 세금을 내지 않는다.

그러나 만약 채권형 펀드에 투자를 한다면 이자수익과 매매수익을 모두 합쳐 펀드수익으로 집계가 되고, 이 펀드수익에 대해 15.4%(지방세 포함)의 이자소득세를 내야 한다. 또 펀드수익은 금융소득종합과세 대상이어서 금융소득이 2,000만원을 넘어서는 경우 최고 41.8%의 종합소득세를 내야 한다. 회사채 직접투자의 경우 이자수익은 금융소득종합과세 대상이지만, 매매차익은 과세 대상이 아니어서 종합과세대상이 되더라도 채권형 펀드에 비해서는 절세 가능성이 크다.

그렇다고 무조건 직접투자에 절세혜택이 있는 것은 아니다. 수익률과 표면금리가 같다면 이같은 절세혜택은 나타나지 않는다. 또 거꾸로 수익률이 표면금리보다 낮아지면 표면금리에 해당하는 만큼 이자수익으로 잡혀 이자소득세를 내야 하기 때문에 손실을 봐도 세금을 내야 하는 경우가 생기게 된다. 그래서 채권투자 때 절세효과를 높이려면 표면금리가 낮은 채권에 투자하는 것이 좋다. 통상 시장금리 상승기에는 표면금리보다 시장수익률이 높아지기 때문에 금리상승기에는 직접투자를 하는 것이 절세효과에 따른 세후수익률을 높일 수 있는 방법이다.

[출처: 「이코노미조선」, 2013. 5., p. 178.]

- 채권시장지표
  - 기준금리: 환매조건부채권(RP) 매매금리(7일물)
  - 시장금리
    → 단기이자율: 콜금리, 환매조건부채권(RP)수익률, 양도성예금증서(CD)수익률, 코리보, 코픽스, 단기 코픽스, 신 잔액기준 코픽스
    → 장기이자율: 1년 이상 국채, 회사채 등의 수익률
  - 피셔효과
    → $1+$ 명목이자율$=(1+$ 실질이자율$)(1+$ 물가상승률$)$
    → 명목이자율 $\approx$ 실질이자율$+$물가상승률

- 이자율과 통화정책
  - 통화정책의 목표: 물가안정목표제
  - 통화정책의 수단: 공개시장운영 → 증권매매(단순매매, RP매매)
    통화안정증권 발행·환매
  - 통화정책효과의 파급: 이자율경로, 자산가격경로, 환율경로, 신용경로

- 발행주체에 따른 채권의 분류
  - 국채, 통화안정증권, 지방채, 특수채, 회사채, 금융채

- 이자지급방법에 따른 채권의 분류
  - 이표채, 할인채, 복리채

- 채권시장: 발행시장, 유통시장(국채전문유통시장, 환매조건부채권(Repo)시장, 일반채권시장, 소액채권시장)

- 채권가격: $P_0 = \dfrac{C}{(1+r)^1} + \dfrac{C}{(1+r)^2} + \cdots\cdots + \dfrac{C+F}{(1+r)^n}$

- 채권수익률

  - 채권수익률(= 시장수익률 = 유통수익률 = 만기수익률)

    → 채권수익률과 채권가격은 역의 관계

  - 명목수익률(= 액면이자율 = 쿠폰이자율 = 표면이자율)

    → 이자지급액 ÷ 액면가격

  - 경상수익률(= 직접이율 = 단순수익률 = 직접수익률 = 이자수익률)

    → 이자지급액 ÷ 시장가격

- 듀레이션: 가중평균회수기간 혹은 가중평균만기

- 수익성분석

  - 총자산순이익률(ROA) $= \dfrac{당기순이익}{총자산}$

  - 총자산영업이익률(ROA) $= \dfrac{영업이익}{총자산}$

  - 자기자본순이익률(ROE) $= \dfrac{당기순이익}{자기자본} = \dfrac{당기순이익}{총자산} \times \dfrac{총자산}{자기자본}$

- 유동성 분석

  - 유동비율 $= \dfrac{유동자산}{유동부채}$

  - 당좌비율 $= \dfrac{당좌자산}{유동부채}$

  - 순운전자본구성비율 $= \dfrac{순운전자본}{총자본} = \dfrac{유동자산 - 유동부채}{총자본}$

- 레버리지 분석
  - 부채비율 $= \dfrac{\text{총부채}}{\text{자기자본}}$

  - 자기자본비율 $= \dfrac{\text{자기자본}}{\text{총자본}}$

  - 이자보상비율 $= \dfrac{\text{영업이익}}{\text{이자비용}}$

  - 비유동비율 $= \dfrac{\text{비유동자산}}{\text{자기자본}}$

  - 비유동장기적합률 $= \dfrac{\text{비유동자산}}{\text{자기자본} + \text{비유동부채}}$

chapter 05 외환

section 01   외환시장지표

01 | 환율

(1) 환율표시방법

우리나라 수입업자가 외국에서 석유 등의 재화를 수입할 때 외국 수출업자가 받을 수 있는 돈으로 줘야 한다. 마찬가지로 외국여행을 할 때도 그 나라 사람들이 사용할 수 있는 돈을 사용해야 한다. 이를 위해서 원화를 주고 다른 나라 돈을 사야 한다. 다른 나라의 돈(외국통화)을 살 때 지불하는 우리나라의 돈(국내통화)은 결국 외국돈의 가격이 된다. 서로 다른 나라 돈 간의 교환비율을 환율(exchange rate)이라고 하며, 환율은 두 나라 통화의 상대적 가치를 나타낸다.

예를 들어, 미국달러에 대한 원화 환율이 1달러당 1,300원이라고 하자. 이는 미국 1달러의 가치가 원화로 1,300원이라는 의미이며, $1=₩1,300(=₩1,300/$1: 국내통화/외국통화)으로 표시한다. 이와 같은 표시방법은 국제적으로 기축통화로서 통용되는 미국달러를 기준으로 외국통화 1단위가 자국통화 몇 단위와 교환될 수 있는지를 나타낸 것으로 자국통화표시법 혹은 직접표시법이라고 한다.

간단히 말해서, 외국 돈 하나를 구입할 때 우리 돈을 얼마나 줘야 하는지 알려주는 표시법이다. 이는 마치 과자 1봉지=₩1,300이라는 표시와 동일하다. 대부분의 나라에서는 이처럼 외국돈을 물건처럼 취급하여 $1=₩1,300, €1=₩1,400, ¥100=₩900 등의 자국통화표시법으로 표시하고 있다.

자국통화표시법과 반대로 1원의 가치가 1/1,300달러라는 뜻으로 ₩1=$0.00077(=$1/₩1,300: 외국통화/국내통화)과 같이 나타낼 수 있다. 이는 원화 1원이 미국달러 0.00077달러와 교환됨을 의미한다. 쉽게 말해서, 원화 하나 사기 위해서 달러가 얼마나 필요한가를 나타내는 표시방법이다. 이처럼 국내통화 1단위가 외국통화 몇 단위와 교환되는가로 표시하는 방법을 외국통화표시법 혹은 간접표시법이라고 한다.

우리나라를 포함해서 대부분의 나라에서는 자국통화표시법으로 환율을 나타내는 반면, 유로화, 영국파운드화, 호주달러화, 뉴질랜드달러화 등은 외국통화표시법으로 나타낸다. 이 두 가지 표시방법 중에 어느 것이 좋다고 말할 수는 없지만, 국제 금융시장에서 거의 대부분은 미국달러를 기준으로 자국통화표시법으로 표시한다.

자국통화표시법으로 나타낼 경우 달러당 원화금액이 커지면 환율이 상승하고 원화가치가 하락하였다고 말한다. 예를 들어, $1=₩1,200이던 것이 $1=₩1,300이 되면 1달러를 바꾸는 데 1,200원 주던 것을 이제는 1,300원을 줘야 하기 때문에 미국달러의 가치는 올라간 것(환율상승)이고 원화의 가치는 내려간 것(평가절하)이다. 반대로 달러당 원화금액이 작아지면 환율이 하락하고 원화가치가 상승하였다고 말한다. 예를 들어, $1=₩1,200이던 것이 $1=₩1,100이 되면 1달러를 바꾸는 데 1,200원 주던 것을 이제는 1,100원만 줘도 되기 때문에 미국달러의 가치는 내려간 것(환율하락)이고 원화의 가치는 올라간 것(평가절상)이다.

읽을 거리

원·엔 환율만 왜 '100엔당' 계산?…환율 자릿수의 비밀

이날 원·엔 환율은 100엔당 957원 97전으로 6년 만에 최저치를 기록했다. 원·엔 환율이 세 자릿수에 진입한 지 한 달째. 미국 달러 강세, 일본의 추가 완화 가능성 등을 보면 엔저는 앞으로도 이슈가 될 전망이다. 가파른 엔화 약세는 수출기업에 악재, 일본을 방문하는 여행객에게 호재다.

원·엔 환율은 '100엔당'이라 하는데, 왜 손쉽게 '1엔당 9원 57전'이라고 쓰지 않는 것일까.

생략되는 숫자가 아쉬우면 '엔당 9.5797원'이라고 쓰면 된다. 무엇보다 이 '100엔당'은 실수를 유발한다. '100엔당'을 빠뜨려 엔화가치를 100배로 부풀린 기사가 가끔 나온다.

전문가들도 그 유래에 대해선 고개를 갸웃거린다. 한국은행 외환시장팀장은 "원·달러 환율이 세 자리나 네 자릿수니까 비교하기 좋게 100엔당으로 했을 것"이라고 추정했다. 네이버에서 옛날 신문을 검색하면 1966년 4월에도 '일화 100圓(엔)에 대해 한화 73원'이라는 표현이 나온다. 1엔당으로는 0.73원이 돼 당시 원·달러 환율(271원)과 자릿수 격차가 커진다. 사실 100단위는 원·엔만 쓰는 게 아니다. 인도네시아는 100루피아, 베트남은 100동 단위로 원화값을 표시한다(서울외국환중개 고시 기준).

두 번째 의문. 원·달러는 1040원 40전 식으로 10전 단위다. 그런데 원·엔은 '1전' 단위까지 쓰는 이유는 뭘까. 한국은행 국제국 부국장은 '여섯 자리(소수점 포함)' 관행을 소개했다. 숫자가 적으면 변화를 알기 어렵고, 많으면 거래가 번거롭다. 그 중간이 여섯 자리라는 설명이다. 숫자로 나타내면 달러당 1040.4원도, 100엔당 957.97원도 소수점 포함해서 여섯 자리다. 다만 원·엔 환율도 외환위기 이후 1,000원을 많이 넘겼으니(일곱 자리가 된다) 관행일 뿐인 모양이다. 조성범 서울외국환중개 상무는 "요즘 전산이 발달해서 환율을 7~8자리까지 표시하는 은행도 있다"고 말했다.

마지막으로 환율 명칭의 문제. 100엔당 957원 97전(직접표시법)이라면, 가치의 척도인 엔(JPY)을 앞에 쓰는 것이 국제원칙이다. 글로벌 투자은행(IB)들은 'JPY(100)/KRW＝957.97' 식으로 쓴다. 그런데 국내 신문들은 대부분 '원·엔'이라고 쓴다. 한국은행도 '원/엔'으로 표현한다. 국제금융센터 과장은 "/를 나누기의 뜻으로 보면 틀린 것도 아니다"고 봤다. 굳이 '원'을 앞에 두는 이유는 뭘까. 한 외환딜러는 "한국·일본팀 경기를 '일한전'으로 누가 부르냐"며 수긍이 가는 답을 했다.

흔히들 부르는 '원·달러' 환율도 국제원칙으로는 '달러·원'이 맞다. 딜러들도 달러·원으로 부르는 데는 엄격한 편이다. 달러·원은 직거래시장이 있어서 원칙이 중요하다. 반면 원·엔 환율은 직거래시장이 없어서 원·달러, 엔·달러 시장의 가격을 참고해 계산한다. 시장이 없으니 종가도 없다.

원과 엔(100엔당)을 교환비율로 보면 10 대 1 정도다. 1970~1980년대 초까지는 4 대 1을 넘지 않았다. 기획재정부의 한 고위 공무원이 당시 사무관으로 외환 업무를 맡았을 때다. 그때 상사가 "원·엔을 1 대 1로 만드는 걸 평생의 목표로 삼아보라"고 했단다. 선진국이 돼 원화를 엔화만큼 가치 있게 만들자는 것이었다. 하지만 플라자합의 이후 엔화가치는 10 대 1로 고공행진했고, 이는 오히려 국내기업과 한국경제에 큰 기회가 됐다. 다시 찾아온 엔저는 추세를 또 바꾸게 될까.

[출처: 한국경제(www.hankyung.com), 2014. 9. 19. 수정]

(2) 환율의 종류

실생활에서 환전할 때 여러 종류의 환율이 있다. 먼저, 외화매매의 기준이 되는 환율인 매매기준율이 있다. 매매기준율은 전날 외환시장에서 은행들 간에 거래된 달러와 원화의 평균환율을 의미하고 실제로 일반 개인고객이 은행에 가서 적용받는 환율이 아니다. 은행은 매매기준율을 기준으로 조금씩 스프레드를 가감하여 전신환매도율과 전신환매입률, 여행자수표매도율과 여행자수표매입률, 현찰매도율과 현찰매입률을 고시한다. 일반적으로 스프레드는 전신환환율, 여행자수표환율, 현찰환율 순으로 커진다.

매도율은 은행을 기준으로 은행이 일반고객에게 외환을 팔 때 적용하는 환율이고 매입률은 은행이 일반고객으로부터 외환을 살 때 적용하는 환율이다. 따라서 일반고객이 은행에 가서 미국달러화를 현찰로 살 경우 적용하는 환율은 <표 5-1>에서 보면 현찰매도환율이 1,359.38원이므로 1달러를 구매하는 데 1,359.38원을 지불해야 한다는 뜻이다.

실제로 은행들이 고객의 신용도 등에 따라 적용하는 환율을 우대해 주는데 예를 들어, 고객이 현찰로 미국달러를 살 경우 70%의 환율우대를 받는다고 하자. 이 경우 (현찰매도율 - 매매기준율)×우대환율을 적용하여 환전한다. 즉, (1,359.38 - 1,336.00)(0.7) = 16.37원을 우대받아서 1,343.01원(= 1,359.38 - 16.37)을 주고 1달러를 받을 수 있다.

표 5-1 H은행 고시 환율(20XX년 X월 X일)

통화 (통화명)	매매 기준율	송금(전신환)		현찰		외화수표 매입률
		매도율	매입률	매도율	매입률	
USD (미국달러)	1,336.00	1,349.00	1,323.00	1,359.38	1,312.62	1,320.52
JPY (일본100엔)	909.62	918.53	900.71	925.53	893.71	900.2
EUR (유럽연합유로)	1,474.21	1,488.95	1,459.47	1,503.54	1,444.88	1,457.29
GBP (영국 파운드)	1,751.30	1,768.81	1,733.79	1,785.80	1,716.80	1,730.40

📊 02 | 환율제도

(1) 환율제도의 개요

환율은 각 나라들이 저마다 어떠한 형태의 환율제도를 운영하는지에 따라 영향을 받는다. 환율제도는 고정환율제도와 변동환율제도로 나눠진다. 1970년대 초반까지 세계 각국은 고정환율제도를 유지하였다. 고정환율제도는 각국 돈의 교환비율이 일정하게 정해지는 제도이고, 변동환율제도는 외환시장의 수요와 공급에 의해서 환율이 결정되는 제도이다.

고정환율제도하에서는 환율이 안정되기 때문에 국제거래가 활성화된다는 장점이 있다. 예를 들어, $1=₩1,000으로 환율이 고정되어 있다면 일정 기간 동안 환율이 변하지 않기 때문에 수출입 기업이나 여행 및 유학 등으로 외국돈이 필요한 사람들은 환율로 인한 손실 등을 걱정하지 않고 경제활동을 할 수 있다.

하지만 기본적으로 환율은 외환의 수요와 공급에 의해서 결정되는데 고정되어 있는 환율을 유지하기 위해서는 시장에서의 부족하거나 초과되는 수요나 공급을 정부가 메워야 한다. 예를 들어, 시장에서의 공급이 $100억이고 수요가 $70억일 경우에 정부는 $1=₩1,000인 환율을 유지하기 위해 시장에 적극 개입하여 $30억을 매수해야 한다. 반대로 시장에서의 수요가 $100억이고 공급이 $60억일 경우에는 정부가 $40억을 공급해야 한다. 그렇지 않을 경우 초과공급이 있을 때는 환율이 1,000원 밑으로 내려가고 초과수요가 있을 때는 환율이 1,000원 위로 올라갈 것이다.

이러한 정부의 시장개입은 외환보유고가 충분할 경우에는 문제가 없으나 외환보유고가 충분하지 않을 경우에는 외환위기 사태가 올 수도 있다. 대표적으로 우리나라가 1997년 말 발생한 금융위기 시에 외환부족으로 인해 IMF에 구제금융을 신청함에 따라 대외신용도의 급격한 하락과 극심한 경기침체를 겪기도 했다. 고정환율제도하에서는 시장에서 환율이 외환의 수요 및 공급을 반영하지 못한다는 점과 더불어 자국의 사정에 맞는 통화정책을 제대로 시행하지 못하게 된다는 단점이 있다.

이에 비해 변동환율제도는 통화정책을 통해 환율, 물가, 고용안정 등을 추구할 수 있지만 단기적으로 환율의 변동폭이 심화되어 국제거래가 위축되고 외환시장의 효율성이 떨어질 수 있다. 그리고 환율의 급격한 변동은 기본적으로 가치가 떨어질 것으로 예상되는 화폐는 팔고 가치가 올라갈 것으로 예상하는 화폐를 사는 투기자들에 의해 발생하는 경우가 많다.

(2) 금본위제도(고정환율)

금본위제도는 19세기 말부터 20세기 초에 걸쳐 세계 대부분의 주요 국가가 유지한 환율제도로서, 각국은 금을 보유하고 각국의 통화 한 단위와 일정량의 금을 교환하여 주었다. 금본위제가 유지되었던 전 기간 세계경제는 고정환율제도를 유지하였다.[1]

예를 들어, 미국이 100달러당 금 1온스를 교환할 수 있고, 영국은 100파운드당 금 1온스를 교환할 수 있다고 가정해 보자. 양국은 달러와 파운드의 교환비율, 즉 환율을 고정시켜 1달러는 1파운드와 교환되어야만 한다. 그렇지 않을 경우 이익을 낼 수 있는데, 예를 들어 환율이 1달러당 2파운드라면 100달러를 200파운드로 바꿔서 영국에서 금 2온스를 구입하여 미국으로 금을 가져와서 200달러를 받고 팔면 100달러만큼의 차익거래이익을 얻을 수 있다. 이와 같이 영국의 금을 미국으로 가져와서 팔면 미국의 통화공급은 증가하고 영국의 통화공급은 감소하게 된다. 금본위제하에서의 금의 국제적 이동은 통화공급을 조절하고 환율을 안정시키는 자동기구로서 역할을 하였다.

(3) 브레튼우즈체제(고정환율)

제2차 세계대전 후 세계경제와 환율안정을 위한 효율적인 통화제도의 필요성에 의해 1944년 미국 뉴햄프셔주 브레튼우즈(Bretton Woods)에서 개최된 통화금융회의에서 각 나라의 화폐에 대한 금의 비율을 미국달러화를 통해 고정시켰다. 즉, 각국 중앙은행은 미국 중앙은행으로부터 금 1온스에 35달러의 고정된 가격으로 달러와 금을 교환할 수 있게 함으로써 미국 달러화를 기축통화(key currency)로 하는 금환본위제도(gold exchange standard system)를 실시하였다.

또한 이 협정으로 회원국은 자국통화의 평가를 설정하고 환율을 평가의 상하

---

1 N. Gregory Mankiw지음/이병락 옮김, 「거시경제학」, 6판, 시그마프레스(2007), p. 378.

1% 이내에서 유지시켜야 하는 고정환율제가 실시되었다. 이러한 고정환율제도를 관리하고 세계의 중앙은행 역할을 수행할 수 있는 국제통화기금(IMF)과 세계은행(IBRD)을 창설하였다.

읽을 거리

트리핀 딜레마

어떤 나라의 통화가 기축통화가 되려면 근본적으로 어떤 딜레마를 안고 가야 한다. 즉, 기축통화가 되려면 그 통화를 찍어 전 세계에 뿌리거나 무역적자를 통해 거래국에 통화를 공급해야 한다. 그 나라 통화의 남발이 우려되는 대목이다. 이것은 기축통화국의 역할 면에서는 훌륭하지만, 화폐 자체의 근본 역할 면에선 문제. 반대로 미국이 장기간 흑자를 유지하면 달러 가치는 안정되겠지만, 세계 경제는 나빠질 것이다. 미국 달러는 결국 이러지도 저러지도 못하는 딜레마에 빠졌다고 Triffin 예일대 교수가 처음으로 주장했다.

[출처: 한국경제(www.hankyung.com), 2014. 5. 23.]

브레튼우즈 협정은 베트남전쟁 등으로 인한 미국의 국제수지 적자 및 전비조달을 위한 통화량 증발에 의한 인플레이션으로 인해 달러가치가 급락하자 일부 국가들이 금태환(달러를 금으로 교환)을 요구하였고, 결국 1971년 8월 닉슨대통령의 금태환 정지 선언으로 붕괴되었다.

(4) 킹스턴체제(변동환율)

브레튼우즈체제 붕괴 이후 1971년 말에 미국 워싱턴의 스미소니언 박물관에서 브레튼우즈체제의 모순을 보완하기 위해 미국달러의 가치를 금에 대하여 8.57%(1온스당 $38)로 평가하였으나 근본적으로 브레튼우즈체제의 문제점을 해결하지 못하였으며 결국 킹스턴체제를 도입하는 계기를 만들었다.

킹스턴체제는 1976년 자메이카의 수도 킹스턴에서 각국 간에 합의한 환율제도이다. 킹스턴체제하에서는 달러와 금의 관계가 단절되어 금달러본위를 폐지하고 금대신 IMF가 창출한 금가치가 보장된 국제준비자산인 SDR(특별인출권) 본위제로의 이행과 IMF회원국은 변동환율제도와 고정환율제도 중 환율제도를 자유롭게 선택할 수 있었다. 또한 환율의 조작에 목적을 둔 각국 정부의 외환시장 개입은 허용하지 않으며 환율의 변동성이 심할 때 이를 완화하기 위한 목적으로만 제한적 개입이 가능하도록 하였다.

킹스턴체제 이후 대부분의 나라들은 변동환율제도를 채택하고 있다. 우리나라는 1997년말 외환위기 이후 환율의 변동폭 제한을 폐지하여 완전 자유 변동 환율제도를 실시하고 있다.

읽을 거리

스미스소니언, 킹스턴체제?

'닉슨 쇼크' 이후 '스미스소니언체제'라는 것이 만들어졌다. 영국, 프랑스, 독일, 일본, 스위스 등 10개국이 스미스소니언 박물관에 모여 금 1온스당 가격을 38달러로 재조정했다. 브레튼우즈체제 때보다 달러가치를 낮춘 것이다. 하지만 이 제도 역시 문제점을 낳았다. 환율이 고정돼 있으니 무역수지적자가 커지더라도 환율이 이를 조정하지 못하는 것이다.

예를 들어, 실제로는 1달러당 2,000원이 되어야 하는데 여전히 1,000원이었던 것. 1달러당 500원이 돼야 하는데 1,000원에 머문 상황도 같다. 결국 2년 만에 이 체제는 붕괴되고 세계는 변동환율제로 들어갔다.

1976년 변동환율제로 들어간 것을 '킹스턴체제'라고 부른다. 변동환율제는 통화의 공급과 수요에 따라 변하는 환율체제다. 시장 자율로 환율이 결정되는 데 초점을 맞춘 킹스턴체제는 그러나 기축통화국인 미국의 만성적인 무역적자를 해결하지 못하는 문제를 안고 있었다.

미국은 1985년 무역적자를 해결하기 위해 무역흑자국인 독일과 일본에 대해 각각 마르크화와 엔화가치를 올리라고 압박하기도 했다. 미국 플라자호텔에서 선진 10개국 재무장관들이 모여 합의한 이 협정을 플라자협정이라고 한다. 플라자협정 이후 일본의 엔화가치는 달러당 200엔에서 100엔대로 크게 올랐다. 기축통화인 달러를 지키려는 몸부림이었다.

[출처: 한국경제(www.hankyung.com), 2014. 5. 23.]

section 02) **외환시장**

📈 01 ┆ **외환시장과 환율결정**

환율은 외환이 거래되는 외환시장에서 외환의 수요와 외환의 공급에 의해 결정된다. 우리나라 사람이 외국상품이나 원자재 등을 수입하거나 외국자산에 투자할 때 외국돈이 필요하기 때문에 이 경우에는 외환수요가 발생한다. 반면, 우리나라의 상품을 수출하거나 외국 사람이 우리나라 자산에 투자할 경우에는 외국돈을 가지고 필요한 원화로 바꾸기 때문에 외환공급이 발생한다. 이때 외환의 초과수요가 발생하면 환율상승이 일어나고 외환의 초과공급이 발생하면 환율하락이 일어난다.

외환시장은 거래대상에 따라 은행간시장과 대고객시장으로 구분하며, 개인이나 기업 등 고객, 외국환은행, 중앙은행 등이 참여한다. 은행간시장에서는 은행간의 외환거래가 이루어지고, 대고객시장에서는 고객(개인, 기업 등) 간의 외환거래가 이루어진다.[2] 일반적으로 외환시장이라고 하면 은행간시장을 말하며, 대고객거래의 결과 은행들의 외환포지션에 변동이 발생하기 때문에 은행들은 은행간시장을 통해 이를 다시 조정한다.

예를 들어, A기업이 수출대금으로 10억 달러를 수취하였다고 하자. 이 기업은 10억 달러를 대고객시장에서 원화로 받고 10억 달러를 은행에 매각하면 은행은 외환포지션이 10억 달러 늘어나 외환이 초과상태가 된다. 이 경우 환율이 하락하게 되면 은행은 환차손을 보기 때문에 이를 해소하기 위해 은행간시장에서 외화를 매각하여 환위험을 조정한다.

외환시장(은행간시장)의 거래는 주식이나 채권이 거래되는 한국거래소와 같은 특정 장소에서 이루어지는 것이 아니라 대부분 은행이나 외환중개업자의 거래실(dealing room)에서 이루어진다. 거래참가자들은 각자의 거래실에서 전화나 컴

---

2 우리나라의 은행간시장에서는 외은지점과 국내은행 간 자금조달 등을 위한 통화스왑거래가 활발하게 이루어지는 반면, 일반선물환거래의 규모는 크지 않다. 대고객시장에서는 기업과 국내외국환은행 간 일반선물환거래와 통화스왑거래, 비거주자와 국내외국환은행 간 차액결제선물환(NDF)거래가 활발하게 이루어지고 있다.

퓨터를 통해 거래하고자 하는 외국 돈의 가격을 제시하고 가격이 일치하는 거래상대와 거래를 하게 된다. 이와 같이 거래가 이루어질 때마다 환율은 변동한다. 우리나라 원화는 아직 국제적으로 통용되지 않고 있기 때문에 미국달러, 일본엔, 유로와 같이 국제외환시장에서 환율이 결정되지 않고 우리나라의 외환시장(은행간시장)에서 결정된다.

📈 02 ┆ 현물환시장

외환(foreign exchange)은 외국화폐인 외화(foreign currency)보다 넓은 개념으로 외화뿐만 아니라 외국의 화폐나 외국화폐를 청구할 수 있는 외화표시 예금, 수표 등 외환시장에서 거래대상이 되는 것을 말한다. 외환시장은 거래기간에 따라 현물환(spot)시장과 선물환(forward)시장으로 나뉜다.

현물환거래(spot exchange transaction)는 외환거래 계약일(거래당사자 간 거래금액, 만기, 계약통화 등 거래조건이 결정되는 날)부터 2영업일 이내에 외환의 인수도와 결제(결제일)가 이루어지는 거래를 말한다. 당일물은 매매계약 당일에 인도되는 것을 말하고, 익일물은 매매계약체결 이후 첫 영업일에 인도되는 것을 말하며, 익익일물은 매매계약체결 이후 둘째 영업일에 인도되는 것을 말한다. 이처럼 2영업일 이내에 외환의 인수도와 결제가 이루어지는 것까지 현물환거래로 보는 것은 세계적으로 지역 간에 시차가 존재하여 계약이행을 위한 시간이 필요하기 때문이다.

예를 들어, 10월 2일(월)에 A은행이 B은행으로부터 1억 달러를 현물환율 $1=₩1,300에 거래발생일로부터 2영업일 결제기준으로 매입하기로 하였다고 하자. 그러면 B은행은 2영업일 후인 10월 4일(수)에 A은행에 1억달러 이체하고 A은행으로부터 1,300억원(=$1억×1,300원)을 받으면 현물환거래가 종결된다.

📈 03 ┆ 선물환시장

선물환거래는 계약일로부터 통상 2영업일 경과 후 미래의 특정일에 외환의 인수도와 결제가 이루어지는 거래이다. 선물환거래는 현재시점에서 미래의 특정일에 이행할 환율을 미리 약정하고 미래시점에 결제가 이루어지므로 약정된 미래 결제일까지 결제가 이연되는 점이 현물환거래와 차이다. 선물환거래는 만기시점에 실물의 인수도가 일어나는 일반선물환거래와 만기시점에 실물의 인수도 없이 차액만 정산하는 차액결제선물환(NDF: non-deliverable forward)거래로 나눌 수 있다.

(1) 일반선물환거래

선물환거래는 주로 수출입기업체가 환위험을 헷지하기 위하여 사용한다. 예를 들어, 3개월 후에 수출대금 100만 달러를 받을 예정인 수출회사 A는 3개월 후에 수출대금을 받아서 원화로 전환할 때 현재 환율 1,300원/$보다 환율이 하락하여 환손실을 입는 것이 우려된다고 하자. A는 환손실에 대비하여 현재시점에서 B은행과 3개월 후에 100만 달러를 1,300원/$의 환율로 매도하는 선물환계약을 체결해 놓는다.

3개월 후에 환율이 1,200원/$으로 하락하게 된다면 A는 B은행과 맺어둔 선물환계약을 이행하여 13억원(=$100만×1,300원)을 받게 된다. 만약 이러한 선물환 매도계약을 해 놓지 않을 경우 3개월 후에 12억원(=$100만×1,200원)을 받게 되므로 선물환 매도계약를 통해 1억원의 환손실을 피할 수 있게 되는 것이다. 하지만 선물환 매도계약을 한 후 3개월 후에 환율이 1,400원/$으로 상승할 경우에도 A는 계약한 환율인 1,300원/$으로 환전하여 13억원을 받게 되므로 이 경우에는 오히려 1억원의 환차손을 보게 된다.

따라서 선물환거래는 현재시점에서 미래 결제일에 적용할 환율을 확정함으로써 유리한 환율변동으로 얻을 수 있는 기회이익을 포기하는 대신 불리한 환율변동으로 얻게 되는 환위험을 회피하게 된다.

(2) 차액결제선물환(NDF)거래

차액결제선물환시장은 국제화되지 않은 통화가 해외에서 유통되지 않는 가운데 각종 외환규제가 존재할 경우 외환규제를 피하면서 환위험헷지나 투기적 목적을 이루기 위해 생겨났다. 우리나라에서는 1997년 금융위기를 계기로 원/달러 차액결제선물환시장에 대해서 관심을 갖게 되었다.

차액결제선물환거래란 만기일에 예를 들어, $1＝₩1,100과 같이 당초 계약한 약정환율(선물환율)로 달러를 주고받기로 계약을 했지만 실제로는 Non-Delivery 라는 말대로 만기일에 원화와 달러를 서로 배달하지 않고(주고받지 않고) 약정환율과 만기일의 현물환율인 지정환율(fixing rate)의 차액만을 지정통화로 정산하는 거래로서 역외선물환시장이라고도 한다. 역외라는 말대로 이 시장은 우리나라가 아닌 외국에 개설된 외환시장으로 각종 세금 및 규제를 피할 수 있다. 또한 차액만 결제하기 때문에 일반선물환거래에 비해 결제위험이 작다.

차액결제선물환거래의 만기는 3영업일 이상 가능하지만 주로 1개월물에서 3년물 사이의 정형화된 기간물로 거래가 이루어지며, 건별 거래금액은 제한이 없지만 일반적으로 1백만달러 단위로 거래한다. 예를 들어, A가 B에게 3개월 후에 1달러에 1,100원/$의 약정환율로 3백만달러를 매도하는 차액결제선물환거래를 체결하였다고 하자. 만약 3개월 후에 지정환율이 1,200원/$이 되었다면 A는 약정환율과 지정환율의 차이인 −$250,000(＝(1,100원×$3,000,000−1,200원×$3,000,000)÷1,200원), 즉 250,000달러를 B에게 지급해야 한다. 반대로 3개월 후에 지정환율이 1,000원/$이 되었다면 A는 $300,000(＝(1,100원×$3,000,000−1,000원×$3,000,000)÷1,000원), 즉 300,000달러를 B로부터 수취한다.

section 03 환율과 물가

부산에서 쌀 한 가마니가 서울에서 동일한 쌀 한 가마니 보다 싸다면 부산에서 쌀 한 가마니를 사서 서울에서 팔면 이익이 된다. 이러한 차익기회를 이용하게 되면 부산에서는 쌀 수요 증가로 쌀가격이 상승하게 되고 서울에서는 쌀 공급 증가로 쌀가격이 하락하게 되어 결국 부산과 서울의 쌀가격이 동일하게 된다는 것이 일물일가의 법칙이다. 즉, 일물일가의 법칙이란 동일한 물건이 동일한 시기에 다른 장소에서 서로 다른 가격에 팔릴 수 없다는 의미로 동일한 상품은 어떤 시장에서도 그 가격이 같아야 한다는 것을 말한다.

구매력평가이론은 일물일가의 법칙을 하나의 상품가격뿐만 아니라 전체적인 물가수준에 적용시킨 것으로 환율로 조정한 물가수준은 세계 어디서나 동일한 구매력을 갖는다고 말한다. 예를 들어, 현재시점에서 국내물가는 100,000원, 해외물가는 100달러라고 하면 환율은 국내물가와 해외물가의 비율인 100,000원/100달러, 즉 $1=₩1,000으로 결정된다.

따라서 양국 간 환율은 양국 간의 물가상승률의 차이만큼 변동하기 때문에 만약 구매력평가이론이 유지된다면 환율인상이나 환율인하로 인한 환위험손익은 실질적으로 없을 것이다. 예를 들어, 미국에서 빅맥 1개가 1달러이고 한국에서 1,000원이라면 환율은 $1=₩1,000이 된다. 그런데 한국의 경쟁력 약화로 10%의 환율상승(평가절하)이 발생할 경우에는 환율이 $1=₩1,100이 되므로 이때 빅맥 가격이 10% 올라가서 1,100원이 된다면 구매력에는 아무런 변화가 없어 환위험이 없게 된다.

○ ○ ○

읽을 거리

디플레이션 우려와 구매력평가이론

구매력평가이론은 두 나라 사이의 환율의 변화율과 두 나라의 물가차이는 같다는 이론인데, 이론적으로 거래비용이 없다면 개방된 국제무역에서는 한 상품의 가격은 모든 나라에서 같아야 한다는 '일물일가의 법칙'을 바탕으로 한다.

▶ **구매력평가이론: 환율변화율 ≒ 국내물가 - 외국물가**

여기서 환율변화율이란 현재환율과 미래 t시점의 환율의 비율을 나타낸다. 즉, 지금 1달러에 1,000원인데 t시점에 1,100원이 된다면, 변화율은 10%가 된다. 예를 들어, 만약 '한국 빵값 =1,000원, 미국 빵값=1달러'이고 '원·달러 환율은 $1=₩1,000'이라고 하자. 그런데 한국의 물가가 10% 올라 빵이 1,100원이 되었다면 어떻게 될까?

미국에서 100달러로 빵을 100개 사서 한국에 가져가서 그 빵을 팔면 110,000원을 받을 수 있게 된다. 이렇게 번 돈 110,000원을 외환시장에서 달러로 바꾼다. 앞서 환율이 '$1= ₩1,000'이라고 했으니 110,000원을 팔면 총 110달러를 살 수 있게 된다. 결국, 이 사람은 10 달러를 벌게 된다. (물론, 각종 비용이나 세금 등이 없다고 가정한다.)

그럼 이런 거래가 자꾸 일어나게 될 것이고 따라서 외환시장에선 원화를 팔고 달러를 사려는 사람이 늘어나게 된다. 그러다 보면 원화 가치는 떨어져서(환율인상) $1=₩1,100으로 균형을 이루게 된다. 균형이 이루어지고 나면 더 이상 이런 거래는 일어나지 않게 된다. 결론적으로 자국(우리나라) 물가가 10%(1,000원→1,100원) 올라가면 환율도 따라서 10% 변화하게 된다. 그래서 평형을 이루게 된다.

그런데 최근에는 환율이 점점 떨어지고 있다. 앞으로도 계속 떨어질 거라 예상된다면 과연 두 나라 물가에서 어떤 현상이 벌어지고 있다고 볼 수 있을까? 미국 빵값은 여전히 1달러라고 가정한다면 한국 빵값이 900원으로 떨어지고 있다고 볼 수 있다. 현재 환율이 여전히 '$1=₩1,000'이라면, 이번엔 반대로 한국에서 90,000원으로 빵을 100개 사서 미국으로 가져가 빵을 팔 수 있다. 빵을 판 돈 100달러(미국 빵값 1달러)를 원화로 바꾸면 100,000원을 받게 되고 10,000원을 벌 수가 있다.

이런 사람들이 늘어나게 되면 달러 팔자, 원화 사자가 늘어나니 원화의 가치는 올라가고 환율은 더욱 떨어지는 것이다. 즉, 환율이 앞으로도 지속적으로 떨어진다는 것은 우리나라에 디플레이션이 진행되고 있음의 방증일 수도 있다는 것이다.

[출처: 한국경제(www.hankyung.com), 2014. 10. 13., 수정]

section 04 환율과 이자율

자본의 국제이동에 대한 통제가 없다면 위험중립형 투자자는 기대수익이 높은 곳에 자금을 운용하게 된다. 예를 들어, 환율이 ₩1,000/$이고 한국의 이자율이 3%, 미국의 이자율이 1%이라고 하자. 현재 1,000원을 한국에 투자할 경우 1년 후에 1,030원(=1,000원×(1+0.03))이 된다. 하지만 미국에 투자할 경우 1년 후에 $1.01(=1$×(1+0.01))가 된다. 만약 1년 후에도 환율이 여전히 ₩1,000/$으로 고정되어 있다면 투자자는 현재 1달러를 1,000원으로 바꾸어서 원화로 투자하여 1년 후에 받는 1,030원을 달러로 바꾸게 되면 $1.03(=1,030원×(1/1,000))가 된다.

따라서 원화를 팔고, 달러를 사는 거래가 증가하게 되어 달러 가격은 올라가고 원화 가격은 내려가게 되어 환율상승(평가절하)이 된다. 그러면 언제까지 환율이 올라갈까? ₩1,030/$까지 올라가야 한다. 즉, 환율이 3%만큼 상승(₩1,030/$)하여야 미국에 투자해도 투자이익이 $1(1+0.01)×₩1,030=1,030원이 되어서 한국에 투자하는 것과 같아진다. 이처럼 이자율 측면에서 볼 때 원화가 달러화에 비해 3% 높아서 유리한 경우 환율 측면에서는 원화가 달러화에 비해 같은 크기로 불리할 것이 예상되어야 시장이 균형을 이룰 수 있다는 것이 국제피셔효과이다. 국제피셔효과는 이자율효과와 환율효과가 서로 상쇄되지 않으면 시장 불균형이 일어나 자본이 이동하리라는 것을 의미한다. 국제피셔효과가 정확하게 성립하면 환위험은 발생하지 않는다.

읽을 거리

인위적 엔저, 공짜 점심은 없다: 국제피셔효과

엔저 현상이 갈수록 심화되고 있다. 엔저라 함은 엔화의 가치가 떨어지는 것이고 이는 상대적으로 우리나라의 원화가치가 올라간다는 의미이다. 또한 원·엔화 환율이 하락한다는 뜻이기도 하다. 급기야 원화와 엔화의 실질실효환율이 1982년 이후 30년 만에 최저치를 기록했다고 한다. 여기서 '실질실효환율'이란 우리나라와 일본의 상대적 물가변동을 반영한 환율을 말한다.

현재의 엔저현상은 자연스러운 현상이라기보다는 아베정부가 상당히 인위적으로 조장하고 있다고 봐야 한다. 이를 설명하는 재미있는 이론이 있다. 바로 '국제피셔효과(International Fisher Effect)'란 것이다. 경제에서 주요한 경제변수인 이자율, 물가, 환율은 서로 균형을 찾으려고 한다는 이론이 있다. 이들 이론을 통틀어 '평가이론(parity conditions)'이라고 한다. 그 이론 중에 하나가 '국제피셔효과'인 것이다. 이 이론에 따르면, 두 나라 사이의 명목상 이자율차이가 환율의 변화를 좌우한다고 한다.

▶ 국제피셔효과: '환율변화율 = 명목이자율차이'

예를 들면, 한국의 이자율이 연 2%이고 일본의 이자율이 제로(0%)라고 하자. 또한 현재 원·엔화 환율이 100엔당 950원이라고 하자. 자! 그럼 한국에 살고 있는 당신의 950만원은 1년 후, 969만원(＝950만원×(1＋0.02))이 될 것이다. 하지만 일본에 살고 있는 사람의 100만엔은 1년 후에도 100만엔이 되어 있겠다. 제로 금리니까 말이다.

만약 1년 후에도 환율이 여전히 100엔당 950원으로 고정되어 있다면 어떤 일이 벌어질까? 일본 사람들은 당연히 100만엔을 950만원으로 바꾸어 한국으로 가져가 예금을 할 것이다. 그런 후 1년이 지나 969만원을 찾아서 엔화로 바꿀 것이다. 그럼 969만원은 102만엔(＝969만원×100/950)이 될 것이기 때문이다.

▶ 엔저, 공짜 점심은 없다

이론적으론 이 사실을 알고 있는 모든 일본사람들이 엔화를 원화로 바꾸어 한국에 예금을 하게 될 것이다. 그리고 1년이 지나 원금과 이자로 받은 원화를 다시 엔화로 바꾸려고 할 것이다. 즉, '원화를 팔고(sell KRW), 엔화를 사는(buy JPY) 거래'가 늘어나게 될 것이다. 사자가 늘어나면 가격은 올라가므로 엔화가치는 올라가게 되어 원·엔화 환율은 올라가게 된다. 얼마까지 올라갈까? 1년 후, 원·엔화 환율은 100엔당 969원까지 올라가야 된다는 것이다. 세상에는 공짜 점심은 없다는 차익거래(arbitrage)효과가 그것이다. 이게 바로 '국제피셔효과'이다.

▶ **인위적으로 조정하려면 부작용이 따른다**

일본의 이자율이 여전히 한국보다 낮은 상태라면 균형을 이루기 위해 미래의 원·엔화 환율은 상승해야 한다는 것이다. 만약 그렇지 않고 환율이 그대로 있거나 오히려 하락한다면, 그 차익을 먹기 위해 투기자금이 몰려들어 결국은 차익은 사라지고 원·엔화 환율은 상승을 할 수밖에 없는 것이다.

그럼에도 불구하고 지금 일본의 경우처럼, 인위적으로 환율을 조정하게 되면 그에 따른 부작용을 감당하기 어렵게 될 수도 있다. 올라야 되는 걸 오히려 내리려 하기 위해 동원되는 각종 방법은 결국 화를 불러일으키기 때문이다. 최근에 아베 정부의 인위적 엔저 정책이 일본경제를 오히려 후퇴시킬 수도 있다는 우려가 생겨나고 있는 것도 이 때문인 듯 싶다.

[출처: 한국경제(www.hankyung.com), 2014. 10. 6. 수정]

---

section 05 **환율과 주가**

우리나라의 수많은 수출입기업은 환율변동에 큰 영향을 받는다. 일반적으로 환율이 오르면 무역수지가 개선된다. 예를 들어, $1=₩1,300인 환율이 하락하여 $1=₩1,000이 될 경우 미국이 1,300원어치를 수입할 때 환율하락 전에는 1달러를 지급했는데 환율하락 후에는 1.3달러를 지급하게 된다. 따라서 환율하락(평가절상) 후에는 미국수입업자는 0.3달러 비싸져서 수입을 줄이고 우리나라 수출업자는 수출이 감소하게 된다.

반면 우리나라 수입업자 입장에서는 환율하락(평가절상) 전에 1달러어치 수입하려면 1,300원이 들었는데 이제는 1,000원이 든다. 따라서 우리나라의 수입가격이 하락하여 수입이 증가하게 된다.

한편 $1=₩1,200인 환율이 상승하여 $1=₩1,500이 될 경우 미국수입업자가

1,200원어치를 수입할 때 환율상승 전에는 1달러를 지급했는데 환율상승 후에는 0.8달러만 주면 된다. 따라서 환율상승(평가절하) 후에는 미국수입업자는 0.2달러 싸져서 수입을 늘리고 우리나라 수출업자는 수출이 증가하게 된다.

반면 우리나라의 수입업자 입장에서는 환율상승(평가절하) 전에 1달러어치 수입하려면 1,200원이 들었는데 이제는 1,500원이 든다. 따라서 우리나라의 수입가격이 상승하여 수입이 감소하게 된다.

정리하면, 환율하락(평가절상) 시 국내기업의 수출은 감소하고 수입은 증가하므로 결국 수출에서 수입을 뺀 무역수지가 악화된다. 반면 환율상승(평가절하) 시 국내기업의 수출이 증가하고 수입이 감소하므로 결국 수출에서 수입을 뺀 무역수지는 개선된다.

이처럼 환율변동에 따라 수출기업과 수입기업의 수익성이 달라지고 환율 변동에 따라 기업의 수익성이 달라지므로 이를 반영하여 주가가 변동하게 된다. 하지만 실제로는 환율과 주가의 관계가 이처럼 단순하지 않다. 경제가 안정된 상태에서 수출이 수입보다 많아져서 무역수지 흑자가 증가할 때 환율하락(평가절상)이 나타나는 것이 일반적이며 무역수지 흑자로 시중의 유동성이 커지면 주식의 매입수요가 많아져 안정적인 환율하락은 주가상승을 동반하기도 한다.

- 환율: 서로 다른 나라 돈 간의 교환비율
  - 자국통화표시법(직접표시법), 외국통화표시법(간접표시법)

- 환율의 종류
  - 매매기준율
  - 매도율: 전신환매도율, 여행자수표매도율, 현찰매도율
  - 매입률: 전신환매입률, 여행자수표매입률, 현찰매입률

- 환율제도
  - 금본위제도(고정환율): 각국의 통화 한 단위와 일정량의 금을 교환
  - 브레튼우즈체제(고정환율): 금 1온스를 35달러로 교환, 금환본위제
  - 킹스턴체제(변동환율): SDR(특별인출권)본위제

- 외환시장
  - 현물환시장, 선물환시장(일반선물환거래, 차액결제선물환(NDF)거래)

- 환율과 물가
  - 구매력평가이론: 환율로 조정한 물가수준은 세계 어디서나 구매력 동일

- 환율과 이자율
  - 국제피셔효과: 환율변화율이 두 나라 간의 이자율 차이와 같을 때 균형

- 환율과 주가
  - 환율상승: 국내기업의 수출 증가, 수입 감소
  - 환율하락: 국내기업의 수출 감소, 수입 증가
    → 실제로 환율과 주가의 관계가 단순하지 않음

PART

03

파생금융상품과 다양한
투자금융상품 이해하기

chapter 06 파생금융상품

선물

파생의 사전적 의미는 사물이 어떤 근원으로부터 갈려 나와 생긴 것을 뜻한다. 따라서 파생상품(derivatives)은 쌀이나 주식 등과 같은 현물에서 갈려나와 생긴 상품을 말하며, 쌀이나 주식 등과 같은 현물을 기초자산(underlying asset)이라고 하고, 기초자산이 파생상품거래의 대상이 된다.

파생상품의 발달 초기에는 농축산물이나 원자재 같은 실물자산이 기초자산이었으나 금융시장이 발달함에 따라 점차 주식, 채권 혹은 외환과 같은 금융자산이 기초자산이 되고 있을 뿐 아니라 최근에는 날씨나 전력, 가상화폐 등과 같은 사실상 모든 대상이 파생상품의 기초자산이 되고 있다. 파생상품은 기본적으로 기초자산의 가격변동으로 인한 위험을 헷지하기 위한 수단으로 설계되었으나, 최근에는 이와 같은 위험회피기능 외에도 고수익 투자수단으로도 많이 이용되고 있다.

01 | 선물의 개념

일반적으로 사람들이 필요한 물건이 있을 경우 지금 당장 돈을 주고 물건을 사게 되는데 이러한 거래는 현물거래이다. 반면, 지금은 물건가격을 미리 확정하여 미래의 어느 시점에 사거나 팔기로 계약만 하고 사전에 정한 미래시점에 가서 미리 정해 놓은 물건가격과 물건을 교환하는 거래를 선물거래라고 한다.

따라서 선물(futures)은 오늘 합의된 가격으로 미래에 물건을 사거나 팔기로 약속하는 계약으로 정의한다. 여기서 오늘 합의된 가격은 선물가격을 의미하고, 미래시점은 만기일을 말한다. 거래대상이 되는 물건은 기초자산에 해당되며, 사기로 약속하는 계약은 선물매수, 팔기로 약속하는 계약은 선물매도를 뜻한다. 이처럼 선물은 미래의 거래를 지금 약속하는 것이다.

이러한 개념을 <그림 6-1>을 통하여 좀 더 자세히 살펴보자.[1] 오늘 주식가격이 5만원이라고 하자. A라는 사람이 앞으로 주식가격이 오를 것 같으면, 지금 당장 5만원을 주고 주식을 살 수 있다. 이 거래를 현물거래라고 하고, 현재시점에서의 현물가격(S_0)은 5만원이 된다. 예상대로 주식가격이 오르면 A는 이익을 남긴다.

이때 A는 5만원을 주고 주식을 사는 대신 그 주식을 기초자산으로 하는 선물을 B라는 사람으로부터 살 수 있다. 이 거래를 선물거래라고 한다. A는 B로부터 선물을 살 때 따로 오늘 돈을 지급하지 않으므로 '공짜'로 선물을 매수하는 것이 된다. 선물매수 시 비록 돈을 지급하지는 않지만 선물을 살 때 미래에 주식을 실제로 사는 시점에 얼마에 살 것이라고 B와 약속을 한다. <그림 6-1>에서 A가 B로부터 선물을 살 때 미래에 주식을 실제로 사는 시점(만기일)에 6만원을 주고 주식을 사기로 하였다면 이 6만원을 미래시점의 거래가격이라는 의미에서 선물가격(F_0)이라고 한다.

A가 예상했던 대로 주식가격이 올라서 9만원이 되었다면, 이 가격은 미래시점의 현물가격(S_T)에 해당된다. A는 선물을 사 놓았기 때문에 만기일에 9만원짜리 주식을 선물가격인 6만원만 지급하고 B로부터 주식을 매수하게 된다. 따라서 A는 3만원의 이익(=$S_T - F_0$=9만원-6만원)을 얻고 '제로섬 게임'을 벌이는 B는 3만원의 손실을 본다. 공짜로 선물을 샀는데 결과적으로 3만원의 이익을 얻었으니 수익률은 무한대가 되고 이러한 결과를 소위 '대박'이라고 한다.

---

1 이재하·한덕희 저, 「핵심파생상품론」, 박영사(2021), pp. 4-7 참조.

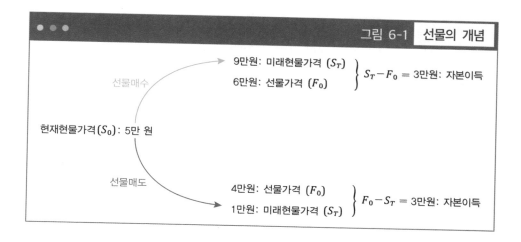

그림 6-1 선물의 개념

선물매수

9만원: 미래현물가격 (S_T)
6만원: 선물가격 (F_0) ⎬ $S_T - F_0 = 3$만원: 자본이득

현재현물가격 (S_0): 5만 원

선물매도

4만원: 선물가격 (F_0)
1만원: 미래현물가격 (S_T) ⎬ $F_0 - S_T = 3$만원: 자본이득

A가 예상했던 것과 반대로 주식가격이 내려가면 어떻게 될까? 예를 들어, 2만원으로 가격이 내려가면, A는 6만원에 살 것이라고 약속을 했었기 때문에 2만원짜리 주식을 선물가격인 6만원을 지급하고 B로부터 주식을 매수해야만 한다. 이와 같이 일단 선물을 사면 주가가 오르든 내리든 반드시 약속한 가격에 사야만 하는 '의무'를 지게 된다. A는 2만원짜리를 6만원에 사므로 손실이 4만원($= S_T - F_0 = 2$만원-6만원$= -4$만원)발생하고, 반면에 B는 4만원의 이익을 내게 된다. 만일 주식가격이 계속 내려서 0원이 되어도 A는 여전히 6만원에 사야 되고, 손실은 6만원이 된다. 이러한 결과를 소위 '쪽박'이라고 한다.

선물을 잘 이해하지 못하는 사람들이 이렇게 대박 혹은 쪽박의 결과를 쳐다보면서 선물거래는 무조건 위험하다는 편견을 가질 수 있다. 하지만, 선물은 잘만 활용하면 이익 획득 및 위험관리 등 여러 경우에 걸쳐 크게 도움이 되는 파생상품이다.

위의 예에서 A는 현재 5만원인 주식가격이 미래에 더 오를 것으로 예상하기 때문에 선물을 매수한다. 반면에 주식가격이 내릴 것으로 전망된다면 주식을 공매도할 수 있다. 즉, 지금 당장 주식을 빌려와서 팔고 미래에 주식가격이 내려가면 도로 사서 갚는다는 것이다. 이처럼 주식가격의 하락이 예상될 경우에 주식을 공매도하는 대신 A는 선물을 매도할 수도 있다. 선물을 매도할 때도 거래는 '공짜'로 이루어진다. 하지만, 미래시점에 얼마에 주식을 팔겠다고 약속을 하게 된다. 이 약속하는 가격이 선물가격(F_0)이다.

<그림 6-1>에서 A가 B에게 오늘 선물을 매도하고 선물가격이 4만원이라고 하자. 만기일에 A가 예상했던 대로 주가가 내려서 1만원이 되었다면, 이 1만원이 미래현물가격(S_T)이 된다. 만기일에 A는 1만원짜리 주식을 B에게 4만원에 팔게 된다. 따라서, A는 3만원(= $F_0 - S_T$ = 4만원 - 1만원)의 이익을 얻고 B는 3만원의 손실을 본다. A의 예상과 달리 주가가 계속 올라가면 어떻게 될까? 예를 들어, 주식가격이 10만원까지 치솟았다고 할 때 A는 약속한 가격인 4만원에 주식을 B에게 팔아야만 한다. 왜냐하면 선물은 처음 계약당시 선물가격에 거래하기로 한 '의무'이기 때문이다. 거래가 이행되는 미래에 A는 10만원짜리 주식을 4만원에 팔아 6만원의 손실을 입고, '제로섬 게임'을 벌이는 B는 6만원의 이익을 얻게 된다.

정리를 해 보면, 가격이 오를 것으로 예상될 경우 선물을 매수하고, 가격이 내릴 것으로 예상될 경우 선물을 매도한다. 또한, 선물은 현재시점에서 '공짜'로 사고팔고, 만기 시에 손실을 보든 이익을 내든 매수했으면 반드시 사야 하고 매도했으면 반드시 팔아야만 하는 '의무'가 있으며, 매수자와 매도자는 항상 서로 '제로섬 게임(zero-sum game)'을 벌이게 된다.

📊 02 | 선물의 기능 및 종류

(1) 선물의 기능

1) 가격예시

<그림 6-1>에서 주식가격이 5만원인데 왜 A와 B는 선물이 만기가 되는 시점에 6만원에 주식을 서로 사고팔기로 했을까? A와 B는 선물시장 참여자로서 선물만기일에 주식가격이 얼마가 될지 고민하면서 수많은 정보에 근거하여 6만원이 가장 적정한 가격이라고 예측한 것이다. 따라서 선물가격을 쳐다보면 미래에 현물가격이 얼마가 될지 힌트를 얻을 수 있다. 이를 선물의 가격예시(price discovery)라고 한다.

예를 들어, 오늘 주식가격이 5만원이고 3개월 후가 만기인 선물의 가격이 6만원이라고 하자. 이 경우 주식의 선물가격을 통해 주식의 현물가격이 3개월 후에는 1만원 더 오른 6만원 정도가 될 것이라고 예측할 수 있다는 것이다.

2) 헷징

선물의 가장 중요한 기능은 위험관리기능이다. 위험관리를 다른 말로 헷징(hedging)이라고도 한다. <그림 6-1>에서 지금 주식을 이미 가지고 있는 C라는 사람이 향후 가격이 많이 떨어질 것이 우려된다고 하자. 가격하락이 우려될 경우 선물을 매도하면 헷징이 된다. 주식이 5만원에서 1만원으로 내려가면 4만원만큼 손실을 본다. 하지만 선물을 매도하여 1만원짜리를 4만원에 팔기 때문에 선물에서 3만원만큼 이익($= F_0 - S_T = 4$만원-1만원)을 얻는다. 따라서 순손실은 1만원이 된다. 이때 C를 헷저(hedger)라 한다.

반대로 가격상승이 우려되면 선물을 매수하면 헷징이 된다. 예를 들어, 제빵회사의 경우 밀가루가격이 급격히 상승할 것이 우려되면 밀가루선물을 매수하여 헷징할 수 있다. 다른 예로 채권에 많은 돈을 투자한 사람이 있는데 한 달 후에 채권이 만기가 되면 목돈이 생길 것이고 이 돈을 주식에 투자할 계획이다. 하지만 앞으로 한 달 동안 주가가 급격히 상승할 것이 우려된다. 이 경우 주식선물을 매수하면 헷징할 수 있게 된다.

3) 투기

투기(speculation)는 현물포지션을 따로 취하지 않은 상태에서 선물시장에서 선물가격이 오를 것 같으면 선물을 사고, 내릴 것 같으면 선물을 파는 것이다. 그럼 투기는 무조건 나쁜 것인가? 그렇지 않다. 예를 들어, 100명의 헷저들이 선물을 매도하고 70명의 헷저들이 선물을 매수한다고 하자. 이 경우 30명의 헷저들은 선물을 매도할 수 없게 되고, 30명이 모두 선물을 매도하고자 하므로 선물가격이 상당히 많이 내려가게 된다.

이때 투기자(speculator)들은 매우 낮은 선물가격이 곧 다시 오를 것으로 보면서 30명의 헷저들로부터 아주 싼 가격으로 선물을 매수하게 된다. 즉 투기적 거래가 없다면 헷저는 원하는 시점에 헷징을 위한 거래를 원활히 할 수 없게 된다. 결국 위험회피자인 헷저로부터 위험선호적인 투기자로 위험이 이전된다고 볼 수 있다.

(2) 선물의 종류

초기의 선물거래는 곡물거래 중심이었으나 양적·질적으로 비약적인 발전을 거듭하여 현재는 <그림 6-2>와 같이 선물거래의 대상 상품이 크게 확대되었다. 선물은 그 대상에 따라 상품선물(commodity futures)과 금융선물(financial futures)로 분류할 수 있다.

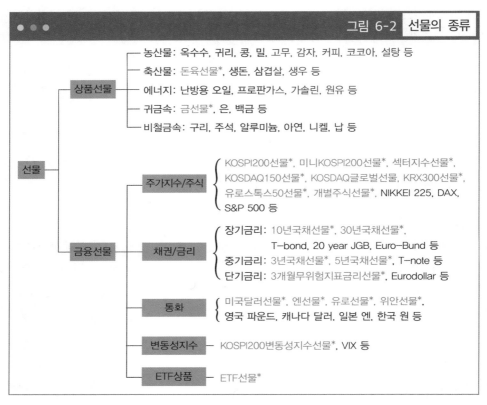

그림 6-2 선물의 종류

- 상품선물
  - 농산물: 옥수수, 귀리, 콩, 밀, 고무, 감자, 커피, 코코아, 설탕 등
  - 축산물: 돈육선물*, 생돈, 삼겹살, 생우 등
  - 에너지: 난방용 오일, 프로판가스, 가솔린, 원유 등
  - 귀금속: 금선물*, 은, 백금 등
  - 비철금속: 구리, 주석, 알루미늄, 아연, 니켈, 납 등

- 금융선물
  - 주가지수/주식: KOSPI200선물*, 미니KOSPI200선물*, 섹터지수선물*, KOSDAQ150선물*, KOSDAQ글로벌선물, KRX300선물*, 유로스톡스50선물*, 개별주식선물*, NIKKEI 225, DAX, S&P 500 등
  - 채권/금리:
    - 장기금리: 10년국채선물*, 30년국채선물*, T-bond, 20 year JGB, Euro-Bund 등
    - 중기금리: 3년국채선물*, 5년국채선물*, T-note 등
    - 단기금리: 3개월무위험지표금리선물*, Eurodollar 등
  - 통화: 미국달러선물*, 엔선물*, 유로선물*, 위안선물*, 영국 파운드, 캐나다 달러, 일본 엔, 한국 원 등
  - 변동성지수: KOSPI200변동성지수선물*, VIX 등
  - ETF상품: ETF선물*

*: 한국거래소에 상장

최초의 상품선물은 19세기 중반에 농산물을 대상으로 시카고상품거래소(CBOT: Chicago Board of Trade)에서 시작되었으며, 오늘날에는 농산물 외에도 축산물, 에너지, 귀금속, 비금속 등을 대상으로 거래하고 있다. 금융선물은 시카고상업거래소(CME: Chicago Mercantile Exchange)에서 1972년에 통화선물, 1982년에 S&P500을 기초자산으로 하는 주가지수선물을 도입하였으며, 1975년에는 시카고상품거래소에서 금리선물을 시작하였다.

우리나라의 한국거래소에서는 상품선물과 금융선물이 상장되어 있다. 상품선물로는 돈육선물과 금선물이 상장되어 있고, 금융선물로는 금융시장의 세 축인 주식시장, 채권시장, 외환시장에서 거래되는 현물을 거래대상으로 하는 다양한 파생상품이 상장되어 있다.

읽을 거리

투기거래 – 상승 · 하락, 방향성에 대한 예측 거래

파생상품시장에서 투기자(speculator)라는 용어는 도박꾼(gambler) 또는 무모한 투기꾼(plunger)과 비슷한 뜻으로 여겨지기도 한다. 그러나 실제로 투기자라는 'speculator'는 '면밀하게 조사하고 관찰한다'는 뜻의 'speculare'라는 라틴어에서 유래됐다. 이들은 미래를 관찰하다가 사건이 발생하기 전에 행동하는 투자자쯤으로 여겨야 한다.

파생상품시장은 원래 시장 참여자들에게 노출된 가격변동 위험을 회피하게 하는 수단으로 설계되었다. 그러나 최근에는 이러한 위험회피기능 이외에 투자수단으로서의 성격이 더욱 두드러진다. 따라서 파생상품 거래는 그 이용 목적에 따라 현 · 선 연계 거래 형태로 행하는 위험회피를 위한 헷지거래, 공짜 점심이라 일컬어지는 무위험이익 획득 목적의 차익거래, 그리고 파생상품시장만 이용하여 '저가매수(buy-low)' 및 '고가매도(sell-high)'를 통하여 이익을 추구하려는 투기거래로 구분된다.

구체적으로는 투기거래는 선물시장에만 참여하여 선물계약의 매수 · 매도 중 한 가지 포지션만 거래함으로써 이득을 얻고자 하는 거래를 말한다. 상승장에서는 매수포지션으로, 하락장에서는 매도포지션으로 한 방향 거래로 선물의 레버리지 효과를 이용해 이익을 극대화 할 수 있는 거래 유형이다. 따라서 투기거래는 방향성에 대한 예측거래라고 할 수 있다.

이러한 예측투자자들은 파생상품의 핵심인 헷지기능이 원활히 작동되도록 하는 윤활유 역할을 한다. 만약 시장참여자가 예상하는 가격 방향이 같은 헷지거래자들 뿐이거나 우연히 방향성을 달리하더라도 시간차가 있으면 헷지거래는 성립하지 않을 것이다. 이때 헷지거래가 성립되도록 상대방이 되는 것이 투기거래자들인 것이다. 투기거래란 현재 거래시점에서 장래 현물가격을 예측함에 있어 시장정보의 수집 및 면밀한 분석을 거쳐 'buy-low' 및 'sell-high' 원칙에 따라 행하는 거래이다. 따라서 파생상품시장에서 이러한 거래형태를 우리가 흔히 알고 있는 의미의 투기라고 여기기보다는 투자라고 하는 것이 바람직하다고 보인다.

물론 고위험(high risk)-고수익(high return)인 파생상품시장에서 투기가 진정한 의미의 투자가 되려면 두 가지 요건이 필요하다. 하나는 고수익을 추구하기 위해서는 미래현물가격인 선물가격의 예측능력이 있어야 한다. 이러한 능력을 갖추기 위해서는 충분한 정보수집 및 분석력이 필요하다. 그리고 고위험을 충분히 감당할 수 있는 능력도 필요하다. 이것은 자신이 보유한 자산의 규모에 비해 과도한 거래를 억제할 수 있는 것을 의미한다. 이런 요건의 구비 없이 파생상품시장에 참여하면 소위 말하는 묻지마 투자가 되어 과거 부동산 투기에서 비롯된 부정적 이미지를 벗어날 수 없게 된다.

[출처: 국제신문(www.kookje.co.kr) 2016. 10. 13.]

📊 03 | KOSPI200선물

거래소에서 거래되는 선물은 그 거래의 내용이나 조건이 표준화되어 있어 선물거래에 참여하는 사람들이 어떤 상품이 어떠한 조건으로 어떻게 거래되는가를 알 수 있게 되어 선물거래의 유동성을 촉진시킨다. 우리나라 파생상품시장에 상장되어 있는 선물과 옵션도 상품별로 표준화된 거래조건으로 거래되고 있다. 우리나라의 대표적인 선물상품인 KOSPI200선물을 살펴보자.[2]

선물은 1계약을 기준으로 거래되기 때문에 1계약을 거래했을 때 얼마만큼 거래대상을 인수도할 것인가를 정해야 하는데, 이러한 계약의 크기를 거래단위라고 한다. KOSPI200선물의 경우 한국거래소에 상장된 200개 주식의 평균값인 KOSPI200이라는 주가지수를 거래대상(기초자산)으로 선물거래를 한다.

선물은 1계약을 기준으로 거래되기 때문에 1계약을 거래했을 때 얼마만큼 거래대상을 인수도 할 것인가를 정해야 하는데, 이러한 계약의 크기를 거래단위라고 한다. KOSPI200선물의 가격은 KOSPI200선물 수치(포인트)로 나타내며, KOSPI200 1포인트당 25만원(거래승수)을 곱한 금액을 거래단위로 정하고 있다.[3]

---

2 이재하·한덕희 저, 「핵심재무관리」, 박영사(2020), p. 550 참조.

예를 들어, 오늘 300포인트 하는 KOSPI200선물을 1계약 매수하였다면, KOSPI200 선물 1계약의 거래단위는 75,000,000원(=300포인트×1계약×25만원)이 된다.

또한, 선물은 미래의 특정시점에 거래대상인 기초자산을 주고받는 계약이기 때문에 그 특정시점, 즉 몇 월에 인수도할 것인가를 미리 정해야 한다. KOSPI200 선물의 경우는 매 분기 마지막 월인 3월, 6월, 9월 12월을 결제월로 정하여 3년 이내 7개 결제월(3, 9월: 각 1개, 6월: 2개, 12월: 3개)이 상장되어 거래된다. 예를 들어, 오늘이 10월 25일이라면 12월물, 내년 3월물, 6월물, 9월물, 12월물, 내후년 6월물, 12월물이 상장되어 거래된다. 따라서 항상 3월물과 9월물 각 1개, 6월물 2개, 12월물 3개가 상장된다.

선물의 결제월을 정한 후에는 어느 날에 인수도할 것인가를 정해야 한다. 인수도일 전에 선물을 최종적으로 거래할 수 있는 날을 최종거래일이라고 하고 실제로 인수도하기까지 시간이 걸리며 인수도가 일어나는 날을 최종결제일이라고 한다. KOSPI200선물의 최종거래일은 3월, 6월, 9월, 12월의 두 번째 목요일이며 최종결제일은 최종거래일(T)의 다음 거래일(T+1)로 정하여 놓고 있다. 예를 들어, 9월물은 9월의 두 번째 목요일까지 거래가 되며, 금요일에 인수도가 이루어진다.

인수도가 이루어질 때 KOSPI200선물의 거래대상인 KOSPI200은 한국거래소에 상장된 200개의 주식으로 산출된 주가지수이기 때문에 만일 최종결제 시에 실제로 주식 실물을 인수도 해야 한다면 200개 주식을 한꺼번에 동시에 매매하여 인도해야 하는 불편함이 있게 된다. 따라서 200개 주식의 가격을 지수화하여 이 지수당 얼마씩 주기받기로 정하여 현금결제를 하는 것으로 정하였다.

예를 들어, A가 KOSPI200선물 1계약을 300포인트에 매수하였다고 하자. 3개월 후 두 번째 목요일이 되었을 때 KOSPI200이 320포인트가 되면 $20(=S_T-F_0=320-300)$포인트만큼 이익이 발생하게 된다. 이때 A는 KOSPI200 20포인트의 이익을 돈으로 환산하여 받게 된다. 즉, 1포인트당 25만원을 곱하여 500만원(=20 포인트×1계약×25만원)의 현금을 받는다.

한편, 투자자들이 선물가격을 조정하여 거래를 체결하고자 할 때 선물가격을

---

3 선물거래 활성화 방안의 일환으로 2017년 3월 27일부터 기존의 거래승수를 50만원에서 25만원으로 변경하였다.

최소한으로 움직일 수 있는 수준을 설정해 놓아야 한다. 즉, 투자자가 주문을 제출할 때 표준화된 호가단위(tick)를 따라야 하는데, 호가단위란 제시가격의 최소가격단위[4]를 말한다.

KOSPI200선물은 예를 들어, 300.00, 300.05, 300.10처럼 0.05포인트 간격으로 호가를 한다. 이 호가단위를 금액으로 환산하면 12,500원(=0.05포인트×25만원)이다. 따라서 KOSPI200선물가격의 상승과 하락이 0.05포인트 간격으로 움직인다는 것은 12,500원만큼 KOSPI200가격이 오르거나 내린다는 의미이다.

표 6-1 KOSPI200선물 거래명세

구분	KOSPI200선물
기초자산	KOSPI200지수
거래단위	KOSPI200선물가격×25만원(거래승수)
결제월	3, 6, 9, 12월
상장결제월	3년 이내의 7개 결제월(3, 9월: 각 1개, 6월: 2개, 12월: 3개)
가격표시방법	KOSPI200선물 수치(포인트)
호가가격단위	0.05포인트
최소가격변동금액	12,500원(25만원×0.05)
거래시간	08:45-15:45(최종거래일: 08:45-15:20)
최종거래일	각 결제월의 두 번째 목요일(공휴일인 경우 순차적으로 앞당김)
최종결제일	최종거래일의 다음 거래일
최종결제방법	현금결제

자료: 한국거래소(www.krx.co.kr)

---

4 최소가격변동폭을 틱사이즈(tick size)라고도 한다. 틱은 시계에서 초침이 째깍하고 움직이는 한 칸을 나타내는 데서 유래한 말로 가장 작은 변동폭을 의미한다.

예를 들어, 20XX년 2월 1일 KOSPI200선물시세가 다음과 같다고 하자.

(단위: 포인트, 계약)

종목	종가	전일대비	시가	고가	저가	거래량
KOSPI200	283.15	−5.33	284.70	285.96	283.15	126,925
3월물	284.16	−4.65	285.06	286.60	283.26	520,465
6월물	285.20	−5.20	287.40	288.06	285.00	1,520
9월물	290.70	−1.90	0.00	0.00	0.00	0
12월물	286.60	−8.10	285.26	286.60	285.26	22

KOSPI200선물시세표를 보면 현재 현물가격이 283.15임을 알 수 있다. A가 KOSPI200선물 3월물 1계약을 284.16에 매수하여 선물만기일인 3월 10일(목)까지 보유할 경우 만기일의 현물가격이 288.75가 되었을 경우에는 1,147,500원 이익(=(288.75−284.16)×25만원×1계약)을 얻게 된다. 하지만 예상이 빗나가 만기일의 현물가격이 275.65로 내려가게 되면 2,127,500원 손실(=(275.65−284.16)×25만원×1계약)이 발생한다.

○○○

읽을 거리

쿼드러플 위칭 데이 − 4개 파생상품 만기 겹치는 '네 마녀의 날'

지난달 8일은 올해 들어 세 번째 맞는 '쿼드러플 위칭 데이(quadruple witching day)'였다. 특히 이번 쿼드러플 위칭 데이는 미연준의 금리인상 이슈 등과 맞물려 있었기에 9월 초부터 증권가에서는 증시 전망이 쏟아져 나왔고 투자자들도 시장 동향에 촉각을 곤두세웠었다. 이번 칼럼에서는 '네 마녀의 날'이라고도 불리는 쿼드러플 위칭 데이가 무엇인지, 쿼드러플 위칭 데이가 시장에는 어떠한 영향을 미치는지 알아보자.

쿼드러플 위칭 데이란 숫자 4를 뜻하는 'quadruple'과 마녀를 뜻하는 'witch'의 합성어로 주가지수선물·옵션, 개별주식선물·옵션 등 총 4개 파생상품의 만기가 겹치는 날을 뜻한다. 선물과 옵션은 주가지수, 개별주식과 같은 기초자산을 미래 특정시점에 미리 정한 가격으로 사거나 팔기로 약속하는 계약이며 매매를 최종적으로 이행하는 만기일이 존재한다. 그리고 우리나라에서는 3·6·9·12월의 두 번째 목요일과 매월 두 번째 목요일을 각각 선물과 옵션의 만기일로 정하고 있어 3 · 6 · 9 · 12월의 두 번째 목요일에는 KOSPI200과 개별주식을 기초자산으로 하는 선물 · 옵션, 4가지 상품의 만기일이 겹친다.

이날에는 현물시장과 선물 · 옵션시장의 일시적 가격차를 이용해 수익을 올리려는 투자 목적의 거래자들이 현물주식과 선물 · 옵션을 정리하려고하기 때문에 시장에서 매매가 매우 활발하게 일어난다. 따라서 주가도 매우 큰 폭으로 움직일 가능성이 매우 높으며, 마치 네 명의 마녀가 빗자루를 타고 동시에 정신없이 돌아다니는 것과 같이 혼란스러워 네 마녀의 날이란 별명이 붙여지게 되었다.

쿼드러플 위칭 데이는 미국 주가지수선물 · 옵션과 개별주식옵션의 동시 만기일을 의미하는 트리플 위칭 데이에서 비롯됐다. 미국 월스트리트에서는 주식파생상품의 만기가 겹치는 날에 주가가 크게 출렁이는 것을 보고 셰익스피어의 맥베스에 등장하는 마녀에서 힌트를 얻어 트리플 위칭 데이라 정했다. 2002년 개별주식선물이 상장됨에 따라 세 마녀가 아닌 네 마녀가 빗자루를 타고 이리저리 돌아다니는 쿼드러플 위칭 데이가 되었다.

우리나라에서는 1996년, 1997년, 그리고 2002년 주가지수선물, 주가지수옵션, 개별주식옵션이 상장되면서 트리플 위칭 데이를 맞았으며, 2008년 개별주식선물이 추가로 상장되면서 쿼드러플 위칭 데이를 맞게 되었다. 2008년 6월 12일 첫 쿼드러플 위칭 데이에 KOSPI는 42.31포인트 하락하였으며, 지난 11일, 2014년 마지막 쿼드러플 위칭 데이에도 KOSPI가 28.97포인트 하락한 바 있다.

그러나 2007년 6월 14일에는 트리플 위칭 데이였음에도 불구하고 KOSPI가 사상 최고치를 경신하였다. 이처럼 쿼드러플 위칭 데이에는 마녀가 '심술'을 부리는 대신 '깜짝 선물'을 주는 경우도 있으며, 기업의 현재가치, 미래가치, 거시경제 등 주가결정요인과 상관없이 주가가 급격하게 변동할 수 있으므로 시장의 움직임을 잘 살펴보면서 투자할 필요가 있다.

[출처: 국제신문(www.kookje.co.kr) 2016. 10. 5.]

section 02   옵션

📈 01 ┃ 옵션의 개념

현대적 의미의 옵션거래는 1630년대 네덜란드에서의 튤립을 대상으로 한 옵션거래로 본다. 작황에 따라 튤립가격의 변동으로 튤립재배자와 튤립을 사는 중개업자가 안정적인 가격으로 거래할 방법으로 옵션을 이용하였다. 당시 중개업자들은 콜(call)을 매수하여 일정기간 후에 사전에 정해진 가격으로 튤립을 살 수 있게 되었고, 튤립재배자는 풋(put)을 매수하여 일정기간 후에 사전에 정해진 가격으로 팔 수 있게 되었다. 이후 1690년대 런던에서 최초로 주식을 대상으로 옵션거래를 시작하였고 19세기 말부터 뉴욕의 월가에서 장외거래 형태로 거래되면서 현대적인 옵션거래로 발전하였다.[5]

이와 같이 기초자산의 가격변동위험을 제거하여 안정적인 거래를 가능하게 하는 옵션(option)은 어떻게 정의되는가? 옵션은 계약당사자 간에 미리 정해진 특정일 또는 그 이전에 미리 정한 가격으로 기초자산을 사거나 팔 수 있는 권리이다. 여기서 특정일은 보통 최종거래일 또는 만기일(maturity date)이라 하고 미리 정한 가격은 행사가격(exercise price, strike price)이라고 한다. 살 수 있는 권리가 부여된 옵션은 콜옵션(call option)이라 하고 팔 수 있는 권리가 부여된 옵션은 풋옵션(put option)이라 한다.

이러한 옵션의 개념을 이해하기 위해 <그림 6-3>을 살펴보자. 예를 들어, 현재 5만원(현재현물가격: S_0)인 주식의 가격이 오를 것으로 예상하는 A가 만기일에 6만원(행사가격: X)에 살 수 있는 권리(콜옵션)를 B로부터 5천원(옵션가격＝프리미엄)에 매수하였다고 하자.

콜옵션 거래 후 시간이 흘러 만기일에 주식이 실제로 9만원(미래현물가격: S_T)이 되었다면 A는 권리를 행사하여 시가 9만원짜리 주식을 6만원에 살 수 있으며, 자본이득은 3만원($= S_T - X$)이 되고 비용 5천원을 고려하면 순이익은 2만 5천원이 된다. 만약 주식이 5만 3천원이 된다면 시가보다 비싼 6만원에 매수하여야 하므로 권리를 포기하고 옵션가격 5천원만큼의 손실을 입게 된다. A와 B는 제로섬 게임(zero-sum game)을 벌이며, A가 권리를 행사해서 이익을 내면 B는 그만큼 손실을 입는다.

한편, A가 B로부터 현재 5만원인 주식 1주를 만기일에 4만원(행사가격: X)에 팔 수 있는 권리(풋옵션)를 5천원에 매수하였다고 하자. 만기일에 주식이 실제로 1만원이 되었다면 A는 권리를 행사하여 시가 1만원짜리 주식을 4만원에 매도할 수 있으며, 자본이득은 3만원($= X - S_T$)이 되고, 비용 5천원을 고려하면 2만 5

---

5 이재하·한덕희 저, 「핵심파생상품론」, 박영사(2021), pp. 160-162 참조.

천원의 순이익을 얻는다. 만약 주식이 5만원이 된다면 시가보다 싼 4만원에 매도하여야 하므로 권리를 포기하고 옵션가격 5천원만큼의 손실을 입게 된다. 제로섬 게임에서 A가 이익을 내는 만큼 B는 손실을 입게 된다.

정리를 해 보면, 가격이 오를 것으로 예상될 경우 콜옵션을 매수하고, 가격이 내릴 것으로 예상될 경우 풋옵션을 매수한다. 또한, 옵션은 현재시점에서 옵션가격(옵션프리미엄)을 주고 사고팔고, 이익을 볼 수 있을 때에는 옵션을 행사하지만 손실을 보는 경우에는 옵션을 포기하는 '권리'이며, 매수자와 매도자는 항상 서로 '제로섬 게임'을 벌이게 된다.

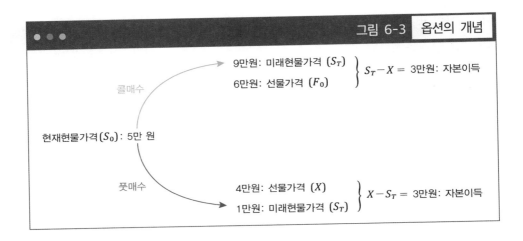

그림 6-3 **옵션의 개념**

읽을 거리

옵션 프리미엄 – '옵션'을 사고 파는 가격

옵션이란 특정 일자에 서로 약정한 가격으로 기초자산을 사거나 팔 수 있는 권리를 말한다. 옵션은 '선택'이라는 의미가 있다. 옵션거래에서 옵션을 매수한 사람은 권리를 행사할 것인지 아닌지를 선택할 수 있다. 이때 옵션 매수자 입장에서는 대상자산을 사거나 팔 수 있는 권한을 주므로 이에 대한 대가를 매도자에게 지급하게 되는데 이를 옵션가격, 즉 '옵션 프리미엄'이라고 한다. 매수자 입장에서는 대상자산을 사거나 팔 권리를 획득하기 위해서 매도자에게 지급하는 대가이고, 매도자 입장에서는 대상자산을 만료일에 행사가격으로 사거나 팔 권리를 매수자에게 인도하는 대가로서 받는 것이 옵션 프리미엄이다.

옵션 프리미엄은 기초자산의 변동성과 만기까지의 잔존기간에 따라 움직인다. 옵션 프리미엄은 행사가치와 시간가치라는 요소로 구성돼 있다. 행사가치는 옵션의 권리를 행사하는 경우 확실하게 얻어지는 이익으로 내재가치, 본질가치라고도 불린다. 권리행사가격과 기초자산의 가격만으로 결정된다. 시간가치는 매수자에게는 만기일까지 남은 기간 동안 옵션에서 얻어지는 이익과 회피할 수 있는 위험에 대한 기대치를 의미하고, 매도자에게는 얻는 것보다 잃는 것이 많을 수 있는 위험에 대한 대가를 의미한다. 예를 들면, 시장에서 10만원에 거래되는 금반지를 1년 후에 9만원에 살 수 있는 권리가 매매된다면 그 권리는 최소한 1만원 이상의 가치를 가지게 된다. 왜냐하면, 실제보다 훨씬 싸게 구매할 수 있기 때문이다.

만약 1년 후 금반지 가격이 15만원이 된다면 옵션을 보유한 사람은 15만원짜리 반지를 9만원에 사게 되므로 6만원의 이익을 얻게 되어서 최초에 지급한 옵션가격 1만원을 제하면 총 5만원의 이익이 발생한다. 이 경우 투자자는 옵션가격 1만원을 투자해 5만원의 수익을 올렸으므로 수익률은 500%가 되는 것이다. 반면 금반지 가격이 1년 후 5만원으로 하락한다면 옵션 보유자는 금반지를 9만 원에 구매할 수 있는 권리를 포기하게 되어 옵션매수에 사용되었던 옵션 프리미엄 즉 1만 원의 손실을 보게 된다.

같은 경우 옵션 매도자의 손익 계산은 어떨까. 옵션 매도자는 권리를 파는 조건으로 1만원을 받게 되지만 1년 후에 반지 가격이 15만원이 된다면, 15만원짜리 반지를 9만원에 팔아야 하므로 옵션가격으로 받았던 1만원을 고려하더라도 5만원의 손실이 발생한다. 만약 금반지 가격이 9만원 이하로 떨어진다면 옵션 매수자는 권리를 행사하지 않게 됨으로써 옵션가격 1만원이 옵션 매도자의 이익으로 남게 된다.

이처럼 옵션거래에서 옵션 매수자의 이익은 무한대인 반면 손실은 한정할 수 있는 장점이 있어 옵션 프리미엄을 지급해야 하고, 옵션 매도자는 손실이 커질 수 있는 부담을 안는 대신 옵션 프리미엄을 받게 되는 것이다.

[출처: 국제신문(www.kookje.co.kr) 2016. 6. 6.]

📊 02 │ 옵션의 종류

옵션은 앞에서 설명한 바와 같이 권리유형에 따라 콜옵션과 풋옵션으로 구분하는 것 외에도 다음과 같이 분류할 수 있다.

(1) 유럽형 옵션, 미국형 옵션

옵션은 권리행사 시기에 따라 유럽형 옵션(European option)과 미국형 옵션

(American option)으로 구분할 수 있다. 유럽형 옵션은 만기일에만 권리를 행사할 수 있는 옵션이고, 미국형 옵션은 만기일 이전 어느 시점에서도 권리행사가 가능한 옵션이다. 현재 한국거래소에 상장되어 있는 KOSPI200옵션, 미니KOSPI200옵션, KOSDAQ150옵션, 개별주식옵션, 미국달러옵션은 모두 유럽형 옵션에 해당된다.

(2) 내가격옵션, 등가격옵션, 외가격옵션

옵션의 행사가치 유무에 따라서 내가격(ITM: in-the-money)옵션, 외가격(OTM: out-of-the-money)옵션, 등가격(ATM: at-the-money)옵션으로 구분한다. 내가격옵션은 현재 현물가격이 행사가격에 비해 콜옵션의 경우 높고 풋옵션의 경우 낮은 옵션 즉, 당장 행사한다면 이익을 낼 수 있는 상태에 있는 옵션을 말한다. 외가격옵션은 현재 현물가격이 행사가격에 비해 콜옵션의 경우 낮고 풋옵션의 경우 높은 옵션 즉, 당장 행사한다면 이익을 낼 수 없는 상태에 있는 옵션을 말한다. 등가격옵션은 현물가격이 행사가격과 같은 옵션을 말한다.

(3) 상품옵션, 금융옵션

옵션은 기초자산의 종류에 따라서 크게 상품옵션(commodity option)과 금융옵션(financial option)으로 나눌 수 있다. 상품옵션은 기초자산이 농산물, 광산물, 에너지 등의 실물이고, 금융옵션은 기초자산이 금융상품이다. 한국거래소에는 상품옵션이 상장되어 있지 않으며, 금융옵션으로 KOSPI200옵션, 미니KOSPI200옵션, KOSDAQ150옵션, 개별주식옵션, 미국달러옵션이 상장되어 있다.

표 6-2 옵션의 분류

분류기준	구분	내용
권리유형	콜옵션	기초자산을 살 수 있는 권리
	풋옵션	기초자산을 팔 수 있는 권리
권리행사 시기	미국형 옵션	만기일 이전 어느 시점에서도 권리행사가 가능한 옵션
	유럽형 옵션	만기일에만 권리를 행사할 수 있는 옵션

행사가치 유무	내가격 옵션	행사가격＜기초자산가격(콜옵션의 경우)
		행사가격＞기초자산가격(풋옵션의 경우)
	등가격 옵션	행사가격＝기초자산가격(콜옵션의 경우)
		행사가격＝기초자산가격(풋옵션의 경우)
	외가격 옵션	행사가격＞기초자산가격(콜옵션의 경우)
		행사가격＜기초자산가격(풋옵션의 경우)
기초자산	상품옵션	농산물	치즈, 밀, 옥수수, 귀리, 대두, 대두박, 돈육, 생우, 목재 등
		광산물	금, 은, 동, 알루미늄 등
		에너지	에탄올, 난방유, 천연가스, 저유황 경질유, 휘발유, 브렌트유 등
	금융옵션	주식	KOSPI200옵션*, 미니KOSPI200옵션*, KOSDAQ150옵션*, 개별주식옵션*, S&P100지수옵션, S&P500지수옵션 등
		채권	T-bond옵션, T-note옵션, 유로달러옵션 등
		통화	미국달러옵션*, 영국파운드옵션, 일본엔옵션 등
		선물	10년T-note선물옵션 등

*: 한국거래소에 상장

📈 03 ｜ KOSPI200옵션

(1) KOSPI200옵션의 개요

1997년 7월에 상장된 KOSPI200옵션은 짧은 기간에 세계적인 파생상품으로 성장하였다. KOSPI200옵션은 실체가 없는 주가지수인 KOSPI200이 기초자산이 며 권리를 행사하면 현금으로 정산한다. KOSPI200옵션은 KOSPI200옵션가격(포인트)에 옵션 1계약당 25만원(거래단위 승수)을 곱하여 현금으로 환산한다.

KOSPI200옵션이 상장되는 결제월은 비분기월 4개 및 분기월 7개(3, 9월 각 1개, 6월 2개, 12월 3개)로 정하고 있다. 예를 들어, 예를 들어, 오늘이 10월 25일이라면 올해 11월물, 12월물, 내년 1월물, 2월물, 3월물, 4월물, 6월물, 9월물, 12월물, 후년 6월물, 12월물이 상장되어 거래된다.

KOSPI200옵션을 최종적으로 거래할 수 있는 날인 최종거래일은 각 결제월의 두 번째 목요일(휴일일 경우는 순차적으로 앞당김)이다. 최종결제일은 최종거래일(T)의 다음 거래일(T+1)로 정하여 놓고 있으며, 결제방법은 현금결제로 정하고 있다.

표 6-3 KOSPI200옵션 거래명세

	KOSPI200옵션
기초자산	KOSPI200지수
거래단위	KOSPI200옵션가격×25만원(거래승수)
결제월	매월
상장결제월	비분기월 4개 및 분기월 7개(3, 9월 각1개, 6월 2개, 12월 3개)
가격 표시	프리미엄(포인트)
호가가격단위	• 프리미엄 10포인트 미만: 0.01포인트 • 프리미엄 10포인트 이상: 0.05포인트
최소가격변동금액	• 프리미엄 10포인트 미만: 2,500원(25만원×0.01포인트) • 프리미엄 10포인트 이상: 12,500원(25만원×0.05포인트)
거래시간	08:45-15:45(최종거래일 08:45-15:20)
최종거래일	각 결제월의 두 번째 목요일(공휴일인 경우 순차적으로 앞당김)
최종결제일	최종거래일의 다음 거래일
권리행사	최종거래일에만 가능(유럽형)
결제방법	현금결제

한편, 투자자들이 옵션가격을 조정하여 거래를 체결하고자 할 때 옵션가격이 최소한으로 움직일 수 있는 수준을 정해 놓아야 한다. 다시 말하면 투자자가 주문을 제출할 때 표준화된 호가단위(tick), 즉 최소가격변동단위를 따라야 한다. KOSPI200옵션의 호가단위는 옵션가격이 10포인트 이상인 경우에는 0.05포인트 단위이고, 옵션가격이 10포인트 미만인 경우에는 0.01포인트 단위로 제시된다.

따라서 옵션가격이 10포인트 이상일 경우 옵션가격이 0.05포인트 움직일 때마다 1계약당 12,500원(＝0.05×25만원)의 손익이 발생하게 되고, 옵션가격이 10포인트 미만일 경우에는 옵션가격이 0.01포인트 움직일 때마다 1계약당 2,500원(＝0.01×25만원)의 손익이 발생한다.

읽을 거리

하루 약 500배의 투자대박

2001년 9월 11일에 발생한 미국의 동시다발 테러사태의 충격으로 종합주가지수가 540.57에서 475.60으로 12% 하락하여 KOPSI200옵션시장에서 하루에 504배짜리 대박이 터지는 사건이 일어났다. 이 옵션 대박사례는 개인투자자들에게 옵션시장에 대한 관심을 폭발시키는 계기가 되어 2002년의 옵션시장 거래규모가 엄청나게 증가하게 되었다.

KOPSI200옵션의 거래대상인 KOPSI200은 미국에서 테러가 일어나기 하루 전에 66.55로 마감되었는데, 9/11테러가 터지고 9월 12일에 장이 개장되자 KOPSI200은 58.59로 폭락하였다. 이러한 지수의 폭락은 행사가격이 62.5인 풋옵션의 전일종가를 0.01(1천원＝0.01×10만원)에서 5.05(50만 5천원＝5.05×10만원)로 상승시켜 옵션투자 대박이 나타나게 된 것이다. 실제로 한 개인투자자가 이 풋옵션에 1천만원으로 1만계약을 사서 불과 하루만에 50억 5천만원(＝5.05×1만계약×10만원)을 벌어 약 500배의 투자대박을 터뜨렸다.

이러한 현상이 벌어지는 이유는 옵션이 권리를 매매하는 계약이기 때문이다. KOPSI200옵션은 지수×10만원(2012년 3월 9일에 50만원으로 변경하였다가 2017년 3월 27일부터 25만원으로 다시 변경함)을 사거나 팔 권리를 매매한다. 따라서 위의 투자 대박을 터뜨린 투자자는 9월 11일 당시의 주가를 본다면 시장가격이 665.5만원(＝66.55×10만원)에 해당하는 지수를 625만원(＝62.5×10만원)에 팔 권리를 옵션가격 중 가장 낮은 1천원을 주고 구입한 것이다. 이 풋옵션 가격이 낮은 것은 이 옵션을 구매하게 되면 남들보다 아주 싸게 파는 권리를 가지게 되기 때문이다.

[출처: 「만화로 보는 선물·옵션이야기」, 한국거래소, pp. 134-136 수정]

<표 6-4>의 KOSPI200옵션 시세에서 행사가격이 커지면 콜옵션의 가격은 하락하고 풋옵션의 가격은 상승하는 것을 볼 수 있다. 예를 들어, 콜옵션 5월물에서 행사가격 252.5인 콜옵션가격이 3.40인데 행사가격이 267.5로 커지면 콜옵션 가격은 0.04로 하락하고 있다.

표 6-4 **KOSPI200옵션 시세(20XX. 4. 16)**

(단위: 포인트, 계약)

	종목명	현재가	전일대비	거래량	매수호가	매도호가	미결제약정
	KOSPI200	253.04	▼1.45	78716천주			
콜옵션	5월물						
		267.5	0.04	▼0.03	41632	0.04	0.05	33070
		265.0	0.10	▼0.03	57683	0.1	0.11	46648
		262.5	0.24	▼0.06	109933	0.24	0.25	39529
		260.0	0.55	▼0.12	160647	0.55	0.56	34120
		257.5	1.12	▼0.20	140881	1.12	1.13	21741
		255.0	2.09	▼0.22	131841	2.08	2.09	16933
		252.5	3.40	▼0.35	13052	3.35	3.4	12810
	6월물	267.5	1.09	▼0.13	2283	1.08	1.09	3944
		265.0	1.59	▼0.14	1868	1.58	1.59	5788
		262.5	2.18	▼0.16	1799	2.15	2.18	2394
		260.0	2.93	▼0.22	565	2.93	2.94	1989
		257.5	3.75	▼0.35	240	3.75	3.95	700
		255.0	5.15	▼0.25	341	5	5.15	946
		252.5	6.45	▼0.20	93	6.35	6.5	634
풋옵션	5월물	252.5	2.07	▼0.03	111280	2.06	2.08	11067
		250.0	1.26	▼0.05	117064	1.26	1.27	17343
		247.5	0.75	▼0.04	115110	0.74	0.75	21400
		245.0	0.43	▼0.05	89882	0.43	0.44	27742
		242.5	0.25	▼0.03	66333	0.24	0.25	38014
		240.0	0.16	▼0.02	59463	0.15	0.16	32142
		237.5	0.09	▼0.02	32825	0.09	0.1	36094
	6월물	252.5	4.50	▲0.10	220	4.5	4.6	1245
		250.0	3.55	▲0.05	549	3.5	3.65	2247
		247.5	2.80	▼0.01	754	2.79	2.85	1047
		245.0	2.13	▼0.07	1236	2.13	2.2	3416
		242.5	1.68	▼0.02	1022	1.67	1.68	2681
		240.0	1.27	▼0.01	1617	1.27	1.29	5313
		237.5	0.96	▼0.01	1799	0.93	0.96	5940

반대로 풋옵션 5월물에서 행사가격 237.5인 풋옵션가격이 0.09인데 행사가격이 267.5로 커지면 풋옵션가격이 1.09로 커지고 있다. 이러한 현상은 콜옵션의 경우 행사가격이 커질수록 이익이 작아지고 반대로 풋옵션의 경우는 행사가격이 커질수록 이익이 커지기 때문이다.

한편, 콜옵션과 풋옵션 모두 만기가 길수록 옵션가격이 커짐을 볼 수 있다. 예를 들어, 행사가격이 252.5인 5월물 콜옵션의 가격은 3.40인데, 6월물 콜옵션의 가격은 6.45로 올라갔다. 이것은 만기가 길수록 미래 불확실성이 커지고 이러한 위험을 관리할 수 있는 옵션의 가치는 커지기 때문이다.

(2) 옵션의 수익구조

1) 콜옵션 매수

콜옵션 매수는 현물가격의 상승이 예상되는 강세시장에 유리한 전략이다. 예를 들어, 행사가격(X)이 100인 콜옵션을 20을 주고 매수하였는데 만기 시의 현물가격(S_T)이 80이 되었다고 하자. 이처럼 행사가격(X) 100보다 작을 경우에는 콜옵션매수자는 권리행사를 하지 않을 것이다. 왜냐하면 권리행사를 하면 가격이 80인 현물을 100의 가격을 주고 사게 되어 손실이 나기 때문이다.

하지만 만약 만기 시의 현물가격(S_T)이 120으로 행사가격 100보다 클 경우에는 콜옵션매수자는 권리를 행사하여 수익을 얻는다. 왜냐하면 권리를 행사할 경우 가격이 120인 현물을 100을 주고 살 수 있기 때문이다.

이와 같이 콜옵션을 매수했을 경우의 손익구조를 <그림 6-4>에 나타내었다. $S_T < X$인 경우에 수익선은 권리행사를 하지 않기 때문에 수익이 0이 되므로 X축과 동일한 수평선으로 그려진다. $S_T > X$인 경우에는 권리행사를 하여 20($= 120 - 100 = S_T - X$)만큼의 수익을 얻게 되고, S_T가 클수록 수익도 점점 커진다. 예를 들어, S_T가 110일 때 수익은 10, S_T가 120일 때 수익은 20, S_T가 130일 때 수익은 30이 된다. 이렇게 구해진 손익을 Y축으로, 현물가격을 X축으로 하여 콜옵션 매수의 손익구조를 그림으로 나타내면 우상향하는 수익선으로 나타난다.

이익(profit)은 수익(payoff)에서 비용(cost)을 차감한 것이므로 이익선은 수익선에서 비용인 콜옵션 매수가격 20을 차감하여 그려준다. 결국 콜옵션 매수의 손익구조를 보면, 현물의 가격이 아무리 떨어져도 손실은 옵션가격 20으로 한정되는 반면, 이익은 현물가격이 올라가면 갈수록 무한대로 상승한다.

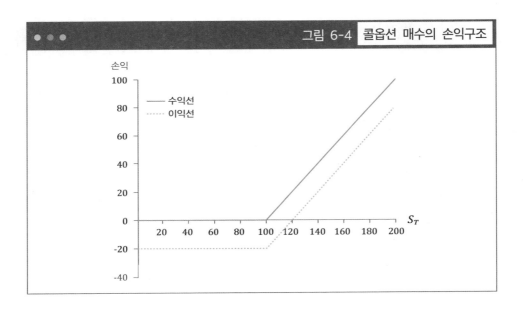

그림 6-4 콜옵션 매수의 손익구조

2) 콜옵션 매도

콜옵션 매도는 현물가격의 하락이 예상되는 약세시장에서 프리미엄만큼의 한정된 이익을 목표로 하는 전략이다. 콜옵션을 매도했을 경우의 손익구조를 <그림 6-5>에 나타내었다.

예를 들어, 행사가격(X)이 100인 콜옵션을 20을 받고 매도하였는데 만기 시의 현물가격(S_T)이 80이 되었다고 가정하자. $S_T < X$인 경우에 콜옵션매수자가 권리행사를 하지 않으므로 콜옵션매수자의 수익은 0이 되고, 콜옵션매수자의 거래상대방인 콜옵션매도자의 수익도 −0이 되어 수익선은 X축과 동일한 수평선이 된다.

하지만 $S_T > X$인 경우 S_T가 클수록 손실도 점점 커진다. 예를 들어, 콜옵션매수자의 수익은 S_T가 110일 때 10, S_T가 120일 때 20, S_T가 130일 때 30이 되는 반면, 콜옵션매도자의 수익은 −10, −20, −30이 되어 손실이 발생하므로 우하향하는 수익선으로 나타난다.

이익선은 수익선에서 비용인 −20을 차감하여 그려주면 된다.[6] 결국 콜옵션 매도의 손익구조를 보면 현물의 가격이 행사가격 이하로 하락하게 되면 옵션가격 20의 고정된 이익을 얻게 되는 반면 행사가격 이상으로 현물가격이 올라가게 되면 무한대의 손실까지 볼 수 있게 된다.

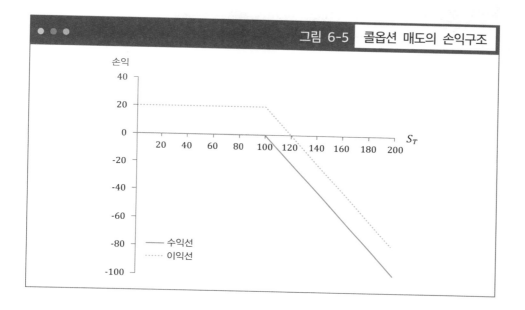

그림 6-5 콜옵션 매도의 손익구조

3) 풋옵션 매수

풋옵션 매수는 현물가격의 하락이 예상되는 약세시장에 유리한 전략이다. 풋옵션을 매수했을 경우의 손익구조를 <그림 6−6>에 나타내었다.

행사가격(X)이 100인 풋옵션을 20을 주고 매수하였다고 하자. 만기 시의 현물가격(S_T)이 행사가격(X)보다 낮은 경우, 즉 $S_T < X$인 경우 권리행사를 하면 S_T가 예를 들어, 90, 80, 0일 때 수익이 각각 10(=100−90), 20(=100−80), 100(=100−0)이 된다. 하지만 $S_T > X$일 경우 예를 들어, S_T가 120일 때 120짜리를 100에 팔 이유가 없으므로 권리를 행사하지 않으므로 수익은 0이 되어 X축과 동일하게 수평인 수익선이 그려진다.

---

6 옵션을 매도했으므로 비용은 옵션가격만큼의 현금유입이 비용이 된다. 따라서 이익＝수익－비용＝수익－(−20)＝수익＋20이 된다.

이익선은 수익선에서 풋옵션을 매수한 금액 20을 차감하여 그려주면 된다. 결국, 풋옵션 매수의 손익구조를 보면, 현물의 가격이 하락할수록 이익은 커지게 되는 반면, 현물가격이 올라가면 손실은 옵션가격인 20으로 한정된다.

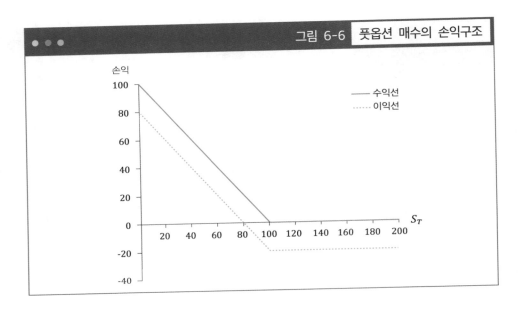

그림 6-6 | 풋옵션 매수의 손익구조

4) 풋옵션 매도

풋옵션 매도는 현물가격의 상승이 예상되는 강세시장에서 프리미엄(옵션가격)만큼의 한정된 이익을 목표로 하는 전략이다. 풋옵션매도자는 매수자의 요청에 의해 행사가격에 현물을 매수할 의무가 있으므로 시장이 하락할 경우에 큰 손실을 보게 될 위험이 따른다.

풋옵션매도자는 풋옵션매수자와 제로섬 게임을 벌이게 되므로, 풋옵션매도자의 손익은 풋옵션매수자와 정반대가 된다. 풋옵션을 매수했을 경우의 손익구조를 <그림 6-7>에 나타내었다.

예를 들어, 행사가격(X)이 100인 풋옵션을 20을 주고 매도하였다고 하자. 만기 시의 현물가격(S_T)이 90이면 풋옵션매수자는 권리행사를 하여 10의 이익을 얻지만 거래상대방인 풋옵션매도자는 10의 손실을 보게 된다. 즉, $S_T < X$일 경우 수익은 $-(X - S_T)$가 된다. 예를 들어, S_T가 90일 때 $-10 (= -(100 - 90))$, S_T

가 80일 때 $-20(=-(100-80))$, S_T가 0일 때 수익은 $-100(=-(100-0))$이 된다.

만약 만기 S_T가 예를 들어, 110이면 풋옵션매수자는 권리를 행사하지 않으므로 풋옵션매수자의 수익은 0이 되고, 풋옵션매수자의 거래상대방인 풋옵션매도자의 수익도 -0이 된다. 즉, $S_T > X$일 경우 수익은 0이 되어 X축과 동일한 수평선으로 수익선이 그려진다.

이익선은 수익선에서 비용인 -20을 차감하여 그려주면 된다. 현물가격이 행사가격 이하로 하락할수록 손실폭이 커지며 행사가격 이상으로 상승하면 옵션가격 20의 고정된 이익을 얻게 된다.

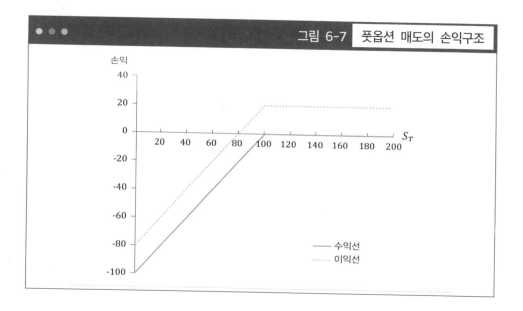

그림 6-7 　풋옵션 매도의 손익구조

section 03　스왑

📊 01 ┃ 스왑의 개요

스왑(swap)은 장내파생상품인 선물 및 옵션과 달리 장외에서 거래가 이루어지는 장외파생상품이며, 대표적으로 이자율스왑(interest rate swap)과 통화스왑

(currency swap)이 있다. 역사적으로 스왑의 출현은 1970년대 브레튼우즈체제의 붕괴 이후로 본다. 환율의 변동성 확대에 따른 환위험 헷지의 필요성으로 스왑이 등장했다. 그 당시 등장한 상호융자(parallel loan)나 직접상호융자(back-to-back loan)가 오늘날 스왑의 원형으로 평가되고 있다.

(1) 상호융자

상호융자는 국적이 다른 두 기업이 서로 상대방 국가에 설립한 자회사를 통하여 동일한 액수를 각자 자국통화로 동일한 기간 상호간에 빌려주는 것이다. 예를 들어, 미국의 모회사가 미국에 있는 한국 자회사에게 달러를 대출해 주는 동시에 한국의 모회사가 한국에 있는 미국 자회사에게 원화를 대출해 주는 계약을 말한다. 이때 자회사에 대출하는 달러와 원화의 원금은 계약 시의 현물환율로 하고, 이자율은 시장금리로 이루어진다. 이 상호융자는 실제로 2개의 별개의 대출계약으로 본다.

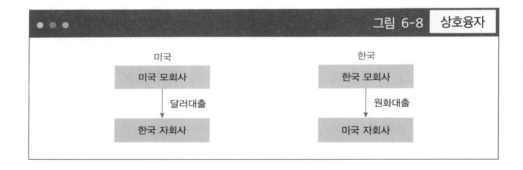

그림 6-8 상호융자

(2) 직접상호융자

직접상호융자(back-to-back loan)는 국적이 다른 두 모기업이 직접 서로에게 대출을 해 주는 계약이다. 예를 들어, 미국의 모회사가 한국의 모회사에게 5년 동안 1억 달러를 대출하고 한국의 모회사는 미국의 모회사에게 1,150억원($1=₩1,150일 경우)을 대출한 다음, 5년의 계약기간 동안 서로 이자를 주고받고 계약 만료시점에 원금을 되돌려 받는다.

직접상호융자가 생성된 이유는 비교우위 때문이다. 즉, 한국의 모회사는 미국

시장보다 상대적으로 싼 비용으로 한국시장에서 원화를 조달할 수 있고, 미국의 모회사도 한국시장보다 상대적으로 싼 비용으로 미국시장에서 달러를 조달할 수 있기 때문에 서로 상대적으로 싼 비용으로 자국통화를 자국 내에서 조달하여 서로 교환하는 거래를 하면 이익이 되기 때문이다.

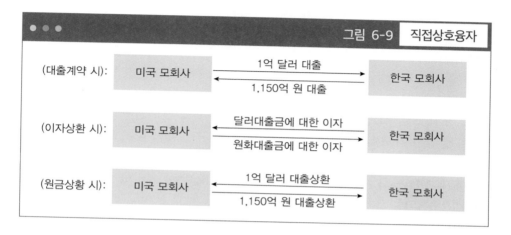

그림 6-9 **직접상호융자**

(대출계약 시): 미국 모회사 ← 1억 달러 대출 / 1,150억 원 대출 → 한국 모회사

(이자상환 시): 미국 모회사 ← 달러대출금에 대한 이자 / 원화대출금에 대한 이자 → 한국 모회사

(원금상황 시): 미국 모회사 ← 1억 달러 대출상환 / 1,150억 원 대출상환 → 한국 모회사

통화스왑은 이러한 직접상호융자에서부터 발전되었다. 실제로 처음으로 공개된 스왑거래는 1981년 Salomon Brothers사의 주선으로 세계은행(World Bank)과 IBM 간에 이루어진 통화스왑이었다. 세계은행은 2억 9,000만 달러를 IBM에게 지급하고 IBM은 동일한 금액을 독일 마르크화와 스위스프랑으로 지급하였다. 이후 이 개념을 활용하여 이자율스왑도 거래되기 시작하는 등 비약적으로 발전하였다.

읽을 거리

한·중통화스왑 사실상 연장

한국과 중국이 원화와 위안화를 맞교환하는 통화스왑 연장에 합의했다. 한·중 통화스왑 연장으로 한국은 든든한 외환 안전판을 유지할 수 있게 됐다. 지난 1월 일본과의 통화스왑 재개 협상이 결렬된 뒤 한·중 통화스왑까지 사라지면 외환 관리 부담이 커질 수밖에 없어서다. 위안화 국제화를 추진하는 중국 입장에서도 홍콩(4,000억 위안)에 이어 두 번째로 규모가 큰 한·중 통화스왑을 유지하며 위안화 위상 강화에 박차를 가할 수 있게 됐다. 통화스왑은 특정한 날짜나 기간(만기)을 정해 기간 내에 미리 약속한 환율에 따라 서로 다른 통화를 교환하는 외환 거래를 뜻한다.

원래는 금융시장에서 거래되는 파생상품 중 하나였다. 하지만 외환위기와 세계금융위기를 거치며 각국 중앙은행 사이의 통화스왑 협정이 주목을 받게 됐다. 외환보유액이 바닥날 경우에 대비해 자국 통화를 상대방 중앙은행에 맡기고 그에 상응하는 외화를 빌려와 쓸 수 있기 때문이다. 외화보유액이 유사시를 대비한 '적금'이라면, 통화스왑은 일종의 외화 '마이너스 통장'인 셈이다. 한국은행에 따르면 한·중 통화스왑 규모는 3,600억 위안(약 560억 달러)이다. 다자간 체결된 치앙마이이니셔티브(CMIM)에서 빌릴 수 있는 384억 달러를 포함한 한국의 총 계약체결액(1,222억 달러)의 46%를 차지한다. 반면 한·중 통화스왑 규모는 중국의 양자 간 통화스왑 총액의 11.8%다.

중앙은행간 통화스왑이 처음 등장한 것은 2001년 9·11테러 때다. 금융시장의 일시적인 유동성 경색을 막기 위해 미연방준비제도(Fed)는 영국·캐나다·유럽의 중앙은행과 900억 달러 규모의 통화스왑 협정을 맺었다. 기간은 30일로 짧았다. 세계금융위기를 맞으며 통화스왑은 국제통화체계의 중요 수단으로 부각됐다. 금융시장의 신용경색을 막기 위해 미연방준비제도(Fed)가 통화스왑 라인을 통해 외환안전망을 구축한 것이다. 미연방준비제도(Fed)는 2007~2008년 유럽중앙은행(ECB)·스위스·한국 등 14개국 중앙은행과 양자 간 통화스왑 협정을 맺었다. 체결액만 5,800억 달러에 달했다. 국제통화기금(IMF)의 자금공여액의 4배에 이르는 액수였다.

프랑스 최대 싱크탱크인 국제정보전망연구소(CEPII)는 "통화스왑을 통해 미연방준비제도(Fed)가 전 세계의 최종 대부자(lender of last resort)의 역할을 맡게 됐다"며 "브레튼우즈체제 붕괴 이후 발생한 통화와 금융시장의 불안정을 다루는 최신 수단으로 통화스왑이 등장했다"고 분석했다. CEPII에 따르면 중앙은행 간 통화스왑은 중앙은행의 무제한적이며 배타적인 통화 창출 능력과 국제자본흐름의 변동성이 결합해 나타난 산물이다. 예외적이며 한시적인 수단이지만 외화부족으로 유동성 위기에 놓였을 때 외환보유액처럼 꺼내 쓸 수 있는 만큼 외환당국에는 '보험'의 성격이 강하다. 외환보유액의 감소도 막을 수 있다. 시장의 심리적 안정도 기대할 수 있다. IMF 구제금융에 따르는 정책이행수단(conditionality)이 없는 것도 각국이 통화스왑을 선호하는 이유다.

1997년 외환위기를 경험한 한국 정부에 외환안전망인 통화스왑은 꼭 필요했다. 2008년 세계금융위기의 충격에서 한국도 예외는 아니었다. 외화 유동성 위기설에 휩쓸렸다. 국내 금융시장도 패닉에 빠졌다. 고조되던 위기감을 일거에 날린 것이 통화스왑 협정이었다. 그 해 10월 30일 미국과 300억 달러 규모의 통화스왑을 체결했다. 뒤이어 일본·중국과도 각각 300억 달러의 통화스왑 협정을 맺었다. 시장은 안정을 찾았다. 금융위기의 충격을 막는 '안전판'의 역할을 톡톡히 한 것이다.

한국이 주요국 중앙은행과 통화스왑 협정을 맺기는 만만치 않았다. 미국은 협정체결에 소극적이었다. 일본과 유럽연합(EU)·스위스 등 선진국과 협정을 맺었다. 이명박 전 대통령의 자서전에 따르면 강만수 당시 기획재정부 장관이 "한국이 보유한 미국국채를 내다팔면 통화스왑 없이도 위기관리가 가능하다"고 압박하자 미국이 통화스왑 체결에 동의했다.

당시 일본이 냉담한 태도를 보이자 중국을 먼저 공략했다. 위안화 국제화를 추진하면서 각국 정부와 공격적으로 통화스왑 협정을 맺고 있던 중국의 문을 두드린 것이다. 셰쉬런(謝旭人) 중국 재정부장에게 "한중 통화스왑이 기축통화로 가는 첫걸음이 될 수 있다"고 설득해 40억 달러 규모의 통화스왑을 300억 달러(1,800억 위안)로 늘렸다. 중국이 움직이자 일본도 입장을 바꿔 300억 달러 규모의 통화스왑을 체결했다.

한·중 통화스왑은 2011년 3,600억 위안으로 확대됐다. 2014년에 3년 연장됐다. 한·일 통화스왑은 유럽재정위기 확산 가능성이 커지자 2011년 10월 1년 한시로 700억 달러까지 늘었다. 한·일 통화스왑 규모는 2013년 7월 100억 달러로 줄어든 뒤 2015년 2월 종료됐다.

미국은 한국과의 통화스왑 체결에 냉담하다. 일본과의 통화스왑도 정치적 문제가 걸림돌로 작용하고 있다. 지난해 8월 협상이 재개됐지만 올 1월 '소녀상' 갈등으로 일본이 협상 중단을 선언했고 한국정부도 굳이 먼저 나서 통화스왑을 '구걸'하지는 않겠다는 입장이기 때문이다. 하지만 외환보유액이 아무리 많아도 위기 발발시 외환이 썰물처럼 빠져나갈 수 있는 만큼 기축통화국과의 통화스왑 체결이 필요하다는 게 전문가들의 진단이다.

통화스왑이라는 외환안전망 구축에 나선 곳은 한국만이 아니다. 세계금융위기 등을 거치며 각국 중앙은행도 발빠르게 움직이고 있다. 미연방준비제도(Fed)와 유럽중앙은행(ECB), 영국·일본·스위스·캐나다 6개국 중앙은행은 2013년 상시 통화스왑 계약을 맺었다. 자국 내 달러 유동성이 부족하면 다른 중앙은행에서 만기 3개월짜리 단기 유동성 대출 공급을 해주는 것이다. 중국은 위안화 국제화를 위해 통화스왑을 적극 활용하고 있다. 중국 인민은행에 따르면 7월말 현재 중국은 32개국과 3조 510억 위안의 통화스왑을 체결한 상태다. 일본은행도 역내 영향력 강화 수단으로 통화스왑을 활용하는 모양새다. 싱가포르와 호주에 이어 올 들어 태국(30억 달러)과 필리핀(120억 달러) 등과 양자 간 통화스왑 협정 체결했다.

[출처: 중앙일보(joongang.joins.com), 2017. 10. 13. 수정]

📊 02 │ 이자율스왑

이자율스왑(IRS: interest rate swap)은 각 거래 당사자가 일정 기간 동안 한쪽은 고정이자를 지급하고 다른 한쪽은 변동이자를 지급하는 거래이다. 일반적으로 서로에게 빌려주는 금액이 단일통화이고 그 금액이 같기 때문에 원금의 실제교환은 일어나지 않는다.

예를 들어, A와 B가 기준원금 $100만에 대해서 5년 동안 기간 말에 A는 고정이자율 4%를 지급하고 B는 변동이자율을 지급하는 이자율스왑계약을 맺었다고 하자. 오늘 변동이자율은 3.8%이다. 이 경우 A는 첫 번째 기간 말에 고정이자 $40,000(=$100만×4%)을 지급하는 대신 변동이자 $38,000(=$100만×3.8%)를 받게 된다.

<그림 6–10>에서 위 화살표는 A가 받는 변동이자로서 현금유입을 나타내고, 아래 화살표는 A가 주는 고정이자로서 현금유출을 나타낸다. 계약체결 시점의 변동이자율은 3.8%이지만, 2차년도 이후부터의 변동이자는 현재 시점에서는 알 수 없다. 만약 2차년도의 변동이자율이 4%보다 높다면 A는 B보다 더 큰 이익을 얻을 수 있을 것이다. 한편, B는 A와 정반대의 현금흐름이 발생한다. 즉, 고정이자 $40,000을 받는 대신 변동이자를 지급하게 된다.

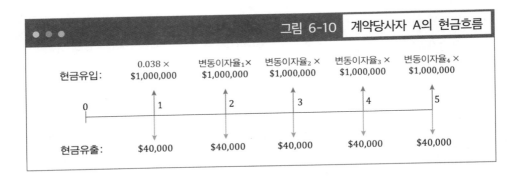

그림 6-10 계약당사자 A의 현금흐름

📊 03 | 통화스왑

통화스왑(CRS: currency swap)은 실제로 서로 다른 통화로 표시된 원금의 교환이 이루어지며 어느 한쪽이 상대방에 비해 특정 통화표시의 자금조달에 비교우위가 있을 때 이루어진다. 일반적으로 원금은 스왑계약이 시작되는 시점에서의 환율기준으로 동등하도록 결정된다.

예를 들어, $1=€0.7일 경우 명목원금은 $100,000,000와 €70,000,000이고, 스왑계약기간은 4년이라고 하자. 4년 동안 미국기업은 독일기업으로부터 €70,000,000

을 수취하고 유로화에 대한 고정이자율 5%를 지급하고, 독일기업은 미국기업으로부터 $100,000,000을 수취하고 달러화에 대해서 현재 연 3%의 변동이자율을 지급하는 통화스왑을 체결하였다.

이 경우, 미국기업의 현금흐름은 <그림 6-11>과 같다. 현재 미국기업은 독일기업에게 원금 $100,000,000을 지급하는 대신 동등한 금액 €70,000,000을 교환한다. 이후 스왑계약 기간에는 매년 고정이자 €3,500,000(=€70,000,000×5%)을 지급하는 대신 매년 변동이자(=$100,000,000×변동이자율)를 받는다. 그리고 스왑 종료시점에 원금을 다시 회수한다. 독일기업의 현금흐름은 미국기업의 현금흐름과 정반대로 나타나게 된다.

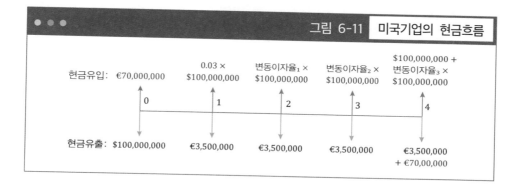

그림 6-11 미국기업의 현금흐름

- 선물: 의무, 제로섬 게임, 공짜거래

- 선물의 기능: 가격예시, 헷징, 투기

- KOSPI200선물

구분	KOSPI200선물
기초자산	KOSPI200지수
거래단위	KOSPI200선물가격×25만원(거래승수)
결제월	3, 6, 9, 12월
상장결제월	3년 이내의 7개 결제월(3, 9월: 각 1개, 6월: 2개, 12월: 3개)
가격표시방법	KOSPI200선물 수치(포인트)
호가가격단위	0.05포인트
최소가격변동금액	12,500원(25만원×0.05)
거래시간	08:45-15:45(최종거래일: 08:45-15:20)
최종거래일	각 결제월의 두 번째 목요일(공휴일인 경우 순차적으로 앞당김)
최종결제일	최종거래일의 다음 거래일
최종결제방법	현금결제

- 옵션: 권리, 제로섬 게임
  - 콜옵션: 기초자산을 살 수 있는 권리
  - 풋옵션: 기초자산을 팔 수 있는 권리
  - 유럽형옵션: 만기일에만 권리 행사
  - 미국형옵션: 만기일 이전 어느 시점에서도 권리행사
  - 내가격옵션: 콜옵션(행사가격<기초자산가격), 풋옵션(행사가격>기초자산가격)

- 등가격옵션: 콜옵션(행사가격＝기초자산가격), 풋옵션(행사가격＝기초자산가격)
- 외가격옵션: 콜옵션(행사가격＞기초자산가격), 풋옵션(행사가격＜기초자산가격)

- KOSPI200옵션

	KOSPI200옵션
기초자산	KOSPI200지수
거래단위	KOSPI200옵션가격×25만원(거래승수)
결제월	매월
상장결제월	비분기월 4개 및 분기월 7개(3, 9월 각1개, 6월 2개, 12월 3개)
가격 표시	프리미엄(포인트)
호가가격단위	•프리미엄 10포인트 미만: 0.01포인트 •프리미엄 10포인트 이상: 0.05포인트
최소가격변동금액	•프리미엄 10포인트 미만: 2,500원(25만원×0.01포인트) •프리미엄 10포인트 이상: 12,500원(25만원×0.05포인트)
거래시간	08:45-15:45(최종거래일 08:45-15:20)
최종거래일	각 결제월의 두 번째 목요일(공휴일인 경우 순차적으로 앞당김)
최종결제일	최종거래일의 다음 거래일
권리행사	최종거래일에만 가능(유럽형)
결제방법	현금결제

- 옵션수익구조

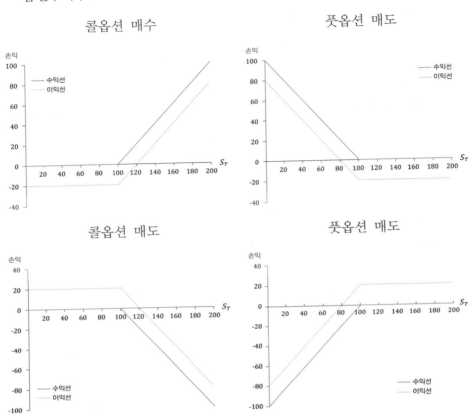

- 스왑: 상호융자, 직접상호융자 → 통화스왑, 이자율스왑

chapter
07 다양한 금융투자상품

펀드(집합투자기구)

01 | 간접투자의 이해

투자자가 투자를 하는 방법은 크게 직접투자와 간접투자 두 가지가 있다. 직접투자는 투자자 자신이 주식, 채권 혹은 파생상품 등에 직접 위험부담을 지면서 거래하는 것이고, 간접투자는 남한테 내 돈을 맡겨서 투자하는 것을 말한다. 투자자는 많은 금융자산 중 무엇을 어떻게 사야 하며, 투자 후의 원금손실에 대비한 위험관리는 어떻게 할 것인가 등으로 직접 투자하기가 쉽지 않다. 오늘날 무수히 쏟아져 나오는 다양한 금융상품들은 이러한 고민을 더욱 가중시킨다.

이에 영국 및 미국 등의 선진국에서는 일찍이 경제발전과정에서 자연적으로 장기 안정적인 수익을 추구하면서 직접투자의 고민을 해결할 수 있는 간접투자가 정착되어 발전하였다. 대표적인 간접투자는 펀드(fund)라고 불리는 금융상품이다.

1868년 영국에서 설립된 투자신탁(Foreign and Colonial Investment Trust)이 최초의 투자펀드이다. 이 투자신탁은 '투자'와 '신탁'이 합쳐진 말로서 투자자가 투자자산을 펀드운용자인 수탁자에게 납입하고 펀드운용자는 투자자산을 운용하여 확정수익률을 약속하는 것이었다. 하지만 이러한 구조의 투자신탁은 약정수익률을 지급하지 못하여 쇠퇴하게 되었고 이후 미국으로 전파된 투자펀드는 투자자산을 회수할 수 있도록 환매를 해주는 뮤추얼 펀드(mutual fund)라는 이름으로 정착되어 발전되었다.

우리나라에서는 펀드라는 명칭을 2004년에 시행된 「간접투자자산운용법」에서 '간접투자기구'라는 용어로 사용하였다가 2009년 「자본시장과 금융투자업에 관한 법률(이하 자본시장법)」이 시행되면서 '집합투자기구'로 변경하여 지칭하고 있다. 하지만 일반적으로 실무에서는 펀드(이하 집합투자기구를 펀드라고 함)라고 부르는 것이 보통이다.

펀드는 불특정 다수의 투자자로부터 자금을 모아 자산을 운용하는 회사가 주식 및 채권 등 다양한 투자상품에 분산투자하여 벌어들인 수익을 각 개별투자자에게 투자비율에 따라 배분하는 것을 말한다. 투자자산의 운용결과에 따라 높은 수익을 얻을 수도 있고 원금손실이 생길 수도 있다. 투자자의 투자자산에 원금손실이 발생하더라도 그 책임은 전적으로 투자자 자신이 지며 어느 누구도 손실을 보전해 주지 않는다. 투자자는 펀드에 투자하기 전에 펀드의 특징이나 어느 자산에 투자하는지 등에 대해서 잘 확인해야 한다.

📊 02 │ 펀드투자 과정

현행 「자본시장법」에서 집합투자기구로 칭하는 펀드는 집합투자를 수행하는 기구로 정의하고 있다. 집합투자란 2인 이상의 투자자로부터 모은 금전 등을 투자자로부터 일상적인 운용지시를 받지 아니하면서 재산적 가치가 있는 투자대상을 취득·처분, 그 밖의 방법으로 운용하여 그 결과를 투자자에게 귀속시키는 것을 말한다.

펀드를 「자본시장법」상의 법적 형태에 따라 구분하면 크게 투자신탁과 투자회사로 구분한다. 투자신탁은 계약의 형태(계약형 펀드)로, 투자회사는 회사의 형태(회사형 펀드)로 이루어진 펀드이지만 펀드의 판매 및 운용 등 경제적으로는 차이가 없다.

구체적으로 펀드투자의 대가로 투자신탁의 수익증권을 소유하여 투자결과에 따른 수익을 받는 수익자가 되는 구조가 투자신탁이다. 마찬가지로 펀드투자의 대가로 투자회사의 주식을 소유하여 투자결과에 따른 수익을 배분받는 주주가 되는 구조가 투자회사다. 계약형 펀드인 투자신탁은 수익증권, 회사형 펀드인 투자회사는 뮤추얼 펀드라고 부르기도 한다.

(1) 투자신탁(계약형 펀드, 수익증권)

투자신탁(계약형 펀드, 이하 수익증권)은 투자하는 것을 누군가에게 맡긴다(신탁한다)는 의미이다. 펀드관련 업무는 <그림 7-1>에서 보듯이 판매회사(투자매매업자, 투자중개업자), 자산운용회사(집합투자업자), 수탁회사(신탁업자)가 한다. 판매회사는 펀드 판매(펀드 가입 및 출금)업무를 담당하는 회사이다. 자산운용회사는 투자자로부터 모은 자금을 주식, 채권, 파생상품, 부동산 등에 투자운용하는 회사이다. 신탁회사는 투자자의 펀드 재산을 안전하게 보관 및 관리하고, 자산운용회사의 펀드운용을 감시하는 역할을 하는 회사이다.

구체적으로, 투자자가 판매회사를 통해 펀드설정계약서를 작성하여 펀드에 가입하고 투자자금을 입금하면 수익증권을 받는다. 수익증권을 소유한 투자자는 투자한 원금의 상환 및 이익의 분배 등에 관하여 수익증권의 좌수에 따라 균등한 권리를 갖는다. 입금된 투자자금이 신탁회사에게로 즉시 송금되면 제3자인 자산운용회사(집합투자업 인가를 받은 집합투자업자(소위 펀드매니저))가 신탁회사에게 운용을 지시하여 투자대상자산에 투자하게 된다.

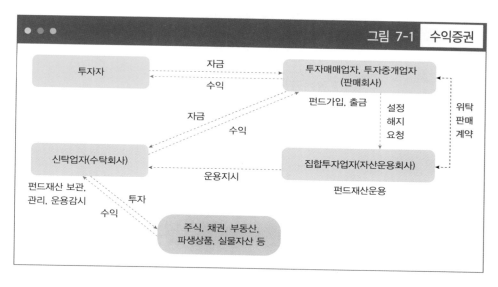

그림 7-1 수익증권

(2) 투자회사(회사형 펀드, 뮤추얼 펀드)

투자회사(회사형 펀드, 이하 뮤추얼 펀드)는 「상법」상 주식회사이다. 하지만 실제로 사람이 근무하지 않는 서류상의 회사인 무인회사이다. 우리나라에서 뮤추얼 펀드는 수익증권보다는 덜 활성화되어 있다. 왜냐하면 뮤추얼 펀드는 회사형이기 때문에 「상법」상의 회사와 관련된 규정 준수 등 수익증권과 비교할 때 불편한 점이 많기 때문이다.

뮤추얼 펀드는 다수의 투자자로부터 자금을 모집하여 투자대상자산에 투자하고 그 결과를 투자자에게 돌려주기 때문에 수익증권과 경제적 실질은 동일하다. 하지만 뮤추얼 펀드에서는 투자자가 펀드의 주주가 되고 펀드는 주식회사가 된다는 점에서 차이가 있다.

즉, 투자자(주주)는 회사(펀드)의 관리와 운용을 자산운용회사에게 맡겨놓은 것이 된다. 투자자는 회사(펀드) 운용수익을 배당금의 형태로 돌려받게 되고, 혹시 회사(펀드)가 운용되는 도중에 돈이 필요할 경우에는 주식시장에서 뮤추얼 펀드 주식을 팔 수 있다. <표 7-1>에 수익증권과 뮤추얼 펀드의 차이점을 정리하였다.

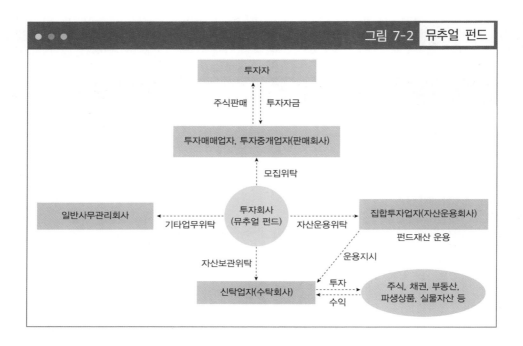

그림 7-2 **뮤추얼 펀드**

표 7-1 수익증권과 뮤추얼 펀드의 차이

	수익증권(투자신탁)	뮤추얼 펀드(투자회사)
설립형태	계약관계	회사형태
투자자 지위	수익자	주주
투자자지분의 표시	수익증권	주식
수익금 지급	분배금	배당금

📊 03 │ 펀드의 종류

펀드는 상품에 따라 그 형태와 차이점이 다양하기 때문에 투자자는 각자 자신의 위험선호도와 투자목적에 맞게 펀드를 선택해야 한다. 일반적으로 펀드는 위에서 설명한 것과 같이 조직형태에 따라 수익증권과 뮤추얼 펀드로 구분하기도 하고 다음과 같이 다양한 기준에 따라 구분하기도 한다.

(1) 개방형 펀드, 폐쇄형 펀드

환매제한 여부에 따라서 개방형 펀드와 폐쇄형 펀드로 구분한다. 개방형 펀드는 언제든지 펀드 가입 및 환매가 가능한 펀드이다. 여기서 환매란 투자자가 펀드에 가입한 후 투자결과를 돌려받는 것, 즉 투자자금을 되찾는 것을 의미한다.

개방형 펀드는 만기가 없다. 판매회사 창구에서 예를 들어, 1년짜리 펀드라고 말하는 것은 1년이 지나면 청산되어 만기가 1년이라는 뜻이 아니고 1년이 지나면 환매하여도 환매수수료가 부과되지 않는다는 뜻이다. 따라서 개방형 펀드는 환매수수료만 내면 언제든지 환매할 수 있고, 펀드에 가입한 이후에 추가로 납입할 수 있기 때문에 추가형 펀드라고도 한다. 일정 기간마다 일정 금액을 납입하는 적립식 펀드도 개방형 펀드에 해당한다.

폐쇄형 펀드는 펀드 모집 후 만기 이전에 환매가 제한되는 펀드이다. 폐쇄형 펀드는 개방형 펀드와 달리 만기(신탁계약기간)가 정해져 있다. 예를 들어, 메리츠자산운용이 2016년에 선보인 메리츠베트남펀드의 경우 10년 폐쇄형으로 10년 동안 투자금을 묻어 둬야 한다.

또한 폐쇄형 펀드는 중도환매가 불가능하기 때문에 환금성을 제고하기 위해서 거래소에 상장하여 수익증권을 주식처럼 매매하도록 되어 있으나, 일반펀드와 달리 펀드가치를 판단할 수 있는 기준가격이 매일 공시되지는 않는다. 대부분 개방형 펀드가 많지만 부동산 펀드1와 같이 일정기간 환매가 불가능한 경우(폐쇄형)도 있으므로 투자자는 환매제한 여부도 확인해야 한다.

(2) 증권 펀드, 파생상품 펀드, 부동산 펀드

투자대상자산이 무엇이냐에 따라 증권 펀드, 파생상품 펀드, 부동산 펀드 등으로 구분한다. 증권 펀드는 주식 투자비중에 따라 주식형 펀드, 채권형 펀드, 혼합형 펀드로 구분한다. 주식형 펀드는 자산의 60% 이상을 주식에 투자하여 고위험 고수익을 추구한다. 채권형 펀드는 자산의 60% 이상을 채권에 투자하여 안정적인 수익을 추구한다. 혼합형 펀드는 주식과 채권에 각각 60% 미만으로 투자하여 채권투자의 안정성과 주식투자의 수익성을 동시에 추구한다. 혼합형 펀드 중에는 주식에 50% 이상 투자하는 주식혼합형과 주식에 50% 미만을 투자하는 채권혼합형으로 세분화한다.

파생상품 펀드는 선물, 옵션 등 파생상품에 투자하는 펀드로 파생상품을 통한 수익을 추구하고, 부동산 펀드는 부동산개발사업, 수익성 부동산 등에 투자하여 발생한 수익금을 분배한다. 부동산 펀드는 일반적으로 가격의 하방경직성2이 강한 실물자산에 투자하므로 가격의 상승이나 하락이 자유로운 주식이나 채권에 비해 상대적으로 안전한 투자대상이라고 할 수 있다.

(3) 거치식 펀드, 적립식 펀드

투자방식에 따라서는 거치식 펀드와 적립식 펀드로 구분할 수 있다. 거치식 펀드는 목돈을 한꺼번에 납입하는 펀드를 말한다. 적립식 펀드는 일정 기간마다 일정 금액을 납입하는 펀드인데, 반드시 매달 투자하지 않아도 되고, 금액의 제

---

1 제9장 부동산금융 참조
2 수요공급법칙에 의해 내려야 할 가격이 내리지 않은 경우를 하방경직성이라고 한다. 부동산과 같은 실물자산은 한번 오른 가격이 잘 내려가지 않는 하방경직성의 특징이 있다.

한도 없으며, 납입기간도 투자자가 임의로 정할 수 있다.

만약 적립식으로 투자할 경우, 주가하락 시에는 싼 가격으로 많은 수의 주식을 매수하고 주가상승 시에는 비싼 가격으로 적은 수의 주식을 매수하는데 장기간에 걸쳐 꾸준히 주식을 매입하기 때문에 전체적으로 매입단가가 평준화되어 투자위험을 낮추는 매입단가 평준화효과(cost averaging effect)가 있다.

따라서 주가의 상승장에서는 일반적으로 거치식 펀드의 수익률이 높게 나타나는 반면, 주가의 하락장에서는 적립식 펀드의 손실률이 더 작은 편이다. 이런 점에서 장기투자자나 소액투자자는 일시에 목돈을 투자하는 것보다 소액의 자금을 꾸준히 적립식으로 투자함으로써 상대적으로 위험을 감소시킬 수 있고 목돈도 마련할 수 있다.

(4) 국내 펀드, 해외 펀드

투자지역에 따라 국내에서 설정되어 국내자산에 투자하는 국내 펀드와 국내에서 설정되어 해외자산에 투자하는 해외 펀드로 구분한다. 해외 펀드는 또다시 외국에서 설정되어 국내에서 판매되는 역외 펀드(국외설정 해외 펀드)와 국내에서 설정되고 국내에서 판매되는 역내 펀드(국내설정 해외 펀드)로 구분된다. 국내 펀드와 마찬가지로 해외 펀드도 해외의 주식, 채권, 부동산 등에 투자함으로써 전 세계에 걸쳐서 분산투자하는 효과를 기대할 수 있다.

해외 펀드 중에는 재간접 펀드(fund of funds)가 있다. 재간접 펀드는 일반적으로 펀드자산을 다른 펀드가 발행한 간접투자증권에 50% 이상 투자하는 펀드 즉, 펀드에서 다른 펀드로 투자하는 펀드를 말한다. 다른 해외 펀드에 투자하는 해외재간접 펀드가 국내 법률에 의해 국내에서 설정되면 역내 펀드가 되고 외국 법률에 의해 외국에서 설정되면 역외 펀드가 된다.

재간접 펀드는 또 다른 펀드에 투자하는 이중구조이기 때문에 판매보수 및 운용보수를 이중으로 지급하여 비용부담이 일반펀드보다 높을 수 있고 펀드의 투자전략이나 운용내용을 명확하게 파악하기가 쉽지 않다는 점에 유의해야 한다.

📊 04 | 펀드의 좋은 점

직접투자나 간접투자 모두 투자 결과에 대해서 투자자 본인이 직접 책임을 지는 것은 공통점이나 펀드(간접투자)가 직접투자에 비해 좋은 점은 무엇일까?

첫째, 소액으로 투자할 수 있다. 투자자 본인이 주가가 높은 주식에 직접 투자할 경우 소액투자자는 목돈이 필요하여 투자하기가 사실 어렵다. 그러나 펀드는 다수의 투자자로부터 모은 자금을 고가의 주식에 투자한 후에 그 수익을 돌려주기 때문에 펀드와 같은 간접투자를 통해 적은 돈으로도 쉽게 투자할 수 있다는 장점이 있다.

둘째, 펀드는 주식 및 채권의 여러 종목에 분산투자하기 때문에 투자위험을 줄일 수 있다. 이와 같은 분산투자는 '계란을 한 바구니에 담지 마라'라는 투자의 유명한 격언과 같이 한 종목에만 투자할 경우 이 종목의 가격이 하락하면 투자원금에 대해 막대한 손실을 입을 수 있으며 이러한 위험을 줄일 수 있다.

셋째, 펀드의 운용은 주식, 채권, 파생상품, 부동산 등에 대해서 전문지식을 가진 펀드매니저와 같은 금융전문인력에 의해서 실질적으로 투자 및 운용되기 때문에 위험관리를 하면서 비교적 안정적인 수익을 올릴 수 있다.

읽을 거리

"계란을 한 바구니에 담지 마라" 투자위험 줄이고 수익 높이는 '분산의 마술'

1981년 노벨경제학상 수상자는 예일대의 James Tobin이었다. 수상 이유는 '포트폴리오 이론'에 기여한 공로였다. 수상 직후 열린 기자회견에서 많은 기자들이 Tobin에게 이론을 쉽게 설명해줄 것을 요구했다. Tobin은 생각 끝에 다음과 같이 기발한 설명을 했다. "여러분, 계란을 몽땅 한 바구니에 담아서는 안 됩니다. 만일 바구니를 떨어뜨리면 모든 것이 끝장이기 때문이죠." 이 말은 다음 날 "예일대 경제학자, 계란을 한 바구니에 담지 말라는 이론으로 노벨경제학상 수상"이라는 제목으로 전 세계 신문을 장식했다. '계란을 한 바구니에 담지 마라'는 유명한 투자 격언은 이렇게 생겨났다.

본래 포트폴리오라는 말은 '서류가방' 또는 '자료 수집철'을 뜻한다. 투자에서는 자산을 여러 종목에 분산해 투자함으로써 한 곳에 집중해 투자할 때 생길 수 있는 위험을 피하고 투자수익을 높이기 위한 방법으로 사용되고 있다. 이처럼 재산을 한 곳에 몰지 않고 나누어 관리하는 기법은 최근에 등장한 것이 아니다. "모든 자산은 세 부분으로 나누도록 하라. 3분의 1은 토지에, 다른 3분의 1은 사업에, 나머지는 준비금으로 보유하라"는 말이 이미 2,000년 전 유대인의 경전 탈무드에 나오는 것을 보면 '포트폴리오'는 아주 오래전부터 재산을 관리하는 기법으로 사용돼 왔다.

포트폴리오 내에 편입하는 자산 종류를 늘릴수록 위험이 줄어든다면 투자자금을 가능한 한 많은 자산에 분산 편입하는 게 좋지 않을까? 그렇지는 않다. 물론 자산 종류가 늘어날수록 위험이 줄어들지만, 줄어드는 위험의 크기는 점점 줄어들고 새로운 자산을 편입할 때 비용이 늘어나기 때문에 주의해야 한다. 경제학자 Meir Statman은 1987년 미국 시장을 대상으로 한 분석에서 10개 종목으로 구성된 포트폴리오는 분산 가능한 비체계적 위험의 84%를, 20개 종목으로 구성된 포트폴리오는 비체계적 위험의 92%를 제거할 수 있다고 지적했다.

계란을 여러 바구니에 나누어 담으면 바구니 하나를 떨어뜨린다고 하더라도 다른 바구니에 담아 두었던 계란은 깨뜨리지 않고 지킬 수 있다. 하지만 계란을 여러 바구니에 나눠 담으려면 바구니 비용도 많이 들 뿐 아니라 계란을 옮기는 데 번거로워진다.

투자도 마찬가지다. 포트폴리오 내에 많은 자산을 담을수록 특정 자산이 손실을 보더라도 전체 재산에 미치는 영향을 줄일 수 있다. 하지만 포트폴리오 내 자산 종류가 늘어날수록 관리비용이 늘어날 뿐 아니라 수익성 높은 자산에 집중해 투자할 수도 없다. 따라서 포트폴리오에 구성 자산 종류를 늘릴 때는 위험 감소 효과와 함께 상품 수 증가에 따른 리서치비용, 거래비용 등을 고려해야 한다.

[출처: 한국경제(www.hankyung.com), 2010. 10. 5.]

📈 05 │ 펀드 운용수익

투자자가 어떠한 펀드에 가입할지 그리고 얼마만큼의 운용수익을 내고 있는지를 파악하기 위해서 좌수와 펀드의 가격을 알아야 한다. A라는 주식의 가격을 50,000원이라고 부르듯이 펀드의 가격을 수익증권에서는 기준가격이라고 부르고 뮤추얼 펀드에서는 순자산가치(NAV: net asset value)라고 부른다.

예를 들어, 수익증권인 주식형 펀드에 주식만 편입되어 있다고 하자. 이 펀드의 가격인 기준가격은 펀드에 편입되어 있는 모든 주식의 가치에서 펀드운용과 관련된 각종 비용3을 차감한 순자산가치를 그 펀드의 수량으로 나눈 것이 펀드

---

3 펀드투자 시 발생하는 투자비용으로 자산을 대신 운용해주는 대가로 매년 운용자산의 일정비율(0.5−1%

의 가격이 되는 것이다.

수익증권에서는 수량을 나타내는 펀드의 거래단위를 '좌'라고 부르고 뮤추얼 펀드는 서류상의 회사로 펀드가 회사가 된 것이므로 수익증권 대신 주식을 교부하므로 수량을 주식과 마찬가지로 '주'라고 부른다. 따라서 수익증권의 기준가격과 뮤추얼 펀드의 NAV는 모두 순자산총액÷수량으로 계산한다. 다만, 기준가격은 1좌당 1원으로 계산하여 1,000좌를 기준으로 1,000원으로 시작한다.

$$\text{수익증권: 기준가격} = \frac{\text{펀드 총자산} - \text{펀드 총부채(각종비용)}}{\text{총좌수}} \times 1,000 \qquad (7-1)$$

$$\text{뮤추얼 펀드: NAV} = \frac{\text{펀드 총자산} - \text{펀드 총부채(각종비용)}}{\text{펀드 총발행주식수}} \qquad (7-2)$$

예를 들어, 1,000,000원짜리 펀드(수익증권)가 최초로 설정된 날에는 아직 펀드의 부채가 없으므로 수익증권의 총순자산가치는 1,000,000원이고 1좌당 1원이므로 1,000,000좌가 발행되었다. 이때 기준가격은 1,000원(=(1,000,000원÷1,000,000좌)×1,000좌)이다.

이러한 기준가격은 펀드에 편입되어 있는 주식이나 채권 등의 가격이 변하고 새로운 투자자금이 펀드에 유입됨에 따라 매일매일 변동한다.[4] 만약 1,000,000원을 펀드에 투자하는 날의 기준가격이 1,000좌당 1,100원으로 올라가면 909,091좌(=(1,000,000원÷1,100원)×1,000좌)밖에 못산다.

수익증권의 기준가격이 1,100원에서 1년 후에 1,200원이 되었다면 9.09%(=((1,200−1,100)÷1,100)×100)의 수익률을 얻게 될 것이며, 인출 시 찾을 수 있는 총 원리금은 1,090,909,200원(=1,200원×909,091좌)이고 여기에 세금을 제한 금액을 실제로 수령하게 된다.

정도)을 떼는 운용보수와 펀드의 판매회사가 판매 시에 떼는 판매수수료 및 보수(0.5–1.5% 정도) 그리고 계약에 정해진 기간 이전에 투자자금을 회수할 때 부과하는 환매수수료 등이 있다.
4 전일까지 운용결과를 반영한 펀드별 기준가격은 자산운용회사, 판매회사, 금융투자협회 홈페이지에 매일 발표된다.

section 02   ETF(상장지수펀드)

📊 01 │ ETF 개요

 뮤추얼 펀드의 한 파생물인 ETF(exchange traded fund: 상장지수펀드)는 미국에서 1993년 Spider(SPDR: Standard & Poor's Depository Receipt)라는 이름으로 처음 도입되어 투자자들이 주식거래와 마찬가지로 인덱스 포트폴리오(시장지수와 동일하게 구성된 포트폴리오)를 거래할 수 있도록 해주었다. 우리나라에서는 2002년 10월 14일에 삼성자산운용(당시 삼성투신), 한국투자증권(당시 한국투신), NH투자증권(당시 LG투신), 하이투자증권(당시 제일투신)의 4개사가 참여하여 순자산규모 3,400억원으로 시작하였다.

 ETF는 ELW나 ELS와 동일하게 첫 글자가 E로 시작하지만 ETF의 E는 주식(equity)이 아니라 거래소(exchange)의 첫 글자를 딴 것으로 거래소에 상장되어 일반인들이 자유롭게 거래할 수 있는 펀드를 의미한다. 또한 ETF는 주가에 연계된 상품만을 가리키는 것은 아니다.

표 7-2 ETF와 인덱스펀드 비교

구분	ETF(개방형)	인덱스펀드	
		개방형	폐쇄형
발행형태	주식바스켓 납입 CU단위의 배수로만 발행	현금납입	
추가발행	가능	가능	불가능
상장	상장의무화	상장불가	상장의무화
시장거래	주식과 동일하게 거래	시장거래불가	시장거래
최소발행/환매단위	CU단위로 발행 및 해지가능	1주도 가능	
환매방법	실물(주식바스켓)지급	현금지급	
운용비용	저렴함	비쌈	
투명성	CU단위의 자산구성내역 공시 장중 실시간 NAV 및 지수 공시	해당사항 없음	
유동성	지정판매회사(AP) 존재	해당사항 없음	

「자본시장법」상 집합투자증권으로 분류되는 ETF는 주식처럼 거래되는 펀드이다. 즉, 특정지수 및 특정자산의 가격움직임과 수익률이 연동되도록 설계된 펀드5로서 거래소에 상장되어 주식처럼 거래되는 펀드로 정의한다. ETF는 본질은 펀드이나 주식처럼 거래되기6 때문에 매수, 매도, 현재가 등과 같은 주식시장 용어로 사용한다.

📈 02 : ETF시장

ETF는 펀드이면서도 주식처럼 거래소에 상장되어 거래되기 때문에 주식시장처럼 ETF가 처음 만들어져서 발행되는 발행시장과 만들어진 ETF가 거래되는 유통시장이 있다.

(1) 발행시장

발행시장은 ETF가 최초로 발행되는 시장으로 ETF의 설정(투자자가 투자자금을 납입하고 ETF 증권을 새로 발행하는 것)과 환매(투자자가 ETF증권을 반납하고 투자했던 펀드의 자금을 회수하는 것)기능을 담당한다. 먼저, ETF가 어떻게 발행되는지 살펴보자. ETF도 일종의 펀드이기 때문에 투자자가 펀드에 가입하는 것과 본질적으로 동일하다고 보면 된다.

다만, ETF가 일반 펀드와 달리 ETF 설정 및 ETF 증권7의 발행을 요청할 때 법인투자자만이 할 수 있다. 법인투자자는 지정참가회사(AP: authorized participant)8

---

5 ETF는 특정지수나 특정자산의 가격움직임과 수익률을 그대로 추종하도록 설계하기 때문에 일종의 인덱스펀드이다.
6 ETF는 상품의 속성상 일반펀드와 동일하고 거래방법은 주식과 동일한 하이브리드(hybrid) 상품에 속한다. 하지만 ETF의 거래비용은 일반펀드에 비해 매우 낮다.
7 ETF는 그 형태가 투자회사 주권인 경우도 있고 투자신탁 수익증권일 수도 있다. 현재 한국거래소에 상장된 모든 ETF는 수익증권이다.
8 지정참가회사(AP)는 신탁회사(은행)에 주식바스켓을 납입하여 보관하고 ETF를 실제로 운용하는 운용회사(집합투자업자)에게 ETF 발행(또는 환매)을 청구한다. 참고로, 지정참가회사(AP)는 발행된 ETF 증권이 유통시장에서 원활하게 거래되도록 하는 유동성공급자(LP: liquidity provider)의 역할도 한다. 이 유동성공급자(LP)의 업무는 지정판매회사(AP) 중에서 운용회사(집합투자업자)와 유동성공급 업무를 수행하기로 '집합참가계약'을 체결한 지정참가회사(AP)만 가능하다. 한편, 운용회사(집합투자업자)는 신탁업자에게 주식바스켓 납입여부를 확인한 후 ETF를 발행하고 발행된 ETF는 법인

를 통하여 ETF 설정 및 ETF 신주발행에 필요한 주식바스켓을 납입[9]하고 ETF 설정을 신청해야 한다. 이때 주식바스켓을 납입하고 받는 ETF 증권 수는 CU(creation unit)라는 설정단위를 적용한다. 만약 법인투자자가 주식바스켓 대신 현금으로 납입하면 지정참가회사(AP)가 납입된 현금으로 주식바스켓을 대신 완성하여 설정을 신청할 수도 있다.

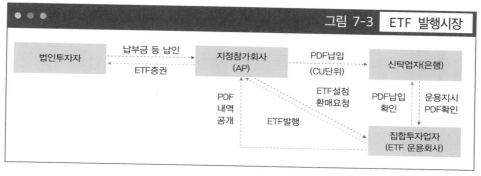

자료: 한국거래소(www.krx.co.kr)

먼저, 법인투자자가 ETF 설정 및 ETF 증권의 발행을 요청할 때 어느 주식을 얼마나 납입해야 하는지, 즉 납입해야 하는 주식바스켓의 구성내역은 ETF를 실제로 운용하는 운용회사(집합투자업자)가 투자자에게 공시하는 자산구성내역(PDF: portfolio deposit file)[10]안에 나타나 있다.

예를 들어, KOSPI200을 추종하는 ETF인 KODEX200을 운용하는 삼성자산운용이 202X년 5월 12일 현재 ETF 설정 시 납입해야 하는 주식의 종목, 수량 등을 기록한 파일인 자산구성내역(PDF)을 <그림 7-4>와 같이 공시하였다고 하자. 어떤 법인투자자가 KOSPI200을 추종하는 ETF인 KODEX200을 설정하기 위해서는 자산구성내역(PDF)에 공시된 대로 종목과 수량 및 현금을 납입하면 KODEX200이라는 ETF 증권을 받게 된다.

투자자의 계좌에 입고된다.

9 ETF는 다른 펀드와는 달리 발행시장에서 설정 또는 환매 시 현금이 아닌 현물로 납입/환매가 이루어진다.

10 ETF는 자산구성내역(PDF)을 매일 공시하므로 언제 어떤 자산에 투자하는지가 매일 투명하게 공개될 뿐만 아니라 주식처럼 시장에서 실시간으로 거래하여 환금성이 높다.

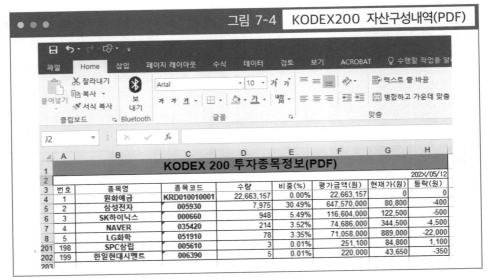

그림 7-4   KODEX200 자산구성내역(PDF)

번호	종목명	종목코드	수량	비중(%)	평가금액(원)	현재가(원)	등락(원)
							202X/05/12
1	원화예금	KRD010010001	22,663,157	0.00%	22,663,157	0	0
2	삼성전자	005930	7,975	30.49%	647,570,000	80,800	-400
3	SK하이닉스	000660	948	5.49%	116,604,000	122,500	-500
4	NAVER	035420	214	3.52%	74,686,000	344,500	-4,500
5	LG화학	051910	78	3.35%	71,058,000	889,000	-22,000
198	SPC삼립	005610	3	0.01%	251,100	84,800	1,100
199	한일현대시멘트	006390	5	0.01%	220,000	43,650	-350

KODEX 200 투자종목정보(PDF)

자료: 삼성자산운용(www.samsungfund.com)

　　주식바스켓을 납입하면 ETF 증권을 CU단위로 받는다. CU는 ETF 설정 및 ETF 증권발행에 필요한 최소수량으로 ETF를 실제로 운용하는 운용회사(집합투자업자)가 정한 단위이다. KODEX200의 경우 CU가 100,000좌[11]이기 때문에 주식바스켓 납입의 대가로 받는 KODEX200의 증권 수는 100,000주가 된다[12]. 또한 자산구성내역(PDF)에 공시되는 주식들을 모두 정배수로 납입하면 ETF 증권도 100,000주의 정배수로 받을 수 있다.

　　이처럼 ETF는 주식바스켓을 세분화한 증서이기 때문에 <그림 7-5>에서 보는 것과 같이 ETF증권 1주만 매수해도 분산투자 효과가 있다. 한편, 환매는 설정(발행)의 경우와 반대의 경로를 거친다. 즉, 법인투자자가 ETF를 제출하고 주식바스켓을 환수한다.

---

11 1CU단위 결정 금액은 일반적인 바스켓 규모를 감안하여 10억원으로 결정한 후, 업계의 경험상 KOSPI200을 100포인트를 기준으로 할 때 시장에서 1만원 정도의 가격이 가장 활발히 거래될 수 있는 적정가격이라고 보아 1CU당 ETF 주식 100,00주(=10억원/1만원)로 결정하였다. 이렇게 산출된 10,000원은 지수의 100배이므로 예를 들어, 현재 지수가 250.00이라면 ETF 주식의 가격은 지수에 100을 곱한 25,000원이 된다. ETF의 가격은 특정지수 및 특정자산의 가격 움직임에 따라 결정되기 때문에 특정지수 및 특정자산의 가격이 상승(하락)하면 그 비율만큼 가격이 상승(하락)한다. 즉, 특정지수 및 특정자산의 가격이 해당 ETF의 가격(= 지수×상품별 가격배율)이라 할 수 있다.
12 거래소에 상장된 ETF는 서로 다른 CU를 가지고 있다.

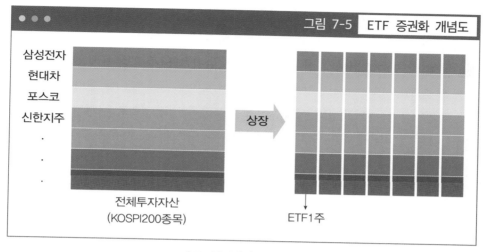

자료: 한국거래소, 「처음 만나는 ETF 이야기」, 2013, p. 26.

(2) 유통시장

발행시장에서 발행된 ETF가 거래소에 상장되면, 유통시장에서 법인투자자뿐만 아니라 개인투자자 등 누구나 참여하여 일반 주식과 동일한 방법으로 사고 팔 수 있다. 즉, 증권회사의 주식거래 계좌를 통하여 ETF를 매수·매도할 수 있으며 매매주문도 전화나 ARS, HTS, MTS를 이용하여 접수 가능하다. 다만, ETF가 대상지수 및 가격을 잘 추적할 수 있도록 가격을 형성하며 시장에 유동성을 제공하기 위해 유동성공급자(LP)를 반드시 두어야 한다.

📊 03 │ 다양한 ETF

ETF시장 개설 초기에는 KOSPI200과 같은 시장대표지수를 추적하는 ETF가 주류였으나 2006년 섹터 ETF, 2007년 스타일 ETF, 해외 ETF, 테마 ETF, 2009년 이후 상품 ETF, 채권 ETF, 통화 ETF, 파생상품 ETF 등의 다양한 상품이 지속적으로 출시되고 있다.

시장대표 ETF는 KOSPI200, KRX100 등 시장을 대표할 수 있는 지수를 추종하는 ETF이다. 시장대표 ETF는 시장을 대표하기 때문에 다른 ETF에 비해 변동성이 제일 낮다.

섹터 ETF는 상장기업을 반도체, 은행, IT, 자동차, 증권, 조선, 건설 등 업종별로 구분하여 해당 업종의 주가흐름을 추종하도록 만든 ETF이다. 섹터 ETF는 특정업종에 소속된 기업에 분산투자하게 됨으로써 개별종목 투자에 따른 위험을 회피할 수 있으면서 시장평균수익보다 높은 수익을 추구할 수 있다.

스타일 ETF는 기업특성과 성과형태가 유사한 주식집단으로 구성된 지수를 추종하는 ETF로 시가총액의 크기에 따라 대형주, 중형주, 소형주로 구분하고 이를 다시 가치주와 성장주로 구분하여 가치주 ETF, 중형가치 ETF, 중소형가치 ETF 등의 이름으로 상장되어 있다.

해외 ETF는 해외거래소 지수를 추종하는 ETF로서 중국 ETF(A주 ETF, H주 ETF), 미국 ETF(S&P500, 나스닥), 남미국가(라틴, 브라질), 일본 및 기타가 혼합된 브릭스(BRICS) ETF 등이 있다.

테마 ETF는 배당주, SRI(사회적 책임투자), 변동성 등과 같이 투자자의 다양한 요구에 맞추어 시장의 특정 테마를 형성하는 상장종목들을 선정하여 기초지수를 개발하여 만든 ETF이다.

채권 ETF는 KTB인덱스나 MKF 국고채지수 등의 채권지수를 추종하는 ETF로 다른 어떤 ETF보다 ETF의 가격변동이 훨씬 적은 ETF이다. 일반투자자는 고액의 채권투자를 채권 ETF를 통해 소액으로도 할 수 있다.

통화 ETF는 미국달러선물지수와 같은 통화지수를 추종하는 ETF이다. 통화 ETF인 달러선물 ETF는 미국달러선물과 달리 만기가 없고 1주당 1만원 정도의 적은 비용으로 외환투자를 용이하게 할 수 있다.

상품 ETF는 금, 원유, 밀 등과 같은 상품가격을 추종하거나 또는 상품선물을 이용하여 선물지수를 추종하는 ETF이다. 일반투자자는 상품에 직접 투자하는 상품 ETF에 투자함으로써 상품에 대한 투자를 할 수 있게 된다.

파생상품 ETF는 기초지수의 변동에 일정배율 연동하는 운용성과를 목표로 하는 ETF로서 기초자산 중 선물과 같은 파생상품이 중요한 역할을 하는 ETF로 레버리지 ETF, 인버스 ETF, 곱버스 ETF가 있다.

(1) 레버리지 ETF

레버리지 ETF는 KOSPI200의 일간 등락률을 2배씩 추적하는 것을 목표로 하는 ETF이다. 하루 동안 KOSPI200이 1% 오르면 레버리지 ETF의 NAV는 2% 올라가고 반대로 KOSPI200이 1% 하락하면 레버리지 ETF의 NAV는 2% 하락하여 오를 때 더 오르고 내릴 때 더 내리게 된다. 따라서 레버리지 ETF는 KOSPI200 하락 시 손실이 확대되는 고위험 상품이다. 레버리지 ETF는 투자대상(KOSPI200) 수익의 2배를 목표로 하기 때문에 선물과 같은 파생상품과 주식으로 레버리지 ETF의 구성종목을 만든다.

특히 레버리지 ETF에 투자할 경우 주의할 점은 수익률 기준이 하루라는 것이다. 즉, 레버리지 ETF는 일주일 혹은 한 달과 같은 기간이 아니라 매일 매일의 종가를 기준으로 투자대상(KOSPI200) 수익률의 2배를 추구하기 때문에 일정기간의 누적으로 볼 때 손실이 발생할 수도 있다. 이러한 현상은 시장의 변동성이 큰 경우 더욱 확대된다. 따라서 레버리지 ETF는 장기투자보다 단기투자에 적합하다.

예를 들어, 오늘 300포인트인 KOSPI200이 다음날 20% 상승하여 360포인트가 되었다가 이틀 후에 −15% 하락하여 306포인트가 되었다고 하자. 이 경우 이틀 동안의 누적수익률은 2%(=(306−300)/300)이다. 하지만 오늘 30,000원이었던 레버리지 ETF는 다음날 20%의 2배인 40%가 상승하여 42,000원이 되고, 이틀 후에 −15%의 2배인 −30% 하락하여 29,400원이 된다. 따라서 레버리지 ETF의 이틀 동안의 누적수익률은 −2%(=(29,400−30,000)/30,000)가 된다.

또한, 선물과 같은 파생상품의 경우 만기가 정해져 있기 때문에 다음 만기의 상품으로 교체할 때 교체하는 선물들의 가격차이로 추가비용, 즉 롤오버(rollover) 비용 등의 발생으로 투자대상 수익률의 2배가 정확히 되지 못할 수 있다.

(2) 인버스 ETF

인버스 ETF는 기초자산이 현물이 아니라 선물이다. 즉, KOSPI200선물을 기초자산으로 하여 기초지수인 KOSPI200선물이 1% 내리면 인버스 ETF의 NAV는 1% 올라가고 반대로 KOSPI200선물이 1% 올라가면 인버스 ETF의 NAV는 1% 내려가는 ETF이다. 따라서 투자자산의 가격이 하락할 때 수익을 낼 수 있게 된다.

기초지수와 역방향으로 추적하기 위해 인버스 ETF의 구성종목은 선물매도와 KOSPI200을 추종하는 ETF인 KODEX200 그리고 현금으로 구성한다. 기초지수인 KOSPI200선물이 하락할 경우 인버스 ETF의 구성종목인 선물매도로 인한 이익으로 인버스 ETF는 이익이 발생하여 기초자산과 반대방향의 손익이 발생하고, 반대로 기초지수인 KOSPI200선물이 상승할 경우 인버스 ETF의 구성종목인 선물매도로 인한 손실이 발생하여 인버스 ETF는 기초자산과 반대방향의 손익이 발생하게 된다.

인버스 ETF도 레버리지 ETF와 마찬가지로 매일매일의 종가를 기준으로 투자대상(KOSPI200선물) 수익률의 −1배를 추구한다. 예를 들어, 오늘 300포인트인 KOSPI200선물이 다음날 20% 하락하여 240포인트가 되었다가 이틀 후에 15% 상승하여 276포인트가 되었다고 하자. 이 경우 이틀 동안의 누적수익률은 −8%(= (276 − 300)/300)이다.

하지만 오늘 30,000원이었던 인버스 ETF는 다음날 20%의 −1배인 20%가 상승하여 36,000원이 되고, 이틀 후에 15%의 −1배인 15% 하락하여 30,600원이 된다. 따라서 인버스 ETF의 이틀 동안의 누적수익률은 2%(= (30,600 − 30,000)/30,000)가 된다.

(3) 곱버스 ETF

곱버스 ETF는 '곱하기 + 인버스'의 합성어다. 인버스 ETF와 마찬가지로 기초자산의 가격이 하락할 때 수익이 발생하는데 그 수익이 2배(곱하기)이다. 하지만 기초자산의 가격이 상승한다면 그 손실 또한 2배가 되어 고위험 상품에 해당한다. 대표적인 곱버스 ETF는 2016년 9월에 처음 설정된 삼성자산운용의 KODEX200 선물인버스2X로서 KOSPI200선물을 2배로 추정한다. 특히, 곱버스 ETF는 기초자산의 가격을 2배로 추종하기 때문에 기초자산의 가격이 횡보할 경우 곱버스 ETF의 투자자는 손실을 보게 된다.

예를 들어, 기초자산의 가격이 6일 동안 1,000원, 1,030원, 980원, 1,000원, 1,100원, 1,000원으로 횡보할 경우 수익률은 3%(= − (1,030 − 1,000)/1,000), 4.85%(= − (980 − 1,030)/1,030), −2.04%, −10%, 9.09%가 된다. 곱버스 ETF는 −2배로 추정하므로 수익률이 −6%(= 3% × (− 2)), 9.71%(= 4.85% × (− 2)), −4.08%, −20%, 18.18%이

다. 따라서 곱버스 ETF 가격이 1,000원, 940원($=1,000\times(1-6\%)$), 1,031원($=940\times(1+9.71\%)$), 989원, 791원, 935원이 되어 6일 후의 수익률은 $-6.48\%(=(935-1,000)/1,000)$로 손실을 보게 된다. 이는 기초자산 가격의 6일 후 수익률이 0%인 상황에서 인버스 ETF의 수익률 -2.18%, 레버리지 ETF의 수익률 -2.20%에 비해 큰 손실을 보게 됨을 알 수 있다.

기초자산 가격	인버스 ETF의 등락률(-1배)	곱버스 ETF의 등락률(-2배)	레버리지 ETF의 등락률(2배)	인버스 ETF	곱버스 ETF	레버리지 ETF
1,000				1,000	1,000	1,000
1,030	-3.00%	-6.00%	6.00%	970	940	1,060
980	4.85%	9.71%	-9.71%	1,017	1,031	957
1,000	-2.04%	-4.08%	4.08%	996	989	996
1,100	-10.00%	-20.00%	20.00%	897	791	1,195
1,000	9.09%	18.18%	-18.18%	978	935	978
수익률	0%			-2.18%	-6.48%	-2.20%

○ ○ ○

읽을 거리

상장지수펀드(ETF) 제대로 알고 투자하시나요?

매니저들의 종목 선별로 초과수익을 추구하는 액티브 펀드들이 고전하면서 특정지수를 따라 움직이는 상장지수펀드(ETF)들이 각광받고 있다. 한국거래소 집계에 따르면 지난해 ETF의 하루 평균 거래대금 규모는 8,000억원 정도로 이 중 개인투자자 비중이 40%가 넘는다고 한다. 주식처럼 실시간 거래가 가능하고, 거래비용도 저렴한 데다 소액으로 분산투자 효과까지 누릴 수 있다는 매력에 힘입어 개인투자자들의 재테크 수단으로 자리매김했다.

금융감독원이 이 같은 개인투자자를 위해 ETF 투자 시 살펴봐야 할 8가지 유의사항을 소개했다. 먼저 ETF는 원금손실 우려가 있는 펀드 상품이란 점을 명심해야 한다. 거래소에 상장돼 거래되는 인덱스 펀드일 뿐 은행예금처럼 투자 원금을 보장해 주지는 않는다. ETF를 선택할 때는 어떤 종목들을 담고 있는지 '자산구성내역(PDF)'도 면밀히 살펴야 한다. 주식과 마찬가지로 해당 ETF의 순자산가치(NAV)가 시장가격보다 크다면 '저평가 상태'로 보면 된다.

ETF도 주식처럼 거래하는 상품이기 때문에 매수·매도 시 중개 수수료를 내고, 운용보수·판매보수 등은 펀드자산에서 차감된다. 현재 거래되고 있는 256개 ETF의 비용은 최저 0.05%에서 최대 0.99%까지 차이가 난다. 따라서 투자 전에는 매매 비용도 따져볼 필요가 있다.

비슷한 기초지수를 따라 움직이는 ETF라면 '추적오차'와 '괴리율'도 살펴보고 골라야 한다. ETF의 포트폴리오에 일부 종목을 편입하지 못하면 순자산가치(NAV)가 기초지수를 제대로 못 따라가면서 '추적오차'가 발생하게 된다. 이와 함께 ETF의 시장가격과 순자산가치가 벌어지면서 '괴리율'도 나타난다. 거래시간 차이 등에 따라 일시적인 현상이 될 수 있지만 지속적으로 간격이 크게 벌어진다면 해당 ETF는 피하는 게 좋다.

국내 투자자들 사이에서는 하루 지수등락율의 2배 수준으로 움직이는 '레버리지 ETF'가 인기다. 레버리지 ETF와 지수와 반대로 움직이는 인버스 ETF는 장기투자 시 낭패를 볼 수 있는 상품이란 점도 명심해야 한다. 예를 들어, 1,000포인트였던 기초지수가 다음날 25포인트 하락했다가 그 다음날 25포인트 상승했다면 누적수익률은 '제로(0)'이지만 레버리지 ETF수익률은 여전히 마이너스 상태가 된다. 지수변동폭이 크고, 장기투자할 경우 손실폭이 커질 수 있다.

요즘에는 운용사들이 원자재, 특정 해외지수 등 기초지수를 구성하는 종목을 그대로 편입하기가 어려워 스왑거래를 통해 '합성 ETF'를 내놓고 있다. 이 같은 ETF는 스왑거래 상대방의 신용위험을 확인해야 한다. 원자재 및 해외지수 관련 ETF는 환율변동 위험도 고려해야 한다. 환헷지 상품이 아닌 경우 미국 S&P지수가 10% 상승해 수익을 냈더라도 원·달러 환율이 10% 하락해 수익을 모두 까먹는 경우가 발생하기 때문이다.

[출처: 한국경제(www.hankyung.com), 2017. 3. 17.]

section 03 ELS(주가연계증권)

📊 01 | ELS 개요

ELS(equity linked securities)는 주가 움직임에 따라 일정한 수익률을 받게 되는 파생결합증권으로서 증권회사가 자기신용으로 발행하는 장외상품이다.[13] 예를 들어, KOSPI200이 10% 상승한다면 미리 정해 놓은 12%의 수익률을 주고 15%

---

13 증권사가 판매하는 ELS와 유사한 상품으로 은행은 ELD(equity linked deposit: 주가연계예금), 자산 운용사는 ELF(equity linked fund: 주가연계펀드)를 판매하고 있다.

198   PART 3 파생금융상품과 다양한 투자금융상품 이해하기

하락한다면 10%의 손실을 주는 식이다. 물론 수익률을 받게 되는 조건은 상품에 따라 매우 다양하다.

ELS의 수익률을 지급할 때 주식이나 KOSPI200의 변동에 연계하여 줄 경우 주식이나 KOSPI200을 기초자산이라고 하는데 기초자산이 하나일 수도 있고 여러 개일 수도 있다. 또한 기초자산이 주식이나 주가지수가 아닌 금리, 통화(환율), 실물자산(금, 은, 원자재 등), 신용위험(기업신용등급의 변동, 파산 등) 등이 될 수도 있다. 이러한 자산들을 기초자산으로 하여 이들의 변동에 따라 미리 정해진 방법에 의해 수익률이 결정되는 증권을 DLS(derivatives linked securities)라고 한다.

표 7-3 ELS와 DLS

구분	기초자산		기초자산의 예
ELS	주식	주식	삼성전자, 현대차, 포스코 등
		주가지수	KOSPI200, HSCEI, EuroStoxx50 등
DLS	금리		CD91일물 등
	통화		원/달러환율, 달러/위안화 환율
	실물(금, 석유 등)		런던금가격지수, 런던은가격지수 등
	신용위험		중국교통은행 신용사건 등

ELS는 금융기관 간 또는 금융기관과 일반 기업 간의 맞춤 거래를 기본으로 하는 비표준화된 상품으로 거래의 결제 이행을 보증하는 거래소가 따로 없다. 따라서 영업용순자본비율(net capital ratio)이 300% 이상이며, 장외파생상품 전문인력을 확보하고 금융위원회가 정하는 '위험관리 및 내부통제 등에 관한 기준'을 충족하는 투자매매업자(증권사)만이 ELS를 발행할 수 있다.

📈 02 | ELS 상품의 손익구조

ELS는 다양한 손익구조를 갖는다는 특징 때문에 현재 유통되는 파생결합증권 중 가장 높은 비중을 차지하고 있다. 하지만 ELS의 복잡하고 이해하기 어려운 다양한 손익구조는 한편으로는 ELS에 대한 이해를 가로막는 단점이 되기도 한다.

2003년 시장에 처음 등장한 ELS는 초기에는 원금이 보장되는 원금보장형 ELS가 주류를 이루었다. 원금보장형 ELS는 운용 자금의 대부분을 안정적인 채권에 투자하고 나머지 자금은 주가와 연동되는 옵션 등 파생상품에 투자함으로써 초과수익을 확보하는 수익구조를 갖고 있다. 하지만 원금보장이라는 제약으로 만기수익이 제한적일 수밖에 없다.

최근에는 원금을 보장받지 못하는 원금비보장형 ELS가 많이 출시되고 있다. 원금비보장형은 기초자산, 만기, 원금보장 정도, 기대수익률 등이 다양한 여러 상품이 가능하기 때문에 보다 다양하고 매력적인 수익구조가 가능하나 그만큼 위험도 커진다는 단점이 있다.

(1) 원금보장형 ELS의 사례

원금보장형 ELS는 장애옵션(barrier option)을 적용한 낙아웃(knock out) 콜 형태가 대표적이다. 즉, 일정한 상한(혹은 하한)가격(barrier)을 미리 설정해 놓고 만기 이전에 한번이라도 상한(혹은 하한)가격에 도달하면 옵션이 생기거나(knock in) 옵션이 소멸(knock out)되는 장애옵션을 이용하여 원금보장형 ELS를 설계할 수 있다.

예를 들어, 우리투자증권(현 NH투자증권) ELS 제7878회의 경우 기초자산은 KOSPI200을 기준으로 하며, <그림 7-6>과 같이 만기일에 원금이 보장되는 수익구조이다. <그림 7-6>에서 가로축은 최초기준가격 대비 기초자산가격이다. 최초기준가격이란 투자시작시점의 기초자산가격이며 100%의 값을 갖는다. 따라서 가로축의 값이 100%보다 작으면 기초자산가격이 하락한 것을 의미하고 100%보다 크면 기초자산 가격이 올라간 것을 의미한다. 만약 120%라면 기초자산가격이 20% 상승한 것을 나타낸다. 세로축은 ELS의 수익률을 나타낸다. <그림 7-6>의 손익구조에서 ①, ②, ③은 만기 시에 받게 되는 수익률을 나타내는데, 각 경우에 따라서 손익을 살펴보자.

① 투자기간 중에 기초자산가격이 최초기준가격보다 한 번이라도 20% 이상 상승할 경우다. 즉, 기초자산가격의 상한가격을 120%로 미리 정해 놓고 기초자산가격이 120% 이상 올라가는 낙아웃 조건[14]을 충족하면 수익률을

고정금액(rebate)으로 3%를 준다는 의미이다.

② 만기 시에 기초자산가격이 최초기준가격의 100% 이하인 경우다. 이 경우에도 고정금액으로 3%를 주기 때문에 원금의 103%를 보장받는다.

③ 기초자산가격이 100%와 120% 사이에서 움직일 경우이다. 이는 기초자산가격이 상승하였으나 낙아웃 조건을 충족하지 못하였을 경우를 의미한다. 이때는 참여율 30%를 고려하여 수익률을 지급하게 된다. 참여율이란 이익에 참여할 수 있는 비율을 의미하는데 예를 들어, 참여율이 30%일 때 기초자산이 20% 상승하였다면 투자자는 6%(=20%×30%)의 투자수익을 얻는다. 따라서 기초자산가격이 한번이라도 20% 이상 상승하지 못하였을 경우에는 최소 3%에서 최대 9%(=3%+6%) 사이의 수익률을 얻는다.

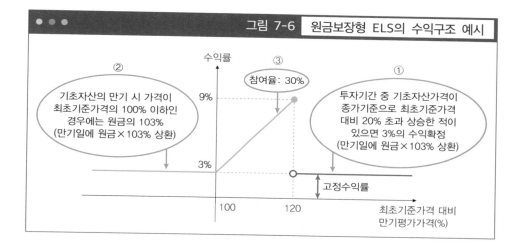

그림 7-6 원금보장형 ELS의 수익구조 예시

(2) 원금비보장형 ELS의 사례

최근에는 스텝다운형의 원금비보장형이 대세를 이루고 있다. 예를 들어, 기초자산이 KOSPI200과 HSCEI지수 두 개이고 만기는 3년인 미래에셋대우의 제7130회 ELS 수익구조 <그림 7-7>을 살펴보자. ①은 조기상환 시의 고정수익률을 나타내고 ②, ③, ④는 만기상환 시의 수익률을 나타낸다.

---

14 만기까지의 기간 동안 기초자산의 가격이 수익률수익지급의 제한선(barrier)에 한 번이라도 도달하면 기초자산가격에 연동하는 옵션이 사라져 만기지수와 관계없이 수익률이 고정된다.

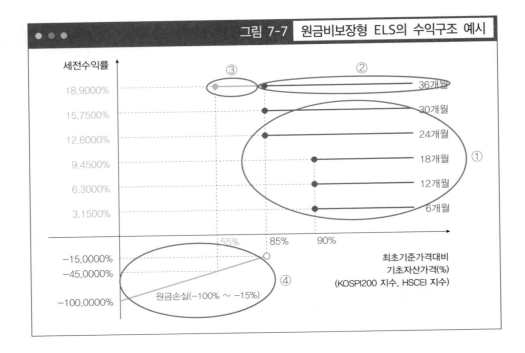

그림 7-7 원금비보장형 ELS의 수익구조 예시

①은 90/90/90/85/85의 낙아웃 조건에 의한 고정수익률 연 6.3%를 주는 조기 상환부분이다. 즉, 최초 투자 이후 6개월(12개월, 18개월, 24개월, 30개월)이 되는 날 모든 기초자산의 가격이 최초기준가격의 90%(90%, 90%, 85%, 85%) 이상이 되면 3.15%(=6.3%/2), 6.3%, 9.45%(=6.3%+3.15%), 12.6%(=9.45%+3.15%), 15.75%(=12.6%+3.15%)를 만기 전에 받고 ELS는 종결된다.

②는 만기(36개월)에 모든 기초자산가격이 최초기준가격의 85% 이상이면 18.9%(=연 6.3%×3년)의 수익률을 지급한다.

③은 ②의 경우에 해당하지 않고 만기평가일까지 모든 기초자산 중 어느 하나도 최초기준가격의 55% 미만으로 하락한 적이 없는 경우이다. 이 경우에도 18.9%(=연 6.3%×3년)의 수익률을 지급한다.

④는 만기 시까지 어느 하나의 기초자산이라도 최초기준가격의 55% 미만으로 하락한 적이 있는 경우(낙인 조건)이다. 이 경우에는 [(만기 시 가격/최초기준가격)−1]×100%만큼을 투자수익률로 지급하기 때문에 최소 15%의 손실부터 최대 100%까지 원금 손실을 보게 된다. 예를 들어, KOSPI200이 만기 시까지 50%

하락하였다가 다시 상승한 적이 있고 만기 시의 기초자산가격이 최초기준가격의 85%였다고 할 경우 낙인 조건을 만족하여 투자수익률은 $-15\%(=(85\%/100\%-1)\times100\%)$가 된다.

읽을 거리

주가연계증권(ELS), 원금보장 안 돼 ··· 손익구조 꼼꼼히 살펴야

일반적으로 주가연계증권(ELS)은 예금보다 높은 수익률을 얻으면서 주식 등 투자상품보다는 상대적으로 안전한 금융자산으로 인식된다. 그렇다 보니 ELS에 대한 관심은 매년 높아지는 추세다. 하지만 ELS는 은행 예금처럼 원금을 보장받을 수 있는 안전자산은 아니라는 점을 명심해야 한다. 2014년 상환된 ELS 중 투자손실을 낸 ELS 비중이 6.5%에 달했다. 또 최근처럼 세계 증시가 크게 변동하는 시기엔 ELS 손실 가능성이 상대적으로 커진다.

ELS는 주가지수나 개별주식 가격과 연동해 투자손익이 결정된다. 투자손실을 안 보려면 금융회사에서 제시하는 수익률 외에 상품설계 및 손익구조를 꼼꼼히 살펴야 한다. ELS는 크게 삼성전자 주식처럼 특정 종목 가격에 따라 수익률이 결정되는 종목형, KOSPI200처럼 주가지수와 수익률이 연계된 지수형으로 나뉜다.

상품별 손익구조는 다양하다. 최근 판매된 ELS의 대부분을 차지하는 '스텝다운형'은 3개월 또는 6개월의 상환 주기마다 기초자산 가격이 미리 정해놓은 가격 아래로 떨어지지 않아야 예정된 수익을 제공하는 상품이다. 상환 주기에 기초자산 가격이 미리 정해놓은 기준가격보다 높으면 조기 상환되면서 약속된 이익을 얻을 수 있다. 하지만 투자 기간에 기초자산 가격이 손실기준점(knock in barrier) 이하로 내려가면 손실을 볼 가능성이 있다. 기초자산 가격이 손실기준점 이하로 떨어져도 만기 때 일정 수준 이상으로 회복되면 약정 수익을 얻는다.

최근엔 KOSPI200과 같은 국내 지수뿐 아니라 홍콩항셍중국기업지수, S&P500 등 여러 주가지수를 기초자산으로 편입한 ELS도 많이 나오고 있다. ELS에 투자할 때는 제시된 수익률 뿐 아니라 복잡하더라도 수익률에 내재한 관련 위험을 꼼꼼히 파악하는 것이 무엇보다 중요하다.

[출처: 한국경제(www.hankyung.com), 2016. 4. 16.]

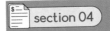

📊 01 ┆ ELW 개요

워런트(warrant)는 특정기간에 미리 정해진 가격으로 특정회사 주식을 사전에 약정된 수량만큼 사거나 팔 수 있는 권리가 부여된 증권을 말한다. 워런트를 누가 발행하는가에 따라 신주인수권증권(company warrant)과 주식워런트증권(covered warrant)으로 구분된다.[15]

신주인수권증권은 신주인수권부사채 발행 시 사채권자에게 발행회사의 주식을 인수할 수 있는 권리가 부여된 것이다. 한국거래소에 2000년 7월 신주인수권증권시장이 개설되었다.

주식워런트증권은 원래 발행자가 기초자산을 전부 보유한 상태에서 발행하여 기초자산 가격의 변동에 따른 위험을 발행자가 보장(covered)할 수 있다는 점에서 커버드워런트(covered warrant)라는 용어를 사용하였다. 하지만 최근에는 기초자산의 보유와 상관없이(uncovered) 현금결제 방식에 따른 파생상품 성격의 워런트가 주를 이루면서 주식의 발행자가 아닌 제3자가 발행하는 워런트를 포괄적으로 총칭하여 커버드워런트라고 한다. 이 커버드워런트를 우리나라에서는 ELW(equity linked warrant, 주식워런트증권)라는 용어로 통일하여 2005년 12월에 거래소에 주식워런트증권시장을 개설하였다.

ELW는 특정대상물(기초자산)을 사전에 정한 미래의 시기(만기일)에 미리 정한 가격(행사가격)으로 사거나(콜ELW) 팔(풋ELW) 수 있는 권리를 갖는 파생결합증권으로 정의한다. 따라서 옵션과 마찬가지로 ELW는 콜ELW와 풋ELW가 있다.

하지만 옵션과 달리 ELW는 장외파생금융상품 인가를 받은 증권회사만이 ELW를 발행(매도)할 수 있고, ELW 발행자에 따라 발행조건(기초자산,[16] 권리유형, 행사가격, 만기, 권리행사기간(유럽형/미국형), 만기결제방식(현금결제/실물인수

---

15 한국거래소, 「주식워런트증권 길라잡이」, 2005, pp. 10-11.
16 ELW의 기초자산은 주식뿐만 아니라 상품, 통화, 금리, 주가지수 등 모든 자산이 될 수 있으나, 우리나라에서는 주식과 주가지수만을 기초자산으로 하여 ELW를 발행할 수 있다.

도결제), 전환비율 등)이 다양하게 정해져 비표준화되어 있으며, 유동성공급자 (LP)가 존재한다. 이런 점 등을 제외하고는 실질적으로 옵션과 동일하다.

표 7-4 ELW와 옵션의 비교

구분	ELW	주가지수(주식)옵션
발행주체	금융투자업자	옵션매도자(불특정 다수)
일반투자자	콜/풋 매수만 가능	콜/풋 매수 및 매도 가능
유동성제공	유동성공급자가 유동성 공급	유동성공급자가 없으며 시장수급에 의존
표준화정도	발행주체에 따라 다양함	표준화되어 있음
계약기간	다양(3개월-3년)	단기(주로 1년 이하)

📊 02 ┆ 전환비율

ELW 1증권을 행사하여 취득할 수 있는 기초자산의 수를 전환비율이라고 한다. 따라서 어떤 콜ELW의 전환비율이 0.5라고 하면 ELW가 2개 있어야 권리행사 시 기초자산 1개를 살 수 있다. 예를 들어, H전자ELW의 전환비율이 0.05라면 1개의 ELW로 H전자 주식 0.05주를 살 수 있다는 의미이므로 H전자 1주를 사려면 H전자ELW 20증권이 필요하다.

기초자산이 주식이 아닌 주가지수의 경우를 보자. 예를 들어, KOSPI200이 현재 219.12일 때 행사가격이 245 KOSPI200콜ELW의 전환비율 50이라고 하자. 이 것은 KOSPI200콜ELW를 매수하여 행사일 종가로 KOSPI200이 245를 넘는 1포인트당 50원씩 환산해서 준다는 의미로서, 1포인트가 50원이라는 의미이다.

📊 03 ┆ 유효 기어링

ELW의 가장 핵심적인 특징은 레버리지 효과가 크다는 것이다. 기초자산 가격의 움직임에 해당 ELW의 가격이 얼마나 더 민감하게 변화하는지를 계량화하여 적은 비용으로 얼마나 큰 투자효과를 보는지 나타내는 지표가 유효 기어링

(effective gearing)이다.

$$유효 \ 기어링 = \frac{ELW \ 수익률}{기초자산수익률} \tag{7-3}$$

유효 기어링은 기초자산이 1% 상승(하락)할 경우의 ELW 상승(하락)률을 의미한다. 예를 들어, 1만원짜리 주식에 대한 권리(ELW)를 500원에 투자할 경우 기초자산이 100원 상승(하락) 즉, 기초자산이 1% 상승(하락)할 때 ELW가 100원 (20%) 상승(하락)하면 레버리지가 20배가 된다는 의미이다. 다시 말하면, 레버리지가 20인 ELW는 기초자산이 1% 변화할 경우 ELW는 20% 변화한다는 것을 뜻한다.

이처럼 ELW는 주식투자보다 현금지출이 적고 주식이 예상방향으로 움직일 때 레버리지로 인해 주식보다 높은 수익률을 얻을 수 있기 때문에 주식투자의 대안으로 고려된다. 하지만 기초자산 가격이 하락할 경우에는 ELW 가격의 하락폭이 더 클 수 있기 때문에 레버리지 효과로 인해 훨씬 큰 손해를 볼 수도 있음에 주의해야 한다.

📈 04 │ 손익분기점

투자가가 ELW에 투자한 원금을 회수하기 위해서는 잔존기간 동안 기초자산의 가격이 행사가격 이상(이하) 상승(하락)해야 한다. 기초자산이 주가지수인 경우에는 ELW가격을 전환비율로 나눠줘야 지수단위의 ELW가격으로 환산된다.

$$콜ELW의 \ 손익분기점 = 행사가격 + ELW가격 \tag{7-4}$$

$$풋ELW의 \ 손익분기점 = 행사가격 - ELW가격 \tag{7-5}$$

예를 들어, KOSPI200이 219.12이고 KOSPI200콜ELW(전환비율 50, 행사가격 245) 가격이 205원일 경우, 콜ELW 손익분기점 = 행사가격(245) + ELW가격(205원)/전환비율(50)=249.1이 된다. 즉, 현재 콜ELW에 투자하면 만기시점에 KOSPI200이 249.1이면 투자원금만 회수하여 투자자의 손익은 0이 되어 손실도 이익도 없게 된다.

만약 손익분기점 이상으로 주가가 상승하면 수익은 무한대로 증가할 수도 있다. 예를 들어, 만기에 KOSPI200이 262.98이라면, 주식 투자 시 수익률은 20% [=(262.98−219.12)/219.12]이고 ELW투자 시 수익률은 338.54%[=((262.98−245)×50 −205)/205]이다.

○ ○ ○

읽을 거리

ELW, 레버리지 효과만큼이나 위험도 커

ELW는 주식(equity)에 연계된(linked) 증권(warrant)으로, 특정 시점에 주식을 사고팔 수 있는 권리가 주어진 증권이다. 쉽게 말하면 마트에서 사과를 싸게 살 수 있는 쿠폰에 비유할 수 있다. 예를 들어, 3달 내로 사과 하나를 1,000원에 살 수 있는 쿠폰이 있다. 며칠 후 마트에서 판매되는 사과의 가격이 1,500원이라면 사람들은 그 쿠폰을 최대 500원을 주고 사려 할 것이다. 이렇게 쿠폰의 가격이 형성된다.

사과가 만일 인기가 높아져 가격이 2,000원으로 오른다면 쿠폰 가격 역시 덩달아 오른다. 반면 사용기한이 다가올수록 쿠폰의 가치는 떨어진다. 3일 남은 쿠폰이 2일 남은 쿠폰보다 더 가치 있는 것과 같은 원리다. ELW에서는 시간가치로 환산돼 가격에 반영된다. 쿠폰을 ELW에 적용해보자. ELW는 기초자산, 행사가, 만기로 구성된다. 쿠폰에 비유하면 기초자산은 사과, 행사가격은 쿠폰을 주고 살 수 있는 1,000원, 만기일은 쿠폰의 사용기한인 3달이다.

ELW 투자에 나서기 위해서는 우선 기초자산인 주식종목이나 주가지수의 방향성을 예측해야 한다. ELW는 크게 두 가지로 분류한다. 만기에 이르러 사는 권리(콜ELW)와 파는 권리(풋ELW)다. 만기에 이르러 1,000원(행사가)에 살 수 있는 권리인 콜ELW는 해당 기초자산이 1,000원 이상으로 오를 경우 이익을 본다. 따라서 주가의 방향성을 예측해 가격이 오를 거라 예상하면 콜ELW, 내릴 거라 예상하면 풋ELW를 매수한다.

주가의 방향성을 예측한 다음 따져봐야 할 대상은 레버리지 비율이다. 레버리지 비율은 주가가 1% 변할 때 ELW 가격이 몇 퍼센트 변화할지를 나타내는 지표로 수익확대율이라고 말한다. 떨어질 수도 있기 때문에 반대로 손실확대율이기도 하다. 그만큼 레버리지 비율은 양날의 칼이다. 레버리지 비율에 영향을 미치는 요소로는 기초자산 가격, 만기까지 남은 기간, 주가 변동성 예상값(내재변동성) 등이 있다.

만기까지 남은 기간도 ELW 가격 형성에 중요한 요소다. 예를 들어, 현재 주가가 1만원인 주식을 기초자산으로 하는 콜ELW(행사가 2만원, 만기 8개월)가 있다. 만기까지 주식이 2만원까지 오르지 않는다면 굳이 그 주식을 2만원에 살 필요가 없기 때문에 콜ELW는 휴지조각이 된다. 그러나 만기까지 기간이 오래 남아있을수록 사람들은 그 주식이 오를 것이라 기대하기 때문에 시간가치가 반영돼 ELW에 가격이 형성된다.

[출처: 매일경제(www.mk.co.kr), 2010. 5. 12.]

- 투자신탁(계약형 펀드, 수익증권)과 투자회사(회사형 펀드, 뮤추얼 펀드)

투자신탁(계약형 펀드, 수익증권)	투자회사(회사형 펀드, 뮤추얼 펀드)
– 설립형태: 계약관계 – 투자자 지위: 수익자 – 투자자지분의 표시: 수익증권 – 수익금 지급: 분배금	– 설립형태: 회사형태 – 투자자 지위: 주주 – 투자자지분의 표시: 주식 – 수익금 지급: 배당금 – 무인의 주식회사 – 수익증권과 경제적 실질은 동일

- 펀드의 종류
  - 개방형 펀드, 폐쇄형 펀드, 증권 펀드(주식형 펀드, 채권형 펀드, 혼합형 펀드), 파생상품 펀드, 부동산 펀드, 거치식 펀드, 적립식 펀드, 국내 펀드, 해외 펀드(역외 펀드, 역내 펀드, 재간접 펀드)

- 펀드 운용수익

  - 수익증권: $기준가격 = \dfrac{펀드\ 총자산 - 펀드\ 총부채\,(각종비용)}{총좌수} \times 1,000$

  - 뮤추얼 펀드: $NAV = \dfrac{펀드\ 총자산 - 펀드\ 총부채\,(각종비용)}{펀드\ 총발행주식수}$

- 상장지수펀드(ETF)
  - 발행시장: ETF의 설정과 환매기능을 담당, ETF 설정 및 ETF 증권의 발행
    → 납입해야 하는 주식바스켓의 구성내역은 운용회사(집합투자업자)가 공시하는 자산구성내역(PDF)에 있음
  - 유통시장: 거래소에 상장 후 주식과 동일한 방법으로 매매

– 다양한 ETF: 시장대표 ETF, 섹터 ETF, 스타일 ETF, 테마 ETF, 채권 ETF, 통화 ETF, 상품 ETF, 파생상품 ETF(레버리지 ETF, 인버스 ETF, 곱버스 ETF)

- 주가연계증권(ELS)
  – ELS 상품의 손익구조: 다양함
  → 초기에는 원금보장형 ELS
  　　최근에는 원금비보장형 ELS

- 주식워런트증권(ELW)
  – 전환비율: ELW 1증권을 행사하여 취득할 수 있는 기초자산의 수를 전환비율

  – 유효 기어링 $= \dfrac{\text{ELW 수익률}}{\text{기초자산수익률}}$

  – 손익분기점: 콜ELW의 손익분기점 = 행사가격 + ELW가격
  　　　　　　　　풋ELW의 손익분기점 = 행사가격 − ELW가격

PART

04

기타 금융분야 이해하기

chapter

08 보험과 연금

📊 01 ┃ 위험의 구분

　우리는 일상생활을 하면서 여러 가지 위험을 마주하게 된다. 주식과 같은 금융상품에 투자하여 손실을 볼 수도 있고, 사망이나 질병 등의 위험을 만날 수도 있다. 이러한 위험은 크게 재무위험과 비재무위험으로 구분해 볼 수 있다.

　재무위험은 주식, 금리, 환율 등 재무요인의 변동으로 인해 보유한 자산가치가 올라가거나 내려갈 수 있는 위험으로서 신용위험, 시장위험, 유동성 위험 등의 형태로 나타난다. 신용위험은 상대방의 신용하락 및 부도 등으로 빌려준 돈을 받지 못할 가능성을 말한다. 시장위험은 주식·금리·환율과 같은 시장가격의 변동에 따라 자산가치가 변동하는 위험이다. 유동성위험은 예기치 않은 자금인출요구로 인해 유동성이 부족하게 되는 위험이다. 금융지식이 부족할수록 재무위험관리에 어려움을 겪게 된다.

　비재무위험은 고용관련 전문성위험, 가족관련 위험이나 불안한 노후와 관련된 노년위험, 각종 중독성 위험에 노출되는 의존형 위험 등과 같이 계량적으로 측정하기 어려운 모든 위험을 말한다. 비재무적 위험요소인 직장에서의 해고 혹은 자녀교육문제, 질병 및 사망 등은 개인 상황에 따라 다르다는 특징을 가진다.

한편, 재무위험과 비재무위험을 보험분야에서는 손실만 발생하는 순수위험 (pure risk)과 손실과 이익이 모두 발생하는 투기적 위험(speculative risk)으로도 구분하기도 한다.

순수위험은 항상 손실의 기회가 존재하고 이익의 기회가 전혀 존재하지 않기 때문에 화재, 홍수, 지진 등으로 인한 재산손실이나 사망, 질병 등의 인적손실이 여기에 해당한다. 전통적으로 순수위험을 관리하는 대표적인 위험관리방법이 보험이다.

투기적 위험은 주식 및 부동산 투자와 같이 손실과 이익의 기회가 모두 존재하는 위험이다. 투기적 위험은 예상 손실의 예측이 매우 어렵기 때문에 보험으로 대처할 수 없으며 선물이나 옵션과 같은 파생상품을 이용하여 위험을 관리한다.

📊 02 │ 보험의 이해

(1) 보험의 개념

보험은 미래에 발생할 수 있는 위험에 대비하여 보험회사에게 사전에 돈(보험료)을 주고 향후 위험이 발생(보험사고)했을 때 보험회사가 손실의 일부 혹은 전부를 보상해 주는(보험금) 경제적 거래이다. 따라서 보험회사는 공통적으로 발생할 수 있는 예기치 않은 위험을 하나의 위험집단으로 묶은 후, 각 개인(보험계약자)으로부터 보험료라는 대가를 미리 지급받아 준비금을 마련해 두었다가 구성원(보험계약자) 중 일부가 위험에 처했을 때 보험금으로 보상해 준다. 이처럼 보험은 위험결합 및 위험분산, 위험전가, 실제손실의 보상이라는 특징을 가진다.

1) 위험결합 및 위험분산

보험의 핵심적 특징인 위험결합 및 위험분산은 대수의 법칙에 의해서 개인의 손실을 집단의 평균손실로 대체할 수 있다. 대수의 법칙이란 평균의 법칙이라고도 하는데 표본수를 늘리면 결과가 예측된 값에 가까워지는 현상을 말한다.

예를 들어, 동전던지기를 하여 앞면이 나올 가능성은 $1/2(=50\%)$이라고 예측할 수 있다. 실제로 동전던지기를 네 번 할 경우 정확하게 앞면이 두 번 나와서 앞면이 나올 가능성이 50%가 될 수도 있지만 그렇지 않은 경우가 더 많다. 하지만 동전 던지는 횟수를 늘려 10,000번쯤 던질 경우에는 실제로 앞면이 나올 가능성이 예상결과인 50%에 거의 근접하게 된다.

이러한 대수의 법칙에 의해 손실을 통계적으로 예측할 수 있고 위험을 감소시킬 수 있다. 예를 들어, 1억원짜리 자동차를 보유한 100명이 있는데 이 중 5명이 1억원짜리 자동차에 불이 나서 완전히 파손되었을 경우 5명은 각자 1억원씩의 손실을 입는다. 하지만 100명이 이러한 화재위험을 결합하여 손실이 났을 때 동일하게 부담한다고 약속한다면 5명이 입은 총 5억원의 손실에 대해서 100명의 각 개인은 1백만원씩만 부담하게 된다. 대수의 법칙에 의해 개인의 손실 1억원을 집단의 평균손실 1백만원으로 손실금액을 예측하여 대체할 수 있는 보험은 사회전체의 불확실성인 위험의 감소를 가져올 수 있다.

2) 위험전가

일반적으로 발생 빈도는 적지만 예기치 않은 우발적 사고에 의한 큰 규모의 손실이 발생할 경우 개인 스스로는 이러한 손실을 부담하기 어렵다. 따라서 개인은 보험회사에게 위험을 전가하는 대가로 보험료를 납부하고 보험회사에게 위험을 전가시킨다. 보험회사는 다수의 계약자들로부터 받은 보험료를 이용하여 발생하는 손실을 보상할 수 있다.

3) 실제손실보상

보험은 실제손실을 화폐가치로 환산할 수 있어야 하며 원칙적으로 실제로 발생한 손실에 대해서만 보상해 주고 그 이상의 보상은 해 주지 않는 실손보상의 원칙이 적용된다. 다만, 사망이나 귀중품의 파손 등과 같이 실제손실을 확정할 수 있는 경우에는 보험계약에서 정한 약정한 금액으로 보상할 수 있다.

만약 보험금이 실제 손실보다 많을 경우 고의로 손실을 야기시키는 행위인 도덕적 해이(moral hazard)를 통하여 부당한 이익을 취할 수 있기 때문에 보험계약은 보험을 통해서 이익을 보지 못하도록 설계되어 있다. 즉, 보험으로 보상받아서 이익을 보는 경우는 없다.

민주주의와 자본주의, 보험과 커피?

인류 역사의 흐름과 함께 보험은 항상 우리 곁에 있었는데 한 예를 들면 한국에서는 '품앗이'나 '십시일반' 같은 콘셉트가 보험과 유사하다. 신뢰와 인정을 바탕으로 한 한민족 고유의 관습인 품앗이는 파종, 밭갈이, 논갈이, 모내기 등 절대적으로 노동력이 부족할 때 이웃 간에 노동력을 모아 서로 도와주는 것으로 여러 사람이 조금씩 힘을 합해 한 사람을 돕는 것은 매우 민주적이고 우리에게 전혀 낯설지 않은 미풍양속이다. 이는 다수의 보험료를 모아 소수의 위험을 변제해 주는 보험의 기본적인 개념과 매우 유사하다.

근현대 세계사를 이야기하기 위해서는 유럽의 제국주의와 산업혁명을 말하지 않을 수 없다. 특히 영국 해군이 스페인의 무적함대에 이겨 해상권을 장악하는 사건은 영국으로 하여금 한때 '해가 지지 않는 나라'라는 이름과 함께 세계를 식민지화하며 무역을 통해 부를 축척하는 계기가 됐다.

유럽의 여러 나라들과 식민지 경쟁을 하던 당시 해상을 통한 무역은 매우 중요하였고 해상무역은 악천후, 해적 등 여러 가지 위험이 따랐는데 영국 상선들이 타 유럽 국가들에 비해 더 활발히 활동할 수 있었던 이유를 들라면 막강한 영국 해군의 군사력도 있었겠지만 해상보험의 힘도 컸다.

제국주의와 함께 무역이 활발해지면서 유럽에 당시에는 없었던 진귀한 물품들이 공급되기 시작했는데 그중 상류사회에서 즐기던 것 중 커피, 차 등이 있었다. 당시에도 요즘의 스타벅스처럼 유명한 커피하우스가 있었다면 믿을 수 있을까? 실제로 그런 곳이 있었고 그곳에서 지금의 근현대적 보험업의 기반이 조성됐다니 재미있는 일이다.

커피는 13세기 이슬람세계에서부터 애용되기 시작하였다고 하며 그 후 온 유럽에 퍼져 영국에까지 이르게 됐다고 한다. 16세기 후반 영국에 커피하우스들이 생겨나기 시작했고 커피하우스는 곧 술집을 대신해 정치, 사회적인 모임 장소로 각광 받았다. 1680년경 Edward Lloyd라는 사람이 있었는데 그는 요식업자면서 출판업자로 런던 타워 스트리트에 커피하우스를 열었다. 이 커피하우스는 런던의 상인, 은행가, 선주들에게 비공식적인 회합을 가지는 장소로 애용됐는데 이때 사업 이야기의 중심은 해상을 통한 무역이었다.

해상을 통한 무역의 가장 큰 문제는 배가 한 번 나가려면 막대한 자금이 투자되는데 원래 계획했던 물품들을 싣고 돌아와야 할 배가 돌아오지 못하는 것이었는데 이럴 경우 큰 손실이 났다. 이때 런던의 부호들이 로이드의 커피하우스에서 선주들에게 일정액의 돈, 즉 보험료를 받는 대신 선주의 위험을 책임지는 계약서 아래에 서명을 하게 했는데 이 때문에 '언더라이터(underwriter)'라는 단어가 처음 유래되었다.

1769년에 이르러서는 이곳에서 보험업자들로 이루어진 보험시장이 생기게 됐고 '로이드 오브 런던'이란 이름으로 해상보험시장이 만들어져 근대적 보험의 모태가 됐다. 이는 영국 상인들로 하여금 더 과감히 사업을 벌여 나갈 수 있는 근간을 만들어 줬다. 이후 많은 보험사들이 생겨나기도 하고 망하기도 하면서 인류 사회의 발전과 함께 보험도 계속해서 진화해 자본주의 사회의 중요한 한 축으로 자리 잡게 된다.

[출처: 미주중앙일보(www.koreadaily.com), 2016. 5. 11.]

(2) 보험의 수익구조

미리 정한 가격으로 기초자산을 팔 수 있는 권리인 풋옵션과 보험은 유사한 성격을 갖는다. 풋옵션처럼 보험도 보장해 주기로 한 기초자산에 손실이 발생할 경우 보험증권을 제시하고 기초자산의 손실만큼 보험금을 받는다.

다시 말하면, 보험은 우연한 사고와 같은 어떠한 조건이 충족될 경우 기초자산에 해당하는 담보자산의 가치보다 감소된 금액만큼 보험금을 청구할 수 있지만, 담보자산에 어떠한 손실도 발생하지 않으면 보험료만큼의 비용만 부담하고 계약이 종료된다. 만약 담보자산의 가치 손실이 크면 클수록 지급되는 보험금도 커지게 된다. 이러한 풋옵션 성격의 보험수익구조를 <그림 8-1>에 나타내었다.

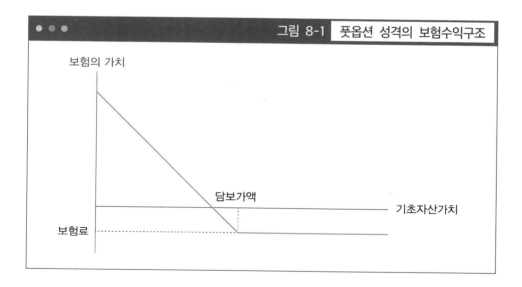

그림 8-1 풋옵션 성격의 보험수익구조

한편, 기초자산을 담보자산의 가치가 아닌 보험사고의 손실액으로 보면 보험
은 콜옵션의 수익구조를 가진다. 자동차보험과 같이 자기부담금(deductible)이 있
을 경우 사고로 인한 손실액이 자기부담금(행사가격) 이상이 되면 손실액을 청구
할 수 있으며 손실액이 커질수록 보험금지급도 커지는 콜옵션 성격의 보험수익
구조를 <그림 8-2>에 나타내었다.

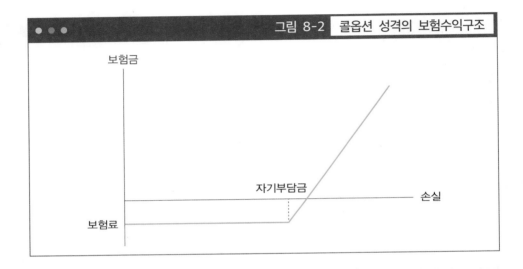

그림 8-2 콜옵션 성격의 보험수익구조

여기서 자기부담금이란 보험금 산정 시 피보험자가 손실액 중 부담하는 일정
액을 말하는데, 자동차보험의 자기차량손해에 자기부담금이 적용되는 경우가
대표적이다. 자기부담금은 도덕적 해이를 방지하기 위한 장치로서 만약 모든 사
고에 대해 보험회사가 보상을 해 준다면 피보험자는 사고방지를 위해 노력할 유
인을 갖지 못할 뿐만 아니라 고의로 사고를 내어 노후된 부분을 새로 교체하는
등의 도덕적 해이까지 발생할 수 있게 된다. 따라서 보험은 적정 금액의 자기부
담금을 설정하여 도덕적 해이를 방지한다.

이처럼 보험은 옵션과 같은 수익구조로 인해 옵션으로 간주하기도 한다. 하지
만 옵션은 기초자산의 가격변동으로 이익 및 손실이 발생할 수 있는 위험에 대
해서 관리하는 반면, 보험은 이익의 기회가 존재하지 않는 순수위험에 대해서만
관리한다는 점에서 차이가 있다. 또한 옵션은 보험에 존재하는 도덕적 해이 등
과 같은 정보비대칭문제가 존재하지 않는다.

🏛 03 ┊ 보험계약요소

(1) 보험계약자

보험계약과 관련된 사람은 보험계약자, 피보험자, 보험수익자가 있다. 보험계약자는 보험회사와 계약당사자로 보험료 납입의무를 지는 자를 말한다. 보험계약자는 자연인과 법인 모두 가능하다. 보험계약을 할 때 피보험자를 명시해야한다.

피보험자는 보험사고가 발생할 경우 보상을 받는 사람을 말한다. 생명보험에서의 피보험자는 보험사고(사망, 생존 등) 발생의 대상이 되는 사람을 말하며, 손해보험에서의 피보험자는 보험사고(우연한 사고)가 발생함으로써 손해를 입은 사람(손해를 보상받을 사람)을 말한다. 따라서 생명보험에서의 피보험자는 자연인만되고 도덕적 해이를 방지하기 위해서 피보험자의 서명동의가 필요하다.

생명보험과 손해보험 모두 피보험자와 보험계약자가 같을 수도 있고 다를 수도 있다. 같을 경우는 자기를 위한 보험[1]이 되지만, 다를 때에는 타인을 위한 보험[2]이 된다. 따라서 보험사고가 발생하면 보험금을 받을 수 있는 보험수익자는 사망보험인 경우에는 피보험자와 보험수익자가 동일인이 될 수 없다. 보험금 청구권자는 원칙적으로 보험계약자가 아니라 생명보험은 보험수익자가 되고 화재보험은 피보험자가 된다.

(2) 보험사고

보험사고는 보험약관[3]상 보험회사가 보상하는 손해를 일으키는 사고를 말한다. 생명보험의 경우 사람의 질병, 상해, 사망, 노후 등이 해당되고 화재보험의 경우 화재, 우연한 사고, 도난 등이 해당된다.

---

1 생명보험계약에서는 「자기생명의 보험계약」이라고 하고, 손해보험계약에서는 「자기를 위한 보험계약」이라고 한다.
2 생명보험계약에서는 「타인생명의 보험계약」이라 하고, 손해보험계약에서는 「타인을 위한 보험계약」이라고 한다.
3 보험계약의 내용을 이루는 계약조항인 보험약관(policy)은 약속(promise), 보증(undertaking)을 뜻하는 17세기 이탈리아어인 polizza에서 유래되었다.

(3) 보험목적물

보험목적물은 보험사고의 대상을 말한다. 생명보험에서는 피보험자의 생명이나 신체를 의미하고 화재보험에서는 피보험자의 재물을 의미한다. 보험계약의 목적「상법」(제668조)은 보험목적물을 의미하는 것이 아니고 피보험 이익(insurable interest)을 의미함에 주의해야 한다.

피보험 이익이란 보험목적물에 보험사고가 발생할 경우 피보험자가 갖는 경제적 이해관계를 말한다. 예를 들어, 내 소유의 차량이 파손되었다면 자신이 피해를 입는 이해관계가 있어 피보험 이익이 존재하지만 다른 사람의 차량이 파손될 경우에는 나와 이해관계가 없으므로 피보험 이익이 존재하지 않는다.

그리고 피보험자의 동의만 있으면 보험계약자와 피보험자 사이에 아무런 경제적 이해관계 즉, 피보험 이익이 없어도 생명보험계약이 성립(「상법」 제731조)된다고 함으로써 제3자를 피보험자로 정하여 보험계약을 할 수 있도록 해 놓고 있다. 예를 들어, 회사가 숙련된 임직원을 피보험자로 삼아 사망보험을 들었을 경우 만약 임직원이 사망하게 되면 보험금은 유족이 아닌 회사가 가져가게 된다.

한편, 피보험 이익이 다르면 하나의 보험목적물에 대해 여러 개의 보험에 가입할 수 있다. 예를 들어, 귀중품에 대해 화재보험과 도난보험을 동시에 가입할 수 있다.

(4) 보험기간

보험기간은 보험회사의 책임이 시작되어 끝날 때까지의 기간이며, 이 기간 안에 보험사고가 발생해야 보험금이 지급된다. 보험기간은 보험계약에 상세히 규정되어 있는데 통상 보험상품마다 다르다. 당사자 간에 별다른 약정이 없을 경우 보험회사의 책임은 최초의 보험료지급을 받은 때부터 개시한다.

(5) 보험료와 보험금

보험료는 보험계약자가 보험회사에게 지불하는 금액이다. 보험계약을 한 후 다른 약정이 없는 한 2개월 이내에 보험료 전액 또는 첫 번째 보험료를 납입하지 않은 때에는 계약이 해지된 것으로 본다.

보험료는 크게 순보험료와 부가보험료로 구성된다. 순보험료는 질병·상해·

사망 시에 보험회사가 지급하는 데 사용되는 위험보험료와 만기환급금으로 사용되는 저축보험료로 구성된다. 사고(질병·상해·사망) 발생가능성인 예정위험률이 높아지면 순보험료는 일반적으로 올라간다. 하지만 보험회사가 보험료로 받은 돈을 잘 운용하여 수익을 많이 낼 경우에는 순보험료가 내려갈 수도 있다.

부가보험료는 순수한 보험과 상관없이 부가되는 돈을 말한다. 보험회사가 보험사업, 즉 보험계약을 하고 유지하면서 발생하는 각종 비용에 사용하기 위해서 보험계약자로부터 순수한 보험료에 웃돈으로 얹어서 받는 돈이다. 이를 사업비라고 부르는데 일종의 수수료에 해당한다. 보험회사는 미리 예상되는 각종 비용을 계산하는데 이를 예정사업비율이라고 한다. 결국 보험료는 예정위험률, 보험료를 운용하여 획득하는 수익의 예상치인 예정이율, 예정사업비율을 고려하여 결정된다.

보험금은 보험사고가 발생했을 때 보험회사가 지급하는 금액이다. 전통적인 생명보험은 정액보험이므로 계약상 약정한 일정금액이 지급되나 변액보험은 투자실적에 따라 보험금이 달라진다.

📈 04 │ 보험의 종류

보험은 보험계약의 공급자가 누구냐에 따라 국가나 공공단체에 의해 강제성을 띠고 유지되는 공적보험과 민간단체나 민간회사에 의해 자발적으로 유지되는 민영보험으로 크게 구분해 볼 수 있다.

(1) 공적보험

공적보험은 구성원들의 위험관리를 가장 큰 목적으로 삼기 때문에 보험가입에 강제성을 두거나 부의 재분배 성격이 강하다는 특징이 있다. 대표적으로 국민연금, 산재보험, 고용보험, 국민건강보험, 노인장기요양보험 등의 사회보험과 우체국 보험 등과 같이 공공기관이 운영하는 보험이 있다.

(2) 민영보험

민영보험은 크게 생명보험과 손해보험이 있다. 생명보험은 사람의 질병, 상해, 사망, 노후 등을 대상으로 하는 반면 손해보험은 우연한 사고, 화재, 도난 등으로 인한 재산상의 손해를 대상으로 한다. 따라서 생명보험과 손해보험은 근본적으로 위험의 특성이 다르다.

생명보험은 재산상의 손해와 달리 사람의 사망, 노후 등을 대상으로 하므로 보험가액을 설정할 수 없기 때문에 정액보험으로 계약한다. 손해보험은 실손보상의 원칙에 따라 재산상의 실제 손실 부분만 보상하는 실손보험이다. 이러한 특성으로 인해 생명보험과 손해보험의 겸업은 금지되어 있지만, 자회사 형태로의 겸영은 가능하다.

하지만 상해보험, 질병보험, 간병보험의 경우는 사람을 대상으로 하는 생명보험의 성격과 실손 부분만 보상하는 손해보험의 성격의 모두 갖기 때문에 제3보험으로 구분한다.

1) 생명보험

① 사망보험, 생존보험, 혼합보험

보험회사가 보험금을 지급해야 할 원인이 되는 보험사고에 따라 사망보험, 생존보험, 혼합보험으로 분류한다.

㉠ 사망보험

사망보험은 피보험자의 사망이 발생할 경우 보험금이 지불되는 보험이다. 사망보험은 보험기간에 따라 정기보험과 종신보험으로 구분할 수 있다.

정기보험은 일정 기간만 사망위험을 보장하는 상품으로 보험기간 안에 사망하면 사망보험금이 지급되고 보험기간 안에 사망하지 않으면 보험금의 지급도 없고 보험료의 환급도 없이 계약이 종료된다. 정기보험은 저축성 기능은 거의 없고 대신 대표적인 보장성 보험이다. 따라서 보험료가 저렴하고 납부한 보험료에 비해 보험금이 상대적으로 크다.

종신보험은 보험기간이 정해져 있지 않고 피보험자가 사망할 때까지 보험계약이 유지되어 피보험자가 사망하면 보험금이 지급된다. 종신보험은 보험료를 일정 기간 납입하고 평생 보장 받는 경우도 있고 평생 보험료를 납부하는 경우도 있다. 하지만 수익자는 반드시 보험금을 받게 되며 보험료가 정기보험보다 비싸다.

종신보험의 기본적 기능에 치명적인 질병이 발생할 경우 가입금액의 50 - 80% 정도를 미리 지급받아 피보험자의 치료비 및 생활비 등으로 사용하고 사망 후에는 나머지 잔액을 지급 받을 수 있는 종신보험인 치명적 질병(CI: critical illness) 보험도 있다.

ⓛ 생존보험

생존보험은 피보험자가 약속한 기간이 만료되는 날까지 살아 있을 경우에만 보험금이 지급되며, 만약 피보험자가 사망하면 보험금이 지급되지 않으며 납입한 보험료도 반환되지 않는 것이 원칙이다. 생존보험은 일정시점에서의 목돈 마련이 주목적이기 때문에 보장성 기능보다는 저축성 기능이 강하다. 자녀학자금 마련을 위한 교육보험과 노후생활자금 마련을 위한 연금보험이 여기에 속한다.

ⓒ 혼합보험

혼합보험은 사망보험과 생존보험의 특징을 결합시킨 것으로 저축성 기능과 보장성 기능을 절충한 보험이다. 양로보험이라고도 불리는 혼합보험은 계약 만기 전에 사망하면 사망보험금이 지급되고 만기가 되어도 생존하면 생존급부가 지급된다. 우리나라 생명보험상품은 혼합보험이 대부분이며, 특약을 통해 재해·질병·상해 등의 보험사고도 보장하고 있다.

○ ○ ○

읽을 거리

생활비형, CEO형 … 정기보험이 다양해졌다

직장인 김모(38)씨는 최근 유치원생인 자녀를 위해 정기보험에 가입했다. 김씨는 "종신보험은 월 보험료가 10만원을 훌쩍 넘어 부담스러워서 보험료가 훨씬 저렴한 정기보험에 가입했다"며 "만약 내가 환갑 전에 세상을 뜰 경우 자녀가 생활비로 매달 보험금을 받을 수 있도록 설계된 상품을 골랐다"고 했다.

정기보험은 종신보험처럼 가장이 갑자기 사망했을 경우 남은 가족의 생계를 보장하는 상품이다. 종신보험은 사망할 때까지 평생을 보장하지만, 정기보험은 미리 약정한 보장 기한 내 사망할 경우 보장한다는 점이 다르다. 월 보험료는 종신보험의 최대 10분의 1 수준으로 저렴하다.

최근에는 사망을 보장하는 주 계약에 각종 상해·질병 특약을 부가하거나, 상속 재원으로 쓸 수 있도록 하는 등 정기보험도 다양해지고 있다. 보험업계 관계자는 "미국의 경우 2013년 기준 정기보험과 종신보험의 비중이 각각 37%, 44%로 비슷한 수준"이라며 "국내 시장에서도 합리적인 보험 상품에 대한 선호에 힘입어 30~40대 중심으로 가입이 증가하는 추세"라고 했다.

▶ 종신보험 보험료의 10분의 1 수준

정기보험의 가장 큰 장점은 가격경쟁력이다. 종신보험보다 보험료가 10분의 1 수준으로 저렴하다. 인터넷 전업 생명보험사 교보라이프플래닛 상품의 경우 40세 흡연 남성이 사망보험금 1억원을 보장해 주는 종신보험에 20년 월납으로 가입할 때 월 보험료는 19만 3,500원이지만, 사망보험금 1억원짜리 정기보험에 가입할 경우 월 보험료는 2만 3,500원(60세 만기, 20년 월납, 비갱신, 순수보장형 기준)으로 내려간다. 만약 가입자가 담배를 피우지 않고 건강하다면 보험료는 1만 4,800원까지 내려간다.

만약 특약은 배제하고 주 계약인 사망보장에만 집중하고 싶다면 대면 채널보다 온라인 채널로 가입하는 것이 유리하다. 사망보장만 비교했을 때 미래에셋생명의 '미래에셋생명 온라인 정기보험'은 같은 회사의 대면 판매 상품인 '미래에셋생명 정기보험'보다 보험료가 약 20% 싸다.

▶ 사망보장에 질병·상해보장 특약 부가도

최근에는 사망보장에 질병·상해 등으로 보장하는 특약을 부가하는 정기보험도 늘어나고 있다. 신한생명은 최근 정기보험에 암진단·5대 질병·상해보장 등 다양한 특약을 부가한 상품을 선보였다. 신한생명 상품의 경우 주 계약뿐 아니라 특약도 최대 100세까지 보장해 준다.

신한생명은 "출시 한 달 반 만에 가입 건수가 2,000건이 넘을 정도로 인기"라고 했다. 삼성생명 'VIP정기보험', 미래에셋생명의 '미래에셋생명정기보험', 동양생명의 '수호천사하늘애(愛)정기보험' 등도 기본적인 정기보험에 질병 및 재해에 따른 의료비 등을 보상하는 특약을 부가해 종합 보장이 가능하도록 설계됐다.

▶ 70대도 가입 가능 ··· 상속 재원으로도 활용 가능

고액 자산가나 기업 경영인(CEO)들이 정기보험을 상속 재원이나 회사 유동성 자금으로 활용할 수 있도록 설계된 상품도 연이어 출시되고 있다. 지금까지 상속 수단으로 각광받았던 종신보험은 보통 65세를 넘기면 가입이 불가능했지만, CEO형 정기보험은 70대에도 가입이 가능하다. 한화생명의 '한화생명경영인정기보험', NH농협생명의 '행복한NH경영인정기보험'이 대표적인 예다. NH농협생명 상품의 경우 기업이 CEO를 피보험자로, 계약자와 수익자를 법인으로 지정할 경우 예상치 못한 CEO 유고 시 보험금을 회사 유동자금이나 대출금 상환 등으로 사용할 수 있다. 이 경우 기업이 내는 보험료는 100% 비용 처리된다.

[출처: 조선비즈(biz.chosun.com), 2017. 9. 6. 수정]

② 변액보험, 유니버셜생명보험, 변액유니버셜생명보험

㉠ 변액보험

2001년도에 도입된 변액보험(variable life insurance)은 보험계약자가 납입한 보험료 중 일부를 주식이나 채권 등에 투자하여 그 운용실적에 따라 이익을 보험계약자에게 배분해 주는 실적배당형 보험이다. 따라서 운용실적이 좋으면 사망보험금 및 해약환급금이 증가하지만 운용실적이 좋지 않을 때 중도 해약을 할 경우에는 해약환급금이 원금보다 적을 수 있다.[4] 이러한 투자운용결과는 보험사가 아닌 보험계약자가 안게 된다.

변액보험은 실적배당형 상품이라는 점에서는 펀드와 동일하지만 아무리 실적이 나빠도 보험고유의 사망보장기능은 가지고 있기 때문에 보험사고(사망)가 발생했을 때 보험가입 시 설정한 최저보증사망보험금은 지급받을 수 있다. 또한 변액보험은 장기간 운용하는 상품이기 때문에 10년 이상의 장기간을 유지할 경우에만 보험차익에 대한 비과세혜택이 주어짐에 주의해야 한다.

㉡ 유니버셜생명보험

유니버셜생명보험(universal life insurance)은 일반보험인 종신보험에 유니버셜기능을 추가하여 보장성에 유연성을 확보한 보험상품이다. 유니버셜기능이란 보험계약자가 의무납입기간 이후로 보험료를 더 내거나 낮춰 내거나 혹은 납입을 중지하거나 앞으로 납입할 보험료를 미리 낼 수도 있고, 적립금 한도 내에서 인출도 가능한 것을 말한다.[5]

만약 의무납입 기간 이후에 보험료를 내지 않거나 중도인출한 경우에는 해지환급금이나 만기환급금이 줄어들 뿐, 보험계약이 해약되는 것은 아니다. 한 가지 주의할 점은 보험료를 내지 않을 경우에도 이미 납부한 보험료에서 필요한 위험보험료와 사업비가 매달 빠져 나가기 때문에 장기간 납입중지할 경우에는 인출될 금액이 부족해져 보험계약이 해지될 수도 있다.

---

4 실제로 보험계약자는 납입한 보험료(원금)와 수익금(운용실적에 따른 이익)에서 수수료(사업비 연 6-14%와 위험보험료)를 차감한 금액을 받기 때문에 운용실적이 사업비보다 낮을 경우에는 원금보다 적은 금액을 받게 된다.

5 추가납입금액의 한도는 보험상품별로 다르기 때문에 유니버셜생명보험 가입 시에 확인해야 하고, 납부한 보험료를 해지환급금의 일정 비율 이내에서 찾아 쓸 수 있는 중도인출 횟수에 대해서는 보통 상품별로 정해져 있다.

ⓒ 변액유니버설생명보험

우리나라에서는 보험계약자가 납입한 보험료의 일부를 주식, 채권 등에 투자하여 운용실적에 따라 보험금을 지급하는 변액보험과 보험료의 납입, 적립, 인출이 자유로운 유니버설생명보험을 결합한 변액유니버설생명보험이 주를 이루고 있다. 변액유니버설생명보험은 보험사고(사망) 시에는 기본사망보험금과 실제적립금을 합한 금액을 사망보험금으로 지급하고, 보험기간 중에는 보험료납입의 일시 중지나 추가납입을 할 수 있을 뿐만 아니라 중도인출도 가능하다.

○ ○ ○

읽을 거리

종신보험 이름 '길고 복잡해진' 이유

생명보험사의 대표 수익상품인 종신보험의 명칭이 길어지는 추세다. 유병장수 시대가 다가올수록 사망에 따른 유족의 경제적 위험을 보장하는 종신보험의 매력이 떨어지는데 대한 보험사들의 복잡한 셈법이 숨어있다는 분석이다.

▶ 상품 하나에 8단어…'복잡해진' 종신보험

ABL생명이 지난 18일 출시한 '(무)더나은변액유니버설통합건강종신보험'은 상품명을 단어별로 쪼개보면 종신보험이란 상품을 표현하는데 총 8단어가 사용됐다. 이는 보험업감독업무시행세칙 별표 18에서 정하는 보험 상품 심사기준에 따른 것으로 풀이된다. 세부 세칙에서는 보험 상품 특징 및 보장내용에 부합하는 명칭을 보험상품에 사용할 것을 권고하고 있다. 즉, ABL생명은 상품의 특징을 명확하게 하고자 매우 긴 명칭을 사용할 수밖에 없었던 셈이다.

지난해부터 올해까지 출시된 종신보험만 봐도 이름이 길어지는 추세를 쉽게 찾아볼 수 있다. 교보생명 '교보GI변액종신보험', 한화생명 '생활비받는스마트변액통합종신보험'. ING생명 '생활비챙겨주는변액유니버설종신보험', KB생명 'KB평생보증+변액유니버설종신보험' 등이 한 예다.

▶ 요즘 유행은 '변액 · GI · 생활비'

이렇듯 종신보험의 명칭이 길어지게 된 이유는 무엇일까. 사망보험금 지급 위주의 전통형 종신보험이 더 이상 보험소비자들의 니즈를 충족시키지 못하자 나온 궁여지책이 상품 이름에 반영됐다는 것이 업계의 중론이다. 예를 들어, 'GI'는 CI(중대한 질병: critical illness)보험에서 파생된 개념이다. CI보험은 사망 직전의 중대 질병이 발생한 보험계약자들에게 사망보험금의 일부를 미리 지급하는 변형 종신보험 상품이다. GI는 CI에서 보험금을 선지급 받을 수 있는 질병의 범위를 넓혔다. 더 많은 질병 위험을 종신보험의 사망보험금에서 당겨 받기 위해 가입하는 상품인 셈이다. 종신보험보다는 질병을 대비하기 위한 보험으로 보는 측면이 크다.

'생활비'나 '연금'이 포함된 종신보험은 약속했던 사망보험금의 일부를 조금씩 해지, 이때 발생하는 환급금을 조금씩 지급하는 방식으로 만들어졌다. 사망보험금을 대신해 생활비나 연금으로 매달 받는 방식이다. 이렇듯 사망보험금을 토대로 질병이나 생활비 등을 지급받는 기능을 넣다보니 추가된 기능이 '변액'과 '유니버셜'이다.

변액보험은 투자수익에 따라 향후 받아 갈 수 있는 보험금의 크기가 달라진다. 유니버셜생명보험의 대표적인 기능은 추가납입인데 사망보험금과 관계없이 환급금의 크기만 키운다. 특히 추가납입의 경우 상품마다 납입한 보험료의 2배까지 낼 수 있는데 20~40만원에 달하는 종신보험의 보험료를 한 번 더 납입하도록 만드는 기능이다. 업계 일각에서는 추가납입에도 사업비가 떼인다는 점을 감안하면 보험사 입장에서 이득일 가능성이 높다고 이야기한다.

▶ **이름이 길다고 좋은 상품일까**

업계는 최근 출시되는 변액, 유니버셜 종신보험이 변액보험의 주목적인 물가상승에 따른 사망보험금 가치 보전보다 투자수익을 통한 생활비 증가 등 '잿밥'에만 충실한 기능이라 지적한다. 종신보험을 원 목적이 아닌 다른 용도로 사용하고자 만들어졌다는 이야기다. 예를 들어, 생활비(연금) 기능이 포함된 상품은 정해진 기간에 사망을 보장하는 '정기보험'과 노후에 연금수령을 목적으로 가입하는 '연금보험'을 합친 개념이다. 금융당국은 이러한 연금형 종신보험이 '정기+연금'보험 가입보다 수익률이 낮을 수 있다고 주의를 요구한 바 있다.

GI · CI보험 등도 결국 종신보험의 일종일 뿐 생존 리스크만을 위해 가입하는 상품이 아니다. 일반적인 질병보험 대비 보험사가 보험료에서 떼 가는 사업비 비중도 높고 판매수수료도 크다. 한 생보사 관계자는 "최근 출시되는 변액유니버셜종신보험 판매 시 설계사가 받는 수당은 월납초회보험료의 2,000%를 넘는다. 월 보험료 20만원의 종신보험을 팔면 400만원의 수당이 떨어진단 뜻"이라며 "종신보험은 보험사가 떼어가는 사업비도 매우 높다. 보험사들이 다양한 생존 리스크를 보험료가 비싼 종신보험에 녹여서 판매한다는 지적이 나오는 이유"라고 말했다.

[출처: 대한금융신문(www.khanker.co.kr), 2017. 9. 26.]

2) 손해보험

손해보험은 사고, 화재, 도난 등으로 인해 발생하는 피보험자의 재산에 대한 손해를 복구해 주는 보험이다. 손해보험은 손해의 형태에 따라서 재산보험, 배상책임보험, 상해·건강보험으로 분류할 수 있다. 또한 보험실무에서는 화재보험, 해상보험, 장기손해보험, 보증보험, 특종보험, 자동차보험으로 분류한다.

① 손해의 형태에 따른 분류

㉠ 재산보험

재산보험은 화재, 도난, 우연한 사고 등에 따른 재산상 손실을 보상하는 보험이다. 화재보험과 해상보험이 대표적인 재산보험에 해당한다.

㉡ 배상책임보험

배상책임보험은 피보험자가 남의 신체나 재산에 손해를 입혀 법률상의 책임을 질 경우 보험회사가 제3자에게 배상금과 소송비용 등의 손해를 보상하는 보험이다.

㉢ 상해·건강보험

상해·건강보험은 화재, 도난, 우연한 사고 등으로 인한 신체 상해 혹은 질병에 대비한 보험이다. 사람의 질병, 상해, 사망, 노후 등을 대상으로 하는 생명보험과 재산상의 손해를 대상으로 하는 손해보험은 위험의 특성이 다르므로 서로 겸업하지 않는다. 하지만 질병보험, 상해보험, 간병보험은 생명보험회사와 손해보험회사 모두 취급할 수 있다.

② 보험실무에 의한 분류

㉠ 화재보험

화재보험은 화재로 인한 재산상의 손해의 보상을 목적으로 하는 손해보험계약을 말한다.

㉡ 해상보험

해상보험은 해상사업에 관한 사로로 인하여 발생할 수 있는 손해의 보상을 목적으로 하는 손해보험이다.

㉢ 장기손해보험

장기손해보험은 보험기간이 3년 이상 장기간으로 사고에 대비한 보장기능에 더하여 만기 시에는 보험계약자가 납입한 보험료 중 저축보험료 부분에 약정된 이율에 따른 이자를 더해 돌려주는 저축기능을 겸한 보험이다. 장기손해보험은 우리나라와 일본에만 있는 특수한 형태의 보험으로서 일반손해보험의 성격(실손

보상)과 생명보험의 특징(보험기간이 길고 환급금이 존재)을 동시에 지니고 있다.

ⓒ 보증보험

보증보험은 매매·고용·도급·기타의 계약에 의한 채무불이행에 의하여 채권자나 기타 권리자의 손해를 보상하는 보험이다.

ⓓ 특종보험

특종보험은 화재보험, 해상보험, 자동차보험, 장기손해보험, 보증보험 등을 제외한 모든 새로운 형태의 보험을 말한다.

ⓔ 자동차보험

자동차보험은 자동차의 소유·사용·관리로 인한 손해를 보상하는 보험으로 재산보험과 배상책임보험, 상해보험의 성격을 동시에 가지고 있는 종합보험이다. 우리나라 자동차보험은 의무적으로 가입해야 하는 책임보험인 대인배상 I, 대인배상 I의 보장 금액을 초과하는 손해를 보상하는 대인배상 II, 다른 사람의 재산·차량에 손해를 입혔을 경우에 대비하여 1,000만원까지 의무적으로 가입(초과 금액은 선택사항임)해야 하는 대물배상, 자동차 사고로 본인 또는 피보험자가 죽거나 다친 경우 보상해 주는 보장인 자기신체사고, 자기차량의 피해를 보상받는 보장으로 자기부담금이 있는 자기차량손해, 자동차보험을 들지 않은 무보험자동차에 의해 입은 상해에 대해 보상해 주는 보장 등 총 6가지를 보장하고 있다.

📊 05 ┊ 보험의 판매채널

보험은 사망, 질병, 재해, 도난 등 미래의 발생 가능한 손실을 보장받기 위하여 보험계약자가 스스로 보험상품을 구입하는 소비욕구가 많지 않고 다른 금융상품들에 비해 용어도 어려울 뿐만 아니라 고객이 보험상품을 선구매하고 나중에 보험사고가 발생했을 때 보장을 받는 무형의 자산이라는 특성이 있다. 따라서 보험회사들은 이러한 보험의 특성을 반영하여 다른 금융상품과 달리 독특한 판매채널을 발전시켜 왔다.

「보험업법」은 보험계약을 모집할 수 있는 자를 보험설계사, 보험대리점, 보험중개사, 보험회사의 임원(대표이사·사외이사·감사 및 감사위원은 모집업무에 종사할 수 없음), 보험대리점 또는 보험중개사의 임원 또는 사용인으로서 보험업법에 의하여 모집에 종사할 자로 신고 된 자(제83조 제1항)로 한정적으로 열거하고 있다.

(1) 보험설계사

보험설계사는 보험회사를 위하여 보험계약의 체결을 중개하는 사람을 말한다. 보험설계사가 되려면 보험협회에서 주관하는 보험설계사시험 및 필요자격증을 취득해야 한다.[6] 보험설계사를 통해 보험에 들 경우 불완전판매의 가능성은 낮아지나 보험료에 보험설계사의 수당이 포함되어 보험료가 높아지므로 가장 많은 비용이 발생하는 판매방식이다. 그동안 우리나라의 경우 보험설계사와 보험대리점에 의한 간접판매방식이 주를 이루어왔다.

(2) 보험대리점

보험대리점은 보험회사를 위하여 보험계약의 체결을 대리하는 자를 말한다. 보험대리점이 되고자 하는 자는 보험회사와 보험대리업무에 관한 위임계약을 체결하고 등록요건을 갖추어 금융위원회에 등록[7]해야 한다. 보험대리점은 보험회사와 계약한 보험대리점계약 내용에 따라 보험모집업무를 하고 보험회사로부터 일정률의 수수료를 받는다.

(3) 보험중개사

보험중개사는 독립적으로 보험계약의 체결을 중개하는 사람으로서 보험계약체결의 중개 및 위험관리자문을 할 수 있다. 보험중개사도 보험중개사 자격증을 취득한 후 금융위원회에 등록(실제 등록업무는 금융감독원에 위임되어 있음)해야 한다. 보험중개사는 보험회사와 보험요율을 협상할 수 있고 보험계약이 체결되면 보험회사로부터 수수료를 받고, 보험계약자에게 위험관리 자문을 할 경우에는

---

6 보험설계사 외에 보험업의 자격증으로 보험계리사가 있다. 보험계리사는 국내외 보험상품 관련 제도 조사, 소비자심리 및 보험료에 미치는 요인 분석을 통하여 보험상품을 개발하고 보험료 및 책임준비금 등을 산출한다.

7 보험대리점의 등록업무는 금융감독원장에게 위임되어 있으므로 금융감독원에 등록한다.

보험회사에게 보수청구권을 행사할 수 있다.

(4) 금융기관 보험대리점(방카슈랑스)

금융기관 보험대리점은 은행, 증권회사, 상호저축은행 등의 금융기관이 보험회사의 대리점 또는 보험중개사로 등록하고 보험상품을 판매하는 제도를 말한다. 일반적으로 프랑스어로 은행(banque)과 보험(assurance)의 합성어인 방카슈랑스라고 하는데, 1986년 프랑스 아그리콜은행이 프레디카생명보험사를 자회사로 설립하여 은행 창구에서 보험 상품을 판매하면서 시작되었다.

방카슈랑스를 통하여 보험사는 은행의 전국적인 점포망을 통한 판매채널을 확보할 수 있고, 은행으로서는 각종 수수료 수입을 기대할 수 있다. 우리나라는 2003년 8월부터 방카슈랑스를 통한 보험상품이 판매되기 시작하였다. 방카슈랑스를 통해 판매할 수 있는 보험은 개인연금보험과 장기저축성보험 등으로 한정돼 있으며 종신보험과 자동차보험은 판매할 수 없다.

(5) 직급

보험모집을 '직접취급'한다는 의미인 직급은 직접적으로 보험모집업무를 담당하는 구성원 또는 이들이 소속된 기업내부의 조직을 의미한다. 따라서 보험모집 활동을 담당하는 임직원과 그들이 소속된 본사의 영업부서조직이 직급이 되고 있다. 직급을 통한 판매는 기업보험 등 고액보험상품이나 가격변화가 크거나 경쟁이 심한 보험상품이 적합하다.

📄 section 02) 연금

📊 01 | 사회보장제도와 사회보험

산업화 이후 대가족 제도가 해체되고 핵가족화로 진행됨에 따라 인간의 질병, 노령, 장애, 빈곤 등의 문제가 개인 스스로 해결하기 어려운 사회문제로 대두되었다. 과거처럼 노년기의 생계유지 등에 가족이 부양공동체를 형성하여 해결하기 어렵게 된 것이다. 이러한 문제를 해결하기 위해 국가의 개입이 필요해짐에 따라 다양한 제도적 장치가 마련되었다.

우리나라에서 시행되고 있는 사회보장제도는 크게 사회복지서비스, 국민기초생활보장제도와 사회보험이 있다. 사회복지서비스는 국가의 도움이 필요한 모든 사람, 특히 노인·부녀자·아동·장애인 등을 대상으로 상담, 재활, 직업소개 및 지도 등을 함으로써 이들이 정상적인 생활이 가능하도록 지원하는 제도이다. 사회복지서비스는 사회보장정책의 일환으로 마련된 제도라는 점에서 공공부조[8]와 같은 기능을 한다. 국민기초생활보장제도는 국민의 최저생활을 보장해주는 사회보장제도로 기초생활보장과 의료보장을 주목적으로 하는 공공부조이다.

공적보험[9]에 해당하는 사회보험은 국가가 질병, 노령, 장애, 빈곤, 사망, 실업 등의 위협으로부터 보호하기 위하여 법에 의하여 강제성을 갖는 보험제도이다. 국민연금, 산재보험, 고용보험, 국민건강보험, 노인장기요양보험 등의 사회보험은 평소 보험료를 납부하고 노령, 사고, 실업, 질병 등의 위험에 대비하기 위해 국가가 운용하고 있다.

사회보험은 민영보험과 마찬가지로 보험제도이기 때문에 위험결합 및 위험분산, 위험전가, 손실보상 기능이 있으며 보험료를 납부[10]해야 한다는 점에서 공통적이다. 하지만 사회보험은 운영주체가 민간이 아닌 국가이고, 일정한 자격요건을 갖춘 사람만 강제적으로 가입하기 때문에 계약심사를 하지 않는다. 또한 개인적 공평성을 강조(보험적 요소)하는 민영보험과 달리 사회적 적절성을 강조(복지적 요소)한다.

---

8 공공부조란 국가와 지방자치단체의 책임 하에 생활 유지 능력이 없거나 생활이 어려운 국민의 최저생활을 보장하고 자립을 지원하는 제도를 말한다. (「사회보장기본법」 제3조)
9 공적보험은 국가나 지방자체단체가 직접 운영하거나 정부의 감독 하에 민간이 대행하여 운영하는 국영보험을 말한다.
10 사회보험의 경우 보험료 납부는 근로자, 사용자, 국가가 나눠서 부담하며 그 보험혜택은 일반국민이 된다.

📊 02 ┆ 공적연금

연금은 일정기간 동안 매달 혹은 분기 등과 같이 규칙적인 간격으로 지급되는 현금으로서 일시금으로 지급되는 것과 대비된다. 특히, 근로자들이 노후소득보장을 위해 근로기간에 기여금(보험료)을 내고 일정 연령에 도달하면 일정한 간격으로 급여를 받는 국민연금과 특수직역연금(공무원연금, 사립학교교직원연금, 군인연금)이 대표적이다.

우리나라의 공적연금제도는 1960년에 도입된 공무원연금이 시초이다. 이후 1963년에 공무원연금에서 군인연금을 분리하였고 1975년에는 사립학교교직원연금이 별도로 도입되었다. 공공부문과 별도로 민간부문에서도 근로자들의 노후보장을 위해 1961년에 기업이 제공하는 퇴직금제도를 도입하였으나 안정적인 노후자금으로 제공하기에는 한계가 있어 1988년에 국민연금을 도입하였다.

1988년 도입 당시의 국민연금은 10인 이상 사업장에 종사하는 근로자와 사업주를 대상으로 근로기간동안 근로자가 납부해야 하는 보험료율을 3%로 시작하여 단계적으로 5년마다 인상(1988-1992년: 3%, 1993-1998년: 6%, 1999년 이후 9%) 하여, 현재는 소득의 9%(보험료율: 본인과 사업장의 사용자가 각각 4.5%씩)를 매월 납부한다.

또한, 국민연금의 소득대체율[11]은 전체 가입기간을 40년으로 전제하여, 1988-1998년까지는 70%, 1999-2007년까지는 60%, 2008년부터는 50%에서 매년 0.5%씩 낮아져 2028년까지 40% 수준을 맞추도록 설계되어 있다. 소득대체율이 40%라는 것은 국민연금 가입자가 직장에 다니는 동안 벌었던 금액이 100만원이라면 연금으로 40만원을 받는다는 의미이다.

국민연금제도를 통해 제공하는 급여는 노령연금(노령으로 인한 근로소득 상실을 보전), 유족연금(주소득자의 사망에 따른 소득상실을 보전), 장애연금(질병 또는 사고로 인한 장기근로능력 상실에 따른 소득상실을 보전)이 있다. 이 중 노령연금은 연금보험료 가입기간(연금보험료 납부기간)이 10년 이상이면 출생연도별로 지급개시연령[12]

---

11 연금으로 받는 급여가 생애평균소득의 몇 %가 되는지를 나타낸 비율이다. 매월 받는 연금수령액(급여)을 연금가입기간의 월평균 소득으로 나눠서 구한다. 소득대체율이 50%이면 연금액이 연금 가입기간 평균소득의 절반이라는 의미이다.

이후부터 평생동안 매월 지급받을 수 있다.

읽을 거리

나이 들수록 믿을 건 '연금'

60세 이상 고령층의 소득에서 연금이 차지하는 비중이 높아지고 있다. 1일 한국은행에 따르면 2011년부터 2015년까지 연금소득이 연 평균 9.3% 증가했다. 이로 인해 고령층 전체 소득에서 연금소득이 차지하는 비중도 2010년 15.2%에서 2015년 19.1%로 확대됐다. 국민연금·공무원연금·사학연금·군인연금 등 공적연금 수급률과 수급액이 확대됐기 때문이다.

지난해 3월 기준으로 65세 이상 인구의 81%가 국민연금이나 기초연금 중 하나 이상을 수령하고 있는 것으로 나타났다. 22%는 두 연금 모두 받는 것으로 집계됐다. 국민연금의 경우 2015년 중 65세 이상 인구의 37%가 매월 평균 39만원을 수령했으며, 기초연금은 66%가 매달 18만원을 받은 것으로 집계됐다.

개인연금, 퇴직연금, 주택연금 등 사적연금은 도입 초기단계인 만큼 아직 수입액이 적은 것으로 나타났다. 2015년 중 60세 이상 가구의 평균 연금소득 57만 5,000원 중 공적연금이 55만 1,000원으로 96%를 차지했다. 사적연금은 2만 4,000원으로 4%에 불과했다.

한국은행은 "이처럼 고령층 연금소득이 빠르게 늘고 있지만 절대 규모는 선진국에 비해 적은 수준"이라고 지적했다. 실제 경제협력개발기구(OECD)의 2015년 자료에 따르면, 20세에 연금을 가입한 후 45년 후에 받게 되는 연금액의 평균소득 대비 비율은 OECD 평균 57.6%다. 우리나라는 39.3%로 평균을 밑돌고 있다.

연금가입률은 소득수준에 따라 현저한 차이를 보였다. 소득이 낮을수록 가입률이 낮았다. 월평균 임금 100만원 미만 저소득층의 국민연금 가입률은 12.7%에 그쳤다. 중상위 소득층 가입률이 80%를 넘는 것에 비하면 턱없이 낮다. 개인연금도 마찬가지다. 2014년 기준 1,000만원 이하의 개인연금가입은 0.7%로 매우 미미했다. 이에 비해 2,000만원 미만(5.0%), 4,000만원 미만(18.6%), 6,000만원 미만(47.0%), 6,000만원 초과(71.8%)로 극명한 차이를 보였다.

한은은 "연금에 가입하더라도 노후에 연금을 받을 수 없다는 불확실성을 완화할 필요가 있다."며 "연금의 중장기 재정 건전성과 투명성을 강화해 이 같은 불안을 해소해야 한다."고 지적했다.

[출처: 아주경제(www.ajunews.com), 2017. 10. 1.]

---

12 지급개시연령은 1953년생부터 점차 상향되어 1969년 이후 출생자부터는 65세에 연금을 받도록 규정하고 있다. 즉, 1953-1956년생은 61세, 1957-1960년생은 62세, 1961-1964년생은 63세, 1965-1968년생은 64세, 1969년생 이후는 65세에 연금을 받는다.

한편, 특수직역연금(공무원연금, 군인연금, 사립학교교직원연금)은 연령에 상관없이 해당 직업에 소속되는 순간부터 특수직역연금의 적용대상이 된다. 특수직역연금은 각 연금제도마다 공무원, 군인, 교직원이라는 대상만 달리할 뿐 급여제도의 내용은 거의 비슷하다.

사립학교교직원연금의 경우 매달 내야 하는 보험료(보험요율)는 기준소득월액의 총 18%이며 이 중 사립학교교직원이 9%, 학교법인이 5.294%, 국가가 3.706%씩을 공동으로 부담한다. 공무원연금의 경우 매달 내야 하는 보험료(기여율)[13]는 총 18%이며 공무원과 국가가 각각 기준소득월액의 9%씩을 공동으로 부담한다.[14] 군인연금의 경우 매달 내야 하는 보험료(기여율)는 총 14%이며 군인과 국가가 각각 기준소득월액의 7%씩을 공동으로 부담한다.

특수직역연금의 종사자들이 연금을 받기 위해서는 국민연금과 마찬가지로 최소 10년 이상 가입(군인연금은 20년 이상 재직하는 경우 연령과 상관없이 연금지급)해야 하며 그 기간을 채우지 못하면 일시금으로만 받아야 한다. 그러나 국민연금 가입기간과 특수직역연금 재직기간을 합하여 20년 이상이면 연금으로 받을 수 있다. 연금액은 재직기간 동안의 소득수준에 비례하여 받도록 2025년에는 재직기간 1년당 1.74%씩으로 연금지급률을 정하여 30년 재직 시에는 52% 수준의 연금이 보장되고 있다.[15]

---

13 공무원연금은 공무원이 매달 납부하는 보험료를 기여율이라고 표현하고, 국민연금은 보험료율이라고 표현하고 있다.

14 2016년 1월부터 시행된 개정 「연금법」에 의하면, 공무원연금의 경우 매달 내야 하는 보험료인 기여율(공무원)과 부담률(정부)을 2020년까지 단계적으로 인상하여 2018년에는 기준소득월액의 8.5%, 2019년에는 기준소득월액의 8.75%, 2020년 이후에는 기준소득월액의 9%이다.

15 연도별 연금지급률은 2025년에 재직기간 1년당 1.74%에서 단계적으로 매년 인하하여 2030년에는 1.72%, 2035년에는 1.7%까지 인하된다.

읽을 거리

공적연금의 발달과정

공적연금의 초기형태는 고대 로마시대로까지 거슬러 올라갈 수 있다. 고대 로마에서는 전쟁에서 공을 세운 군인을 대상으로 퇴직수당과 연금을 지급하였다는 기록이 있으며, 1670년에는 영국에서 퇴직 해군에게 퇴직 시 기본급의 50%를 종신연금으로 지급하였다고 한다. 또한, 미국에서는 1789년 독립전쟁에 참가한 상이군인에게 연금을 지급하도록 하였고, 1857년에는 뉴욕 정부가 경찰관을 대상으로 연금을 도입하기도 하였다. 이처럼 공적연금의 초기형태는 특수직역인 군인, 공무원, 경찰 등을 대상으로 한 제도였다. 그리고 현대적 형태의 일반근로자를 대상으로 한 공적연금이 도입된 것은 1889년에 독일의 Bismarck에 의해 처음으로 시행되었다.

이후 비록 제도의 설계나 내용은 다르나 서구 선진국의 많은 나라들에서 현대적 의미의 공적연금을 도입하게 되었는데, 영국 1908년, 프랑스 1910년, 스웨덴 1913년, 이탈리아와 네덜란드는 1919년에 공적연금을 도입하였다. 비유럽권 국가들에서는 뉴질랜드 1898년, 호주 1908년, 아르헨티나 1904년, 캐나다 1927년, 미국 1935년, 일본 1941년, 중국이 1951년에 공적연금을 도입하였다.

[출처: 「공적연금의 이해(II)」, 국민연금연구원, p. 50.]

📊 03 ┃ 사적연금

(1) 퇴직연금

1) 퇴직연금의 개요

민간부문의 노후생활보장을 위한 제도로 가장 오래된 것은 1961년에 도입된 퇴직금제도이다. 퇴직금제도는 기업이 근로자의 퇴직금을 회사 내에 별도로 적립하였다가 근로자가 퇴직할 때에 일시금으로 지급하였다. 하지만 이 제도는 중도퇴직근로자에 대한 실업보상의 성격과 퇴직일시금 형태로만 지급되었기 때문에 근로자의 안정적인 노후자금으로서의 기능이 취약했다.

더구나 1997년에 발생한 외환위기 이후 기업도산과 대량해고 등으로 퇴직금은 기업자금압박요인이 되었고 안정적인 지급조차 어려워짐에 따라 퇴직금제도의 개선논의가 이루어져 2005년 12월 1일부터 시행된 「근로자퇴직급여보장법」에 의해 일반근로자를 대상으로 퇴직연금이 도입되었다.

퇴직연금은 기업이 근로자를 위한 퇴직금의 재원을 외부의 금융기관에 적립하고, 이를 기업 또는 근로자가 운용하며, 근로자가 퇴직할 때 적립된 퇴직급여를 일시금이나 연금으로 지급하는 제도이다. 연금으로 지급받는다는 것은 적립금을 최소 5년 이상으로 나누어 받는 것을 의미하고, 근로자가 연금으로 받기 위해서는 55세 이상으로서 가입기간이 10년 이상이어야 한다. 만약 일시금으로 받을 경우에는 연금형태로 받는 경우에 비해 세제혜택이 상대적으로 적어 불이익을 받을 수 있다.

읽을 거리

사적연금의 발달과정

사적연금의 초기형태는 친족, 지역 혹은 직업공동체가 각종 위험의 분산을 위해 만든 공제제도에서 그 기원을 찾을 수 있다. 중세시대 수도원 등에서 교회 건물의 신·증축에 필요한 재원을 기부 받는 대신 기부자의 노후생활을 보장해주는 제도가 있었다. 일본에서도 막부시대에 상가에서 오래 근무한 사람이 독립할 경우에 해당 상가의 상호를 사용할 수 있게 하고 자금을 지원하였으며, 손님을 나눠주는 제도가 있었는데 이것이 일종의 퇴직급여제도이다.

현대적 의미의 퇴직급여제도로는 미국 아메리칸 익스프레스사가 1875년에 도입한 확정기여형자사연금이 시초로 알려져 있으며, 우량기업 차원에서 퇴직연금이 시행되었다. 그리고 1952년 GM의 Wilson 회장이 제안한 퇴직연금 창설을 전미 자동차 노조가 받아들임으로써 근대식 퇴직연금을 최초로 도입하게 되었다.

한편, 개인연금은 1962년에 「자영업자 퇴직소득세법」에 기초하여 자영업자와 그 근로자를 대상으로 한 키오플랜(Keogh plan)을 효시로 들 수 있다. 이후 1974년에는 「근로자퇴직소득보장법(ERISA)」이 제정되어 퇴직연금의 혜택을 받지 못하는 근로자를 대상으로 개인퇴직계좌(IRA)를 도입하였다.

[출처: 「공적연금의 이해(II)」, 국민연금연구원, p. 51.]

2) 퇴직연금의 유형

퇴직연금은 운용방식에 따라 확정급여형퇴직연금(DB: defined benefit), 확정기여형퇴직연금(DC: defined contribution), 개인형퇴직연금(IRP: individual retirement pension)으로 나눌 수 있다.

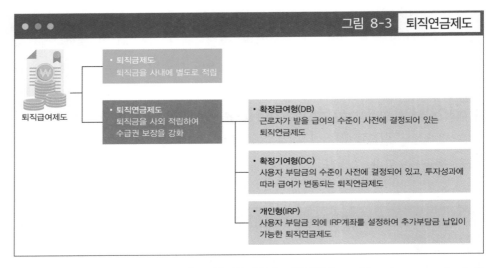

자료: 근로복지공단 퇴직연금(https://pension.comwel.or.kr/)

① 확정급여형퇴직연금(DB)

확정급여형퇴직연금(DB: defined benefit)은 사용자(회사)가 근로자에게 주기로 한 퇴직연금 재원을 금융회사에 납입하여 운용하고, 근로자는 퇴직 시 정해진 금액(퇴직 직전 3개월 평균급여×근속연수)을 지급 받는 제도이다. 예를 들어, 퇴직 직전 3개월 평균 급여가 500만원이고 근속연수가 10년인 근로자 A의 예상 퇴직 급여는 5,000만원이므로 이 금액을 회사가 미리 적립하여 운용하고 그 운용결과가 5,000만원이 넘으면 5,000만원만 근로자 A에게 지급하고 5,000만원에 미달하면 회사가 추가로 비용을 부담하여 5,000만원을 지급하게 된다.

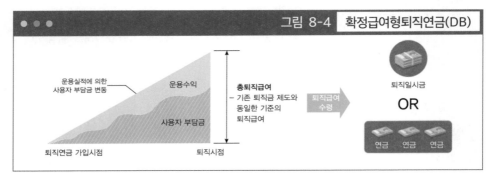

자료: 근로복지공단 퇴직연금(https://pension.comwel.or.kr/)

이처럼 근로자가 퇴직할 때 받을 퇴직급여의 수준이 미리 사전에 확정되어 있으므로 근로자 입장에서는 안정적으로 퇴직금 수령이 가능하다. 근로자는 퇴직금의 투자나 관리에 직접적으로 관여하지 않고, 운용의 책임을 전적으로 회사가 지기 때문에 적립금의 운용 결과에 따라 회사의 부담금이 달라진다. 일반적으로 확정급여형퇴직연금(DB)은 임금상승률이 높고 장기근속이 가능할 때 유리하다.

② 확정기여형퇴직연금(DC)

확정기여형퇴직연금(DC: defined contribution)은 사전에 확정된 회사의 부담금(연간 임금총액의 1/12 이상)을 적립하고, 근로자가 직접 적립금 운용 상품을 선택하고 운영의 책임과 결과도 근로자에게 귀속되는 제도이다. 예를 들어, 회사가 근로자 A에게 매년 한달치 월급을 적립하여 주면 근로자 A는 자기 통장에 들어온 한 달 치 월급을 금융회사를 직접 선택하여 운용을 하고 그 누적금액(운용결과+회사의 적립분)을 퇴직 후에 일시금 혹은 연금으로 받는 방식이다. 따라서 확정기여형퇴직연금(DC)은 적립금의 운용 책임을 모두 근로자가 지기 때문에 적립금의 운용 결과에 따라 발생하는 손익에 따라 퇴직급여가 변동된다. 또한 근로자는 회사가 적립하는 금액 외에 본인이 추가로 납부할 수 있다.

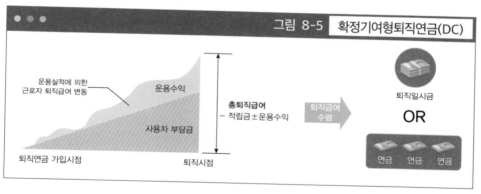

자료: 근로복지공단 퇴직연금(https://pension.comwel.or.kr/)

일반적으로 확정기여형퇴직연금(DC)은 근로자 본인의 사정에 따라 추가로 납부할 수 있고 근로자가 직접 적립금을 운용하므로 임금상승률이 낮거나 파산위험 등이 큰 회사에 근무하거나 일정 연령에 도달한 시점부터 임금을 삭감하는 대신 고용을 보장받는 제도인 임금피크제로 급여를 받는 근로자에게 유리하다.

③ 개인형퇴직연금(IRP)

개인형퇴직연금(IRP: individual retirement pension)은 퇴직 여부와 상관없이 소득이 있는 취업자 누구나 자유롭게 개설할 수 있는 계좌로서 근로자가 회사를 옮길 때 받은 퇴직일시금을 운용하거나 여기에 더하여 재직 중인 근로자가 개인적으로 추가로 납입하여 운용하다가 55세 이후에 일시금(해지하여 일시금으로 받을 경우 퇴직소득세가 부과됨)으로 받거나 매달 연금으로 받을 수 있다.

근로자가 회사를 옮길 때 받은 퇴직일시금을 개인형퇴직연금(IRP)에 입금하면 일시금이나 연금으로 찾는 55세까지 퇴직소득세를 이연(세금납부시점 연장)시킬 수 있고, 일시금이 아닌 연금으로 수령하면 연간 1,500만원까지 낮은 연금소득세[16]만 내고 분리과세[17]되어 세부담을 30%~40%가량 줄일 수 있다.

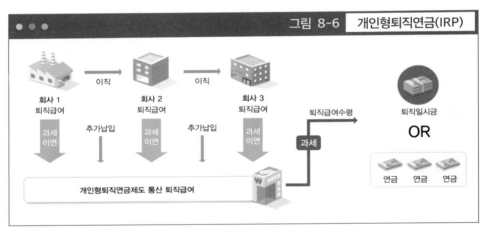

자료: 근로복지공단 퇴직연금(https://pension.comwel.or.kr/)

---

16 55세 이상 70세 미만은 5.5%, 71세 이상 80세 미만 4.4%, 80세 이상은 3.3%

17 소득세는 납세의무자의 소득을 종합하여 과세하는 종합과세를 원칙으로 하지만 일부 특정한 소득에 대해서는 정책적으로 종합과세표준에 합산하지 않고 분리되어 과세하는데 이를 분리과세라고 한다.

또한 근로자는 확정기여형퇴직연금(DC) 및 연금저축(개인연금)과 합산하여 기본 연간 1,800만원까지 납입 가능하고, 연간 최대 900만원(연금저축 600만원 합산) 한도 내에서 총급여 5,500만원 초과일 경우에는 납입액의 13.2%(총급여 5,500만원 이하일 경우 16.5%)의 세액공제를 받을 수 있다. 예를 들어, 총급여가 5,500만원을 초과한 근로자가 개인형퇴직연금(IRP)에 900만원을 납입할 경우 1,188,000원(= 900만원×13.2%)의 세액공제를 받을 수 있다.

(2) 개인연금

개인연금은 내가 내고 싶은 만큼의 금액을 내고 금융회사의 개인연금에 가입하여 55세 이후에 연금 혹은 일시금으로 수령하는 장기저축상품이다. 개인연금은 크게 소득공제 혜택 여부에 따라 세제적격연금과 세제비적격연금으로 나뉜다. 납부액에 대해 소득공제혜택이 있는 연금저축은 세제적격연금이고 소득공제혜택이 없는 (일반)연금보험은 세제비적격연금이다.

연금저축은 운용하는 금융회사에 따라 이름이 조금씩 다르다. 은행에서는 연금저축신탁, 증권사에서는 연금저축펀드, 보험사에서는 연금저축보험이라고 부른다. 연금저축은 누구나 가입할 수 있으며, 최소 5년 이상 유지한 후에 55세 이후에 일시금 혹은 연금으로 받을 수 있다. 특히, 생명보험사의 연금저축보험은 사망할 때까지 연금을 받을 수 있는 종신형(손해보험사의 연금저축의 연금수령기간은 최대 25년)이 있고, 나머지 연금저축은 연금으로 받을 수 있는 기간이 10년 혹은 20년과 같이 정해져 있다.

연금저축 가입 후 연금저축신탁과 연금저축펀드는 가입자가 납입할 금액과 시기를 마음대로 결정할 수 있지만, 연금저축보험은 매달 정해진 금액을 납입해야 한다. 따라서 연금저축신탁과 연금저축펀드는 중간에 납입을 안 해도 유지되지만 연금저축보험은 중간에 납입을 안 할 경우 계약이 해지된다.

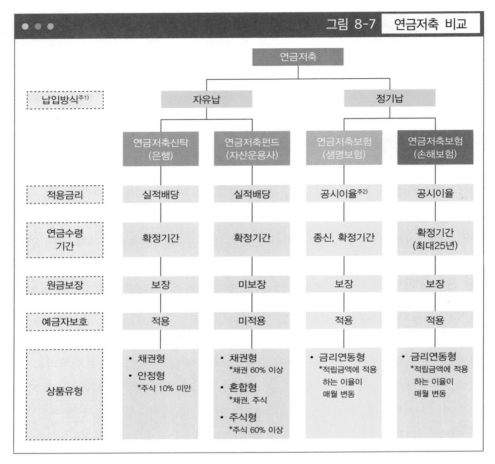

그림 8-7   연금저축 비교

	연금저축신탁 (은행)	연금저축펀드 (자산운용사)	연금저축보험 (생명보험)	연금저축보험 (손해보험)
납입방식[주1]	자유납	자유납	정기납	정기납
적용금리	실적배당	실적배당	공시이율[주2]	공시이율
연금수령 기간	확정기간	확정기간	종신, 확정기간	확정기간 (최대25년)
원금보장	보장	미보장	보장	보장
예금자보호	적용	미적용	적용	적용
상품유형	• 채권형 • 안정형 *주식 10% 미만	• 채권형 *채권 60% 이상 • 혼합형 *채권, 주식 • 주식형 *주식 60% 이상	• 금리연동형 *적립금액에 적용 하는 이율이 매월 변동	• 금리연동형 *적립금액에 적용 하는 이율이 매월 변동

주1) 자유납이란 납입하는 금액 및 시기를 자유롭게 결정할 수 있는 납입방식이고, 정기납이란 일정기간 동안 정해진 금액을 주기적으로 납입하는 방식임.

주2) 연금저축보험은 매월 납입하는 보험료에서 사업비를 차감한 금액이 매월 적립되는데, 이 적립금에 적용하는 이율을 공시이율이라 함. 공시이율은 시장금리와 보험회사의 자산운용수익률 등을 반영하여 매월 변동하며, 공시이율이 아무리 하락하더라도 최저보증이율까지는 보장됨.

자료: 「연금저축길라잡이」, 금융감독원(www.fss.or.kr), p. 7.

연금저축신탁은 고객이 맡긴 돈(신탁)을 주로 채권에 투자하여 안정적인 수익을 올리고 원금보장을 해 주고 예금자보호를 받는다. 연금저축보험은 보험의 고유기능과 노후생활보장기능이 합쳐진 상품이기 때문에 보험사의 공시이율에 따라 수익률이 결정되고, 원금보장을 해 주고 예금자보호도 받는다. 연금저축펀드는 펀드라는 명칭이 붙은 것에서 알 수 있듯이 수익을 극대화하기 위해 주식, 채권 등에 투자하여 상대적으로 고수익을 올릴 수 있는 반면 원금보장이 안되고 예금자보호도 받을 수 없다.

은행과 증권사는 연금저축신탁과 연금저축펀드의 가입자가 납입한 금액을 운용하여 쌓아 놓은 적립금의 몇 %라는 방식으로 수수료를 떼기 때문에 매년 수수료 부담이 증가한다. 반면, 보험사는 연금저축보험에 납부하는 보험료의 몇 %라는 방식으로 수수료를 떼기 때문에 장기로 갈수록 연금저축신탁 및 연금저축펀드에 비해 수수료가 덜 든다. 한 가지 주의할 점은 연금저축보험은 가입초기에 연금저축보험상품의 설계 및 운영유지 등에 드는 비용(사업비)을 많이 떼어가기 때문에 만약 연금저축신탁이나 연금저축펀드로 갈아탈 경우 최소 7년 이상 유지해야 원금손해가 없다.

근로자 입장에서 연금저축에 가입하는 가장 큰 이유 중 하나는 세액공제를 받을 수 있다는 점이다. 즉, 연금저축은 매년 가입자가 납입한 금액 중 연간 최대 600만원까지 소득공제를 받을 수 있다. 세액공제율은 근로자의 연소득에 따라 다른데, 총급여 5,500만원 이하의 근로자는 16.5%, 5,500만원을 초과하는 근로자는 13.2%를 적용한다. 향후 연금으로 받을 경우에는 저율의 연금소득세(3.3%~5.5%)를 내야 한다. 만약 일시금으로 받게 되면 일시금으로 받는 금액은 기타소득으로 분류되며, 기본적으로 20%(주민세 3.3% 추가)를 원천징수하고 다음 해 다시 종합소득에 합산되어 과세된다. 따라서 일시금으로 받을 경우 매년 연금저축에 납입할 때 받았던 소득공제를 통한 환급세액보다 더 많은 세금을 낼 수도 있다.

한편, 세제비적격연금인 (일반)연금보험은 생명보험사에서만 판매하는 상품이다. 보험료를 납입하는 동안 세제혜택(소득공제)이 없지만 10년 이상 유지할 경우 세금을 면제받는다. 만약 10년을 유지하지 못하고 중도해약할 경우에는 해약시점까지 발생한 보험차익(만기에 받은 금액 − 납입보험료 총액)의 이자소득세만 내면 되고 소득공제 혜택을 받지 않았기 때문에 그 외의 세제상 불이익은 없다. (일반)연금보험은 소득세가 거의 없는 소득이 낮은 사람, 고액연금을 원하는 사람, 연금수령시점에 부동산소득 등으로 종합과세 대상이 되는 사람에게 적합하다.

읽을 거리

[노후파산, 금융투자로 막아야] 같은 50대 다른 노후 준비

서울 신도림동에 거주하는 중소기업 임원 김도균씨. 미국 샌프란시스코에서 소규모 도매업을 하는 헨리 쿠퍼씨, 도쿄 인근 지바현에서 매일 도쿄로 출퇴근하는 히스이 고타로씨. 1963년생인 세 사람의 공통점은 두 자녀를 둔 평범한 중산층 가장으로 은퇴를 코앞에 두고 있다. 하지만 그들의 은퇴 시나리오는 너무 다르다. 가장 마음이 무거운 사람은 김씨다. 살고 있는 아파트 한 채가 재산의 전부다. 금융자산이라곤 주택대출을 받으며 은행에서 '꺾기'로 가입한 중국 펀드가 전부다. 국민연금 예상 수급액은 월 100만원 수준. 갓 취업한 딸과 아직 대학생인 아들 앞으로 들어갈 결혼자금과 학비를 생각하면 은퇴 후 노후를 꾸려가기에 막막하다.

고타로씨의 사정은 양호한 편이다. 국민연금과 확정기여형(DC형)퇴직연금에다가 우리나라의 개인형퇴직연금(IRP)인 이데코(iDeCo)에 꾸준히 소득 일부를 납입해 온 덕분이다. 일본에서 '노후 파산'이 심각한 사회문제로 거론되는 상황에서도 고타로씨는 은퇴 후 월 300만원 가량을 꼬박꼬박 지급받는다.

쿠퍼 씨의 전 재산에서 자가 주택이 차지하는 비중은 20%를 조금 넘는다. 나머지는 대부분 금융자산이다. 김도균씨와 정 반대의 자산 구조를 갖췄다. 쿠퍼씨의 노후대비는 교육의 힘이다. 미국 고등학교 교과서에는 총 44쪽 분량의 금융투자교육이 포함돼 있다. 한국은행과 피델리티 일본투자자 교육연구소 등에 따르면 한국, 일본, 미국 가계의 전체 자산 중 금융자산의 평균비중은 각각 26%, 71%, 74%이다. 금융자산의 내용을 보면 미국은 '위험자산'의 비중이 높다. 전체 가계금융자산 73.1조 달러 중 주식투자 비중이 35.4%에 이른다. 이어 연금·보험·신탁이 32.1%, 펀드가 10.7%다. 현금 자산인 예·적금 비율은 13.9%에 불과하다. 한국은 정반대다. 부동산(74%)이 가계자산의 절대적인 비중을 차지한다. 남은 26%의 절반은 현금이다.

10년 뒤 세 사람의 노후는 어떨까. 쿠퍼와 고타로씨의 노후는 금융자산이란 버팀목이 있다. 하지만 김씨는 거주하는 주택이 전부다. 부모가 자녀들의 결혼·주택구입 등 독립 비용을 챙길 필요가 없는 미국과 일본의 문화와 달리 자녀의 결혼까지 챙기는 한국의 문화를 고려한다면 '노후 빈부격차'는 더욱 커질 가능성이 높다. 강창희 트러스톤자산운용 연금포럼 대표는 우리나라가 선진국으로 거듭나려면 단순히 국내총생산(GDP) 같은 지표가 아니라 "죽을 때까지의 생활비를 공·사적 연금으로 받을 수 있어야 한다"고 강조한다. 이를 위해 금융투자교육 강화와 전면적인 가계 자산의 구조조정, 금융투자 시장 전반의 반성과 변화가 필요하다는 것이 국내외 전문가들의 지적이다.

[출처: 서울경제(www.sedaily.com), 2017. 10. 2.]

📊 04 │ 다층노후소득보장체계

유엔(UN)은 한 나라의 65세 이상 비율이 7% 이상이면 고령화 사회, 14% 이상이면 고령 사회, 20% 이상일 경우 초고령 사회로 구분하고 있다. 세계에서 가장 빠르게 고령화가 진행되고 있는 우리나라는 전체 주민등록 인구 가운데 65세 이상의 비율이 20%를 넘어서 초고령 사회에 진입하였을 뿐만 아니라 평균수명도 점차 늘어나고 있다.

과거 보다 많은 사람들이 긴 노후를 보내게 되고 노후 준비를 위한 연금의 중요성은 더욱 커지고 있다. 가장 일반적인 연금은 국민연금이지만 재정안정화와 자녀세대의 부담을 줄이기 위해 2007년에 「국민연금법」을 개정하여 소득대체율을 40%까지 낮추기로 하였다.

하지만 일반적으로 은퇴 전 소득의 60%~70%수준이 적정 노후소득수준이 임을 고려할 때 국민연금만으로의 노후준비는 부족함이 있다. 즉, 국민연금과 같은 공적연금만으로는 충분한 노후 대비가 어렵기 때문에 퇴직연금과 개인연금 등 사적연금을 함께 활용한 다층노후소득보장체계가 필요하다.

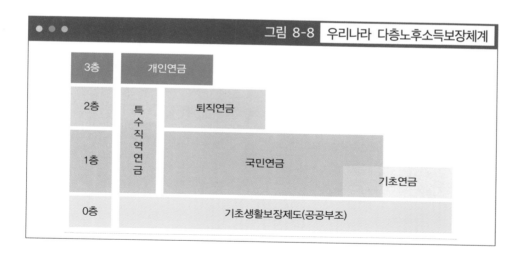

그림 8-8 | 우리나라 다층노후소득보장체계

우리나라의 연금체계는 기본적으로 국민연금 – 퇴직연금 – 개인연금의 3층 구조로 노후를 대비한다는 틀을 갖고 있다. 구체적으로 기초생활보장제도(공공부

조: 0층) – 공적연금(기초연금[18], 국민연금, 특수직역연금: 1층) – 사적연금(특수직역연금, 퇴직연금: 2층) – 개인연금(3층)의 다층노후소득보장체계를 이루고 있다. 이와 같은 다층노후소득보장체계는 전 세계 연금개혁의 주된 흐름으로써, 1층의 국민연금이 기본적인 노후소득수준을 보장하고, 2층의 퇴직연금과 3층의 개인연금이 보태어져서 적정 노후소득수준을 보장하는 것을 뜻한다.

---

[18] 2007년에 도입된 기초연금은 65세 이상인 노인 중 가구의 소득과 재산이 적은 70%를 대상으로 매달 일정액의 연금을 지급하는 제도이다.

- 위험의 구분
  - 재무위험: 재무요인의 변동으로 인해 자산가치가 변동하는 위험(신용위험, 시장위험, 유동성위험 등)
  - 비재무위험: 계량적으로 특정하기 어려운 모든 위험(전문성위험, 노년위험, 위존형 위험 등)
  - 순수위험: 손실만 발생하는 위험
  - 투기적 위험: 손실과 이익의 기회가 모두 존재하는 위험

- 보험의 특징: 위험결합 및 위험분산, 위험전가, 실제손실보상

- 보험계약요소: 보험계약자, 보험사고, 보험목적물, 보험기간, 보험료와 보험금

- 보험의 종류
  - 공적보험: 보험가입에 강제성을 두거나 부의 재분배 성격이 강하다는 특징
  - 민영보험
    → 생명보험: 사망보험, 생존보험, 혼합보험, 변액보험, 유니버셜생명보험, 변액유니버셜생명보험
    → 손해보험: 재산보험, 배상책임보험, 상해 · 건강보험
    ※ 보험실무에서의 분류: 화재보험, 해상보험, 장기손해보험, 보증보험, 특종보험, 자동차보험

- 보험의 판매채널: 보험설계사, 보험대리점, 보험중개사, 금융기관 보험대리점(방카슈랑스), 직급

- 공적연금: 공무원연금, 국민연금, 사립학교교직원연금, 군인연금

- 사적연금: 퇴직연금(확정급여형퇴직연금(DB), 확정기여형퇴직연금(DC), 개인형퇴직연금(IRP)), 개인연금

- 다층보장체계
  - 기초생활보장제도(공공부조: 0층) – 공적연금(기초연금, 국민연금, 특수직역연금: 1층) – 사적연금(특수직역연금, 퇴직연금: 2층) – 개인연금(3층)

chapter 09

부동산금융

01 | 부동산금융의 개념

금융은 돈(금)의 융통을 말한다. 부동산금융은 금융의 한 분야로 부동산의 매입, 개발, 관리, 처분 등의 전 과정을 수행할 때 필요한 돈(자금)을 융통하는 것이라 할 수 있다. 부동산금융은 주택금융과 토지금융으로 크게 나누어지며, 일반적으로 부동산금융이라 하면 주택금융을 의미한다. 유엔(UN)에서는 주택금융을 주택수요자나 주택건설업자 자신 이외의 다른 원천에서 제공되는 자금으로 정의하고 있다.

부동산은 전통적인 금융상품인 주식, 채권 등과는 다른 위험특성을 가지며 기존의 전통적 자산과 상관관계가 낮은 대표적인 대체투자(alternative investment)[1] 상품으로서 새로운 투자수단으로 주목받고 있고, 이에 따라 부동산금융에 대한

---

1 대체투자는 주식 및 채권 등으로 대표되는 전통적 금융상품 이외의 다양한 유형의 투자대상을 모두 포괄하기 때문에 아직까지 통일된 분류체계는 존재하지 않지만, 일반적으로 부동산 및 사회간접자본(SOC) 등 부동산 관련 자산, 헷지펀드 및 사모펀드 등이 대체투자상품으로 분류될 수 있다. 대체투자는 기존의 투자대상에 포함되지 않는 새로운 투자대상에 투자함으로써 투자수단의 다변화를 통한 포트폴리오의 효율성 제고, 전체 포트폴리오의 위험분산 및 수익률 제고, 인플레이션 헷지 효과 등의 특징이 있다.

개념도 주택구입 및 건설자금을 조달하기 위한 대출뿐만 아니라 대출채권의 유동화로 인한 자금조달 등으로 부동산금융의 개념이 확대되고 있다.

특히, 1997년 말 외환위기 시에 발생한 고금리 및 부동산가격 폭락으로 인한 금융기관의 부실자산 및 부실채권을 효율적으로 처리하기 위해 부동산투자회사(REITs), 자산유동화증권(ABS) 등의 부동산 증권화 제도가 도입되었다. 구체적으로 1998년 「자산유동화에 관한 법」을 제정하여 자산유동화를 위한 법적 근거를 마련하고, 1999년 1월에는 「주택저당채권유동화회사법」이 제정되었으며, 2001년에는 부동산투자회사(REITs)제도가 도입되고 2004년 「간접투자자산 운용업법」을 통해 부동산 펀드가 도입되었다. 이처럼 법적 기반 위에 부동산 증권화 및 유동화로 부동산시장과 금융시장 간에 연계 및 융합이 크게 강화되었다.

📈 02 | 부동산금융의 유형

(1) 재원조달목적에 따른 구분

1) 소비자금융

주택금융으로 대표되는 부동산금융은 재원조달목적(또는 행위주체)에 따라 수요자 측면에서의 금융과 공급자 측면에서의 금융으로 구분된다. 소비자금융[2]은 수요자 측면에서의 금융을 말하는 것으로, 부동산을 구매하여 소비하고자 하는 가계 등의 소비주체가 부동산을 담보로 부동산을 구매 및 조달하기 위한 금융이라 할 수 있다.

특히 실물자산인 토지에 노동 및 자본 등의 생산요소를 결합하여 아파트, 상업용 부동산 등과 같은 건물이나 시설 등을 건설하고 분양, 임대를 통하여 경제적 부가가치를 창출하는 부동산 개발사업의 결과로 건설된 주택과 같은 부동산의 수분양자(분양계약자)는 집단대출이나 잔금대출 등을 통하여 부동산 구입자금을 조달한다. 이와 같은 소비자금융은 통상적으로 낮은 이자율로 일시불로 대출되고 상환은 장기분할로 진행된다.

---

2 수요자금융, 주택금융, 주택수요금융이라는 용어를 사용하기도 하며, 본서에서는 소비자금융으로 통일한다.

2) 공급자금융

공급자금융[3]은 공급자 측면에서의 금융으로, 주택의 생산 및 공급을 촉진하기 위해 부동산 공급자인 부동산개발업자나 건설업자에게 토지비 및 건설비 등 건설활동에 필요한 자금을 지원하기 위한 금융이다. 건축에 수반되는 사업위험이 크기 때문에 공급자금융은 소비자금융에 비해 이자율이 높고, 대출(대부)기간은 건축기간에 국한하여 비교적 단기로 대출된다. 대출금은 건축 공정에 따라 단계적으로 제공되고, 건축물의 완공과 동시에 일시불로 원금의 상환이 이루어진다.

(2) 자금조달방법에 따른 구분

1) 부채금융

① 주택담보대출

모기지(mortgage)는 주택을 담보로 하여 그 주택에 설정되는 저당권 또는 그 저당권을 나타내는 증서를 말하고, 주택담보대출(mortgage loan)[4]은 이러한 저당증권을 발행하여 장기주택자금을 대출해주는 제도를 가리킨다. 즉, 주택담보대출은 주택(담보)에 저당을 설정하고 금융기관으로부터 자금을 대출하는 것을 말한다. 주택담보대출인 경우 통상 연간 상환해야 할 원리금이 연소득의 30% 이내를 적정한 수준의 대출로 본다.

주택담보대출과 관련하여 한국주택금융공사(KHFC, HF: Korea Housing Finance Corporation)는 보금자리론, 디딤돌대출, 적격대출 등을 취급하고 있다. 보금자리론은 주택구입용도, 전세자금반환용도 및 기존 주택담보대출 상환용도로 신청이 가능하며, 대출받은 날부터 만기까지 안정적인 고정금리가 적용된다. 보금자리론의 신청대상은 「민법」상 성년인 대한민국 국민이고, 대출한도는 최대 3.6억원(다자녀 가구·전세사기피해자 4억원, 생애최초 4.2억원)이다. 대출만기는 10년, 15년, 20년, 30년, 40년, 50년[5]이고 원리금균등상환, 원금균등상환, 체증식분할상환 중

---

3 주택개발금융, 건축대부라는 용어를 사용하기도 하며, 본서에서는 공급자금융으로 통일한다.

4 부동산담보대출, 주택담보부대출, 주택저당채권, 모기지, 모기지론, 모기지대출, 저당금융(mortgage financing) 등의 용어를 혼용하고 있는데 본서에서는 주택담보대출이라고 한다.

5 만기 40년은 만 39세 이하 또는 만 49세 이하 신혼가구, 만기 50년은 만 34세 이하 또는 만 39세 이하 신혼가구 조건을 충족해야 한다. 신혼가구는 대출신청일 기준 혼인신고일이 7년 이내인 가구를 의미한다.

에서 선택 가능하다.

보금자리론은 대출신청방법에 따라 U-보금자리론, 아낌e-보금자리론, t-보금자리론으로 구분된다. U-보금자리론은 한국주택금융공사 홈페이지를 통해 신청하고, t-보금자리론은 은행에 방문해서 직접 신청한다. 아낌e-보금자리론은 대출거래약정 및 근저당권설정등기를 전자적으로 처리하여 U-보금자리론보다 금리가 0.1% 저렴하다.

디딤돌대출은 주택도시기금의 생애최초주택구입자금대출과 한국주택금융공사의 우대형 보금자리론으로 이원화된 정책모기지를 2014년부터 통합 운영하기로 결정하여 출시된 장기분할상환 고정금리 주택담보대출이다. 디딤돌대출의 대상은 세대원 전원이 무주택자인 무주택 세대주(만30세 미만 단독세대주 제외)이며, 대출한도는 2억 5천만원(생애최초 주택구입자 3억원, 신혼·다자녀·2자녀가구는 4억원)이다. 대출만기 10년, 15년, 20년, 30년(거치기간은 1년 또는 비거치)이고 원리금균등상환, 원금균등상환, 체증식분할상환 중에서 선택 가능하다.

적격대출은 한국주택금융공사와 은행 간 업무협약에 의해 은행이 대출취급 후 한국주택금융공사에 양도 가능한 유동화목적부 대출상품이다. 적격대출의 상품명칭과 금리는 은행이 자율적으로 결정하여 대출한다. 대출한도는 최대 5억원이다. 대출만기는 10년 이상 50년 이하이고 원리금균등상환, 원금균등상환 중에서 선택 가능하다.

② 주택저당증권(MBS)

주택저당증권(MBS: mortgage backed securities)[6]은 주택담보대출을 근거로 발행한 증권이며, 유동화전문회사(SPC: special purpose company)가 발행한다. 우리나라는 한국주택금융공사가 은행 등 금융기관으로부터 주택담보대출을 매입하여 자기신탁을 설정한 후 이를 기초자산으로 하는 자동이전형 MBS(pass-through MBS), 모기지-MBS SWAP, 일반 MBS를 발행하고 있다.

③ 프로젝트 파이낸싱(PF)

부동산 개발사업에 투자대상이 되는 사업(프로젝트)으로부터 발생하는 미래현

---

6 MBS는 주택담보대출을 기초자산으로 발행하는 증권으로 주택저당증권, 저장담보증권, 모기지담보부증권 등의 용어로 사용되고 있으나 본서에서는 주택저당증권(MBS)이라고 한다.

금흐름을 상환 재원으로 하여 해당 사업을 수행하는 데 필요한 자금을 금융기관으로부터 조달하는 금융기법을 프로젝트 파이낸싱(PF: project financing)이라고 한다.

프로젝트 파이낸싱으로 자금을 조달하는 가장 단순하고 기본적인 형태로 PF 대출(PF loan)이 있다. 또한, 부동산 개발 시에 금융기관은 대출에 대한 대출채권을 기반으로 PF 대출 자산유동화증권(PF ABS), 자산유동화기업어음(ABCP: asset backed commercial papers), 자산유동화회사채(ABB: asset backed bond), 자산유동화전자단기사채(ABSTB: asset backed short term bond) 등의 유동화증권을 발행하여 대규모 자본을 조달한다.

2) 지분금융

① 부동산 신디케이트

부동산 신디케이트(real estate syndicate)는 부동산의 개발, 취득, 관리, 판매 등의 업무를 수행하기 위해 여러 명이 통상 합자회사를 결성하여 자본을 조달하는 것을 말한다. 합자회사는 무한책임사원과 유한책임사원으로 구성되는데, 개발업자는 무한책임사원이 되어 회사의 관리 및 운영의 책임과 회사채무에 대해서 전적으로 책임을 진다. 일반 소액투자자들은 유한책임사원이 되는데, 이들은 이익만 분배받고 경영에 참여하지 않는다.

② 부동산투자회사(REITs)

2001년 5월 7일 제정된 「부동산투자회사법」에서는 자산을 부동산에 투자하여 운용하는 것을 주된 목적으로 설립된 회사를 부동산투자회사로 정의하고 있다. 즉, 부동산투자회사(이하 리츠)는 다수의 투자자로부터 자금을 모아 부동산에 투자하거나, 주택저당증권(MBS), 부동산 관련 대출(mortgage loan) 등으로 운영하여 얻은 수익을 투자자들에게 배분하는 주식회사 형태의 부동산 집합투자기구를 말하며, 실무에서는 뮤추얼 펀드(mutual fund)라고 한다. 우리나라는 자기관리리츠, 위탁관리리츠, 기업구조조정리츠(CR리츠: corporate restructuring REITs)로 구분하고 있다.

③ 부동산 펀드

다수의 투자자로부터 자금을 모아 그 자금의 50% 이상을 부동산 관련 자산에 투자하여 그 수익을 나눠주는 부동산 펀드와 리츠는 비슷하다. 하지만 운용방식에서 부동산 펀드는 투자신탁(수익증권)과 투자회사(뮤추얼 펀드) 형태가 모두 가능한 반면, 리츠는 투자회사(뮤추얼 펀드) 형태를 갖는다.

section 02 | 주택저당증권(MBS)

📊 01 | 자산유동화의 역사

자산유동화란 금융회사 또는 일반기업들이 보유한 비유동성 자산을 증권시장에서 판매 가능한 형태의 증권으로 변화시켜서 이를 시장을 통해 현금화하여 자금을 조달하는 것을 말한다. 자산유동화증권(ABS: asset-backed securities)은 주식, 채권, 부동산, 학자금대출채권, 자동차대출채권, 주택담보대출, 매출채권 등 다양한 형태의 자산을 근거(기초자산; backed)로 발행되는 증권을 말한다. 여러 자산 중에서 주택담보대출을 기초자산으로 발행한 증권을 주택저당증권(MBS)이라고 하며, 우리나라의 경우 「자산유동화에 관한 법률」에 따라 유동화전문회사(SPC: special purpose company)가 자산유동화증권(ABS)을 발행하고 있다.

(1) 미국 자산유동화 시장

1930년대에 많은 미국 사람들이 주택을 소유하지 못하였고 주택을 소유하더라도 주택담보대출을 갚지 못해 집을 잃을 위험에 처해 있는 사람이 많았다. 그리고, 1930년대의 대공황 상황에서 어려운 처지에 있던 은행은 만기가 짧은 단기의 예금을 받거나 채권을 발행하여 대출에 필요한 자금을 조달하고, 이를 초장기로 대출할 유인이 없었기 때문에 적극적으로 주택담보대출을 하지 않았다.

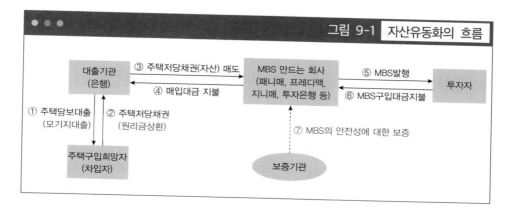

그림 9-1 자산유동화의 흐름

일반적으로 은행입장에서는 빌려준 돈(자산)과 빌린 돈(부채)의 만기가 일치하는 것이 가장 이상적이다.7 더구나 주택 구입자금을 빌려준 은행입장에서 보면 주택담보대출은 채권이고 자산이지만, 이 자산은 이미 대출을 한 상태이기 때문에 은행이 마음대로 쓸 수 있는 자산이 아니므로 더욱 초장기로 대출하지 않으려 하였다.

이에 금융공학 전문가들이 은행 마음대로 쓸 수 없는 자산을 마음대로 쓸 수 있는 자산으로 전환할 수 있는 방법을 만들어 냈다. 즉, 은행과 별도의 독립된 회사를 만든 후, 은행이 독립된 회사에 주택담보대출을 양도(매도)하고, 독립된 회사는 은행으로부터 매수한 주택담보대출을 기초자산으로 하여 새로운 증권을 만들었다. 이 새로운 증권을 주택저당증권(MBS)이라고 부른다. 주택저당증권(MBS)을 투자자들에게 팔게 되면 궁극적으로 은행은 묶여 있던 자산을 원하는 대로 쓸 수 있는 현금으로 바뀌게 되는 셈이 된다. 이를 유동화 또는 증권화라고 한다.

구체적으로, 1930년대 대공황으로 인해 은행이 주택구입을 위한 자금을 대출하지 않으려 하자, 루즈벨트 대통령의 요청으로 미국 의회가 1938년 패니매(Fannie Mae, FNMA: Federal Nationa Martgage Association, 연방저당공사)라는 정부기구를 설

---

7 일반적으로 은행과 같은 금융기관의 자산은 기업이나 소비자 대출 또는 부동산대출 등으로 구성되는 장기자산이므로 긴 듀레이션을 갖는 반면, 부채는 단기부채이므로 짧은 듀레이션을 갖는다. 이자율이 상승할 경우 자산과 부채의 가치는 모두 하락한다. 이때 자산듀레이션이 부채듀레이션보다 길기 때문에 자산의 가치가 부채의 가치보다 더 많이 하락하므로 순자산가치는 크게 하락할 수 있다. 따라서 순자산가치의 변동이 없으려면 자산듀레이션과 부채듀레이션을 같게 하면 된다.

립하였다. 패니매는 개인들에게 직접 주택담보대출을 해주는 은행과 같은 기관이
아니라, 정부보증을 받은 주택담보대출, 즉 연방주택청(Federal Housing Administration)과
재향군인회(Veterans Administration)로부터 주택담보대출을 매입하고 이를 기초자
산으로 주택저당증권(MBS)을 발행하는 정부기구이다.

　패니매는 정부보증을 받은 주택담보대출을 매입함으로써 주택담보대출시장
에 유동성을 공급하는 중요한 역할을 하였으나, 정부의 관료주의로 인한 효율성
저하 및 당시 베트남전쟁으로 인한 재정압박완화 등의 이유로 1968년 미국 정
부는 패니매를 지니매(Ginnie Mae, GNMA: Government National Mortgage Association,
정부저당공사)와 패니매(연방저당공사)로 분할하였다.

　분할 설립된 지니매는 정부산하기관으로 정부보조주택에 대한 대출을 지원하
고, 패니매는 주식회사형태로 만들어 민영화하고 정부후원기업(GSE: government
sponsored enterprise)으로 지정(정부의 암묵적 후원 및 규제를 받음)하여 정부보증을 받
은 주택담보대출뿐만 아니라 일반 주택담보대출도 매입할 수 있도록 허용하였다.

　이후, 패니매의 독점으로 인한 폐해를 막고 주택담보대출을 매입하는 데 경쟁
을 유도하여 주택대출자금을 추가로 공급하기 위해서 1970년에 12개의 연방주
택금융은행(Federal Home Loan Bank) 및 상호저축은행(savings institutions)들이 상
호출자한 또 다른 정부후원기업인 프레디맥(Freddie Mac, FHLMC: Federal Home
Loan Mortgage Corporation, 연방주택대출저당공사)을 설립하였다.

　현재 미국에서 발행되는 주택저당증권(MBS)은 정부후원기업인 패니매, 지니
매, 프레디맥이 발행하는 공적 유동화기관 MBS(agency MBS)와 일반 투자은행
등이 발행하는 MBS(non-agency MBS)로 분류된다. 이 중에서 공적 유동화기관
MBS(agency MBS) 중 하나로서, 기초자산인 주택담보대출으로부터 상환되는 원
리금이 그대로 투자자에게 지급(pass-through)되는 자동이전형 MBS가 전체 MBS
시장의 약 89%를 차지할 정도로 가장 일반적인 형태로 자리 잡고 있다.

(2) 우리나라의 자산유동화 시장

　우리나라는 1997년 12월 외환위기로 인해 막대한 규모의 부실채권이 발생함
에 따라 부실채권을 효율적으로 처리하기 위해 1998년 「자산유동화에 관한 법
률」을 제정하여 자산유동화를 위한 법적 근거를 마련하고, 1999년 1월에는 「주

택저당채권유동화회사법」이 제정되어 주택저당증권(MBS) 또는 주택저당채권담보부채권(MBB)을 지속적으로 발행하고 주택저당증권(MBS) 지급보증업을 할 수 있는 유동화 전문기관을 설치할 수 있도록 함에 따라 1999년 9월에 한국주택저당채권유동화주식회사(KoMoCo: Korea Mortgage Corporation)가 설립되었다.

하지만 지급보증능력의 한계로 한국주택저당채권유동화주식회사(KoMoCo)의 추가적인 주택저당증권(MBS) 발행이 어려워지자 정부를 이 문제를 해결하는 한편 장기주택금융 및 장기채권시장을 활성화하기 위하여 한국주택저당채권유동화주식회사(KoMoCo)와 주택신용보증기금을 합하여 2004년 3월 1일 한국주택금융공사를 신설하였다.

한국주택금융공사는 주택담보대출을 가진 은행 등 금융기관으로부터 주택담보대출을 매입하여 자신의 신탁계정에 신탁(자기신탁)[8]하고 신용을 보강한 다음 수익증권[9]으로 주택저당증권(MBS)을 발행한다[10]. 신용보강에는 선순위 수익증권, 후순위 수익증권과 함께 한국주택금융공사에 의한 지급보증이 이용되고 있다.

📊 02 ┊ 자산유동화의 구조

(1) 1차 저당시장

1차 저당시장은 주택구입을 희망하여 대출(저당대부)을 원하는 수요자와 대출을 제공하는 금융기관 또는 일반기업인 자산보유자 사이에 이루어지는 시장을

---

8 신탁계정은 금전·부동산·유가증권을 가진 사람으로부터 자산운용을 위탁받아 운용수익을 돌려주는 업무이고, 고객이 맡긴 현금으로 유가증권 등을 운용, 현금으로 수익을 배당하는 경우가 많다. 자기신탁은 위탁자가 자기 또는 제3자의 재산을 자신이 수탁자로서 보유하고 수익자를 위해 관리처분·운용한다고 선언함으로써 설정되는 신탁을 말한다.

9 신탁계약상의 수익권을 표시하는 증권이다. 즉, 재산의 운용을 타인에게 신탁한 경우 그 수익을 받을 권리가 표시된 증권을 말한다.

10 「자산유동화에 관한 법률」에 의하면 하나의 유동화전문회사에 하나의 유동화계획만을 수립하도록 되어 있으므로, 여러 번에 걸쳐 주택저당증권(MBS)을 발행하기 위해서 수익증권 형태로 발행하고 있다. 수익증권의 경우에는 「자본시장과 금융투자업에 관한 법률」 제81조에서 각 간접투자기구(펀드) 자산총액의 10% 이상 동일 종목 투자증권에 대해 투자하지 못하도록 하는 투자의 제약이 존재하고 있으나, 「자본시장과 금융투자업에 관한 법률 시행령」 제80조에서 한국주택금융공사가 발행하는 수익증권인 주택저당증권(MBS)에 대해서는 수익증권인 주택저당증권(MBS) 투자한도를 30%로 완화하는 특례를 인정하고 있다.

말한다. 예를 들어, 은행은 주택을 사려는 일반수요자와 새로 부동산을 공급하고자 하는 건설업자에게 저당을 설정하고 자금을 대여(대출)한다.

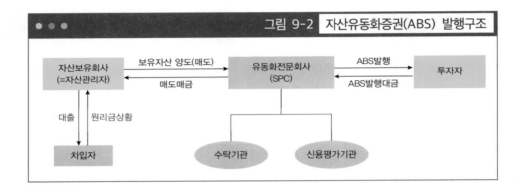

그림 9-2 자산유동화증권(ABS) 발행구조

(2) 2차 저당시장

자산보유회사와 다른 투자자들 사이에 유동화되는 시장을 2차 저당시장이라고 한다. 자산보유회사인 금융기관 또는 일반기업은 유동화전문회사에게 대출인 자산(채권)을 양도(매도)하게 되면 자산(채권)을 현금화할 수 있다.

유동화전문회사는 유동화를 위해 특별히 설립된 특수목적회사로서 자산보유회사로부터 자산을 매수하고 자산유동화증권(ABS)을 발행하는 서류상의 회사(paper company)이다. 즉, 자산보유회사와 유동화전문회사를 법적으로 분리하여 별도의 독립된 회사로 만듦으로써 자산보유회사의 신용위험과 자산유동화증권(ABS)의 신용위험을 완전히 분리시켜 자산보유회사가 부실하게 되더라도 유동화전문회사가 피해를 보지 않고, 자산유동화증권(ABS)의 기초자산을 안전하게 보호할 수 있게 된다.

예를 들어, 은행은 주택을 사려는 일반수요자와 새로 부동산을 공급하고자 하는 건설업자에게 저당을 설정하고 자금을 대출한다. 이때 은행이 대출하는 자금은 예금을 받거나 채권을 발행하여 조달한 단기부채이다. 따라서 단기로 조달한 자금을 사용하여 장기로 주택담보대출을 하는 구조이므로 은행은 대출을 꺼리게 된다. 이 경우 대출하는 은행과 별도로 독립적 특수목적회사인 유동화전문회사를 만들어서 유동화전문회사에 주택담보대출을 매도한다.

미국의 페니매, 지니매, 프레디맥과 우리나라의 한국주택금융공사가 유동화전문회사인 특수목적회사에 해당하며, 이 회사들이 주택담보대출을 매수하고 이를 기초자산으로 주택저당증권(MBS)을 발행하면 결국 은행의 대출이 활성화된다.

한편, 자산유동화증권(ABS) 발행 시에 실체가 없는 서류상 회사에 해당하는 유동화전문회사를 대신하여 유동화의 근거가 되는 기초자산을 관리하는 자산관리자가 필요한데, 이들은 채권을 추심하여 원리금 등을 상환하는 업무를 수행한다. 일반적으로 자산보유회사가 일정한 수수료를 받고 자산관리자의 역할을 한다.

또한, 자산유동화증권(ABS) 원리금 상환에 따른 현금 및 계좌관리, 채무불이행 시 담보권 행사 등 유동화전문회사를 대신하여 세부적인 실무업무를 총괄하여 투자자의 권익보호와 자산관리업무 감시를 하는 수탁기관도 두고 있다.[11]

신용평가기관은 기초자산의 기대손실, 신용보강수준, 신용위험 등을 객관적으로 평가하여 자산유동화증권(ABS)의 신용등급을 투자자에게 제공한다. 자산유동화증권(ABS)은 다양한 기초자산 집합(pool)을 바탕으로 발행되므로 투자자가 신용위험을 정확하게 알기 어렵기 때문에 자산유동화증권(ABS)의 신용등급은 투자자에게 매우 유용한 정보이다.

section 03 │ 프로젝트 파이낸싱(PF)

📊 01 │ 프로젝트 파이낸싱의 개요

프로젝트 파이낸싱(PF: project financing)이란 부동산개발사업 시에 투자대상이 되는 사업(프로젝트)으로부터 발생하는 미래현금흐름을 상환재원으로 하여 해당 사업을 수행하는 데 필요한 자금을 금융회사[12]로부터 조달하는 금융기법을 말한다. 즉, 아파트, 오피스텔, 물류센터, 오피스, 호텔, 주상복합 등의 짓고자 하

---

11 일반적으로 유동화전문회사의 경우 서류상의 회사이나, 유동화전문회사에 해당하는 한국주택금융공사는 실체회사이므로 자산유동화증권 발행과정에서 자기신탁의 구조를 갖는다.

12 은행, 보험사, 증권사, 여신전문회사, 저축은행, 상호금융(농협, 신협, 수협, 축협, 산림조합), 새마을금고 등을 의미한다.

는 부동산을 완공한 후에 분양 및 매각을 통해 미래에 예상되는 수입금을 바탕으로 자금을 조달하는 방식이다.

이러한 자금조달방식인 프로젝트 파이낸싱은 1920~1930년대 미국에서 유전개발업자들에게 은행들이 향후 유전개발로 생산되는 석유판매대금을 상환재원으로 하고 매장된 석유를 담보로 유전개발에 필요한 자금을 대출하는 방식에서 시작되었다.

이후, 프로젝트 파이낸싱은 금융시장의 발전과 더불어 지속적으로 발전하여 선진국에서 자원개발 및 부동산 개발에 활용되고 있고, 1990년대 들어서는 동남아 개발도상국가들의 사회간접자본(SOC: social overhead capital)에 프로젝트 파이낸싱 기법이 적극 활용되고 있다.

우리나라는 사회간접자본에 필요한 민간자본을 유치하기 위해 1994년 「민자유치촉진법」제정 이후 본격화되어, 1995년 이화령터널 사업이 최초로 프로젝트 파이낸싱으로 건설되었으며 현재 시행 중인 민자유치사업의 대부분이 프로젝트 파이낸싱으로 자금조달하고 있다. 프로젝트 파이낸싱은 사업방식에 따라 BTO, BTL, BOT, BLT, BOO, ROT, ROO, RTL 등의 방식으로 진행된다.

BTO(build-transfer-operate) 방식은 사업시행자가 해당 사업(프로젝트)을 건설(build)하여 소유권을 주무관청에 양도(transfer)하고, 발주자인 정부 또는 공공기관은 사업시행자에게 일정 기간 시설관리운영권을 부여(operate)하여 시설을 운영하는 방식이다. BTO 방식은 대부분의 사회간접자본에 활용되는 방식으로, 운영권을 기초로 얻는 운영수익으로 건설비용을 회수하는 방식이 된다.

BTL(build-transfer-lease) 방식은 사업시행자가 해당 사업(프로젝트)을 건설(build)하고 소유권을 주무관청에 양도(transfer)한 후 정부나 공공기관에 임차(lease)하는 방식이다. 최근 학교, 기숙사, 도서관, 군인아파트 등의 건설에 이 방식이 많이 활용되고 있다.

BOT(build-operate-transfer) 방식은 사업시행자가 해당 사업(프로젝트)을 건설(build)하고 완공 후 직접 운영(operate)하여 얻은 수익으로 프로젝트의 투자비용을 회수하고 계약기간 종료 시에는 국가나 공공기관에 양도(transfer)하는 방식을 말한다.

BLT(build-lease-transfer) 방식은 사업시행자가 해당 사업(프로젝트)을 건설(build)

하여 일정 기간 시설을 정부나 공공기관에 임차(lease)해 주고 임차기간이 종료되면 시설의 소유권을 정부나 공공기관에 양도(transfer)하는 방식이다.

BOO(build-own-operate) 방식은 사업시행자가 해당 사업(프로젝트)을 건설(build)하여 사업시행자가 당해 시설의 소유권(own)을 갖고 시설을 운영(operate)하는 방식을 말한다.

ROT(rehabiliate-operate-transfer) 방식은 정부나 공공기관 소유의 기존 시설을 정비(rehabiliate)한 사업시행자가 일정 기간 시설을 운영(operate)한 후에 정부나 공공기관에게 양도(transfer)하는 방식이다.

ROO(rehabiliate-own-operate) 방식은 정부나 공공기관 소유의 기존 시설을 정비(rehabiliate)한 사업시행자가 해당 시설의 소유권(own)을 갖고 시설을 운영(operate)하는 방식을 말한다.

RTL(rehabiliate-transfer-lease) 방식은 사회기반시설의 개량 및 보수를 시행(rehabiliate)하여 공사의 완료와 동시에 해당 시설의 소유권이 정부나 공공기관에 귀속(transfer)되며, 사업시행자는 일정 기간 운영권(lease)을 인정받는 방식이다.

🏛 02 ┃ 프로젝트 파이낸싱 구조의 변천

프로젝트 파이낸싱은 부동산 개발사업의 주체로서 부동산 개발사업자 또는 부동산 개발회사로 불리는 시행사(developer)[13], 건설을 담당하는 시공사(constructor,

---

13 부동산 개발사업 시에 토지매입, 설계, 시공, 사후관리 등의 일련의 모든 활동을 시행이라고 한다. 시행업을 영위하는 사업자를 시행주체, 시행사, 부동산 개발회사라고 하고 부동산 개발의 실질적인 추진 주체이다. 시행사는 「부동산개발업의 관리 및 육성에 관한 법률」(이하, 부동산개발업법)과 「주택법」상의 일정한 요건만 갖추면 등록 후 시행업 영위가 가능하다.
「부동산개발업법」에 의하면, 타인에게 공급할 목적으로 건축물의 연면적이 2천m^2 또는 연간 5천m^2 이상이거나 토지의 면적이 3천m^2 또는 연간 1만m^2 이상의 부동산개발업을 영위하려는 자(부동산개발업자)는 자본금 3억원(개인은 영업용자산평가액이 6억원) 이상, 부동산개발 전문인력 2명 이상 상근 조건을 갖추어 특별시장·광역시장·특별자치시장·도지사 또는 특별자치도지사에게 등록해야 한다.
「주택법」에 의하면, 연간 단독주택 20호, 공동주택 20세대, 도시형 생활주택 30세대 이상의 주택건설사업을 시행하려는 자(주택건설사업자) 또는 연간 1만m^2 이상의 대지조성사업을 시행하려는 자(대지조성사업자)는 자본금 3억원(개인인 경우에는 자산평가액 6억원) 이상을 갖추어 국토교통부장관에게 등록하여야 한다.

건설사), 대주단(금융기관)[14], 신탁회사 등이 부동산 개발 시에 발생하는 위험분담과 이익분배를 하는 구조화 금융기법을 활용한다. 우리나라의 프로젝트 파이낸싱은 구조는 크게 세 기간에 걸쳐 변화되어 왔다.

(1) 1997년 외환위기 이전 시기

외환위기 이전에 부동산 개발사업을 할 때는 시공을 담당하는 대기업인 시공사(건설사)가 전적으로 시행과 시공을 동시에 하였다. 즉, 시공사(건설사)가 자신의 신용으로 직접 은행 등의 금융기관으로부터 대출(기업금융방식)을 받아 건설을 위한 토지를 매입하고 건설한 후 분양하는 방식으로 진행하였다. 시공사(건설사)가 단독으로 자금조달을 감당하여 부채부담이 컸지만 당시 토지가격 상승에 따른 수익을 확보할 수 있었기에 이러한 방식의 개발사업이 일반적이었다.

(2) 외환위기 이후부터 2008년 글로벌 금융위기 사이의 시기

시공사(건설사)가 단독으로 대규모 자금을 투입하여 토지매입·건설·분양을 모두 수행할 경우, 유동성 위기에 직면하게 될 수 있을 뿐 아니라 건설 후 미분양 발생 및 자산매각실패가 발생하면 시공사(건설사)의 위험이 증가하게 된다. 실제로 외환위기 당시 국가부도위기라는 초유의 사태로 시장 회사채 이자율이 연 20%를 상회할 정도로 치솟아 많은 시공사(건설사)가 이자비용 조차 감당하지 못하고 부도처리 되었다.

이에 기존의 방식에서 벗어나 보다 적극적인 위험관리의 필요성이 대두됨에 따라 외환위기 이후부터는 시행사(부동산 개발회사)와 시공사(건설사)가 분업화되어 분리되었다. 즉, 개발자금조달 및 토지매입과 인허가 부분은 시행사가 담당하고, 시공사(건설사)는 시행사로부터 사업발주를 받아 공사를 담당하게 되었다.

하지만, 개발자금조달을 담당하는 시행사(부동산 개발회사)는 실제로 자금여력이 부족했기에 금융기관으로부터 대출을 받기가 어려웠다. 이에 시행사(부동산 개발회사)가 대출받는 자금에 대해서 개발사업의 주도권을 유지하려고 하는 자금 여력이 풍부한 시공사(건설사)가 연대보증 및 채무인수 등의 방법으로 상환능

---

14 금전대차계약에서 차주는 자금을 빌리는 쪽을 의미하며 대주는 빌려주는 금융기관을 말한다. 다수의 금융기관이 대주가 될 때는 금융기관들을 묶어 대주단이라고 한다.

력을 보강하는 신용보강을 제공하였다.

(3) 2008년 글로벌 금융위기 이후 시기

글로벌 금융위기 시에 부동산 경기가 침체 되어 미분양이 급격히 증가함에 따라 시행사(부동산 개발회사)가 프로젝트 파이낸싱으로 대출받은 자금의 상환이 어렵게 되자 금융기관은 연대보증 등으로 신용보강을 제공한 시공사(건설사)에게 상환을 요구하였다.

상환이 어려웠던 일부 시공사(건설사)는 퇴출됨에 따라 시공사(건설사)에 위험이 집중되는 기존의 방식에서 부동산 개발사업의 위험을 실질적으로 분담하는 방식으로 시행사(부동산 개발회사)와 시공사(건설사)의 역할이 더 세분화되었다.

구체적으로, 부동산 개발사업에는 토지매입비용뿐만 아니라 공사비 등의 자금이 필요한데, 시공사(건설사)가 건설에 집중하여 책임준공을 보증한다. 책임준공이란 천재지변 등의 특별한 이유가 아니라면 공사비의 수령 여부와 무관하게 약속한 기일 안에 공사를 마무리한다는 약속으로서, 시공사(건설사)가 이를 지키지 못하면 해당 공사에서 발생하는 모든 채무 및 손해배상의무를 지게 된다.

따라서 시공사(건설사)의 책임준공 약속으로 인해 담보물로 이용할 수 있는 완성된 건물을 확실하게 확보할 수 있게 되고, 이러한 기대를 바탕으로 대출자(금융기관)는 개발자금을 대출하게 된다. 여기에 더하여 주택도시보증공사(HUG: Korea Housing and Urban Guarantee Corporation)가 2014년 6월에 일정 조건 이상의 시행사(부동산 개발회사)가 토지매입비 등으로 대출받은 대출에 대해서 원리금 상환을 책임지는 PF보증을 제공하면서 시공사(건설사)의 신용공여에 따른 부담이 완화되었다. 또한, 주택개발사업으로 국민주택규모(전용면적 $85m^2$) 이하를 대상으로 한국주택금융공사도 건설자금보증을 제공하고 있다.

따라서 과거와 달리 부동산 개발사업 추진 시 개발사업의 수익성에 대해서 엄격한 평가 및 분석이 이루어지고 미분양 발생지역에 대해서는 개발자금의 조달이 어려워짐에 따라 신규 분양이 감소하는 등의 분양시장의 시장조정기능이 활성화되었다.

📊 03 | 프로젝트 파이낸싱의 특징

(1) 비소구금융 또는 제한적 소구금융

프로젝트 파이낸싱은 사업추진을 위해 사업주체인 시행사(부동산 개발회사)와 별개의 특수목적회사(법률적 사업시행주체)를 설립하고, 특수목적회사가 사업수행 및 금융조달의 주체가 되고, 사업이 부실화되거나 사업이 도산하더라도 대주단 (금융기관)의 사업주체에 대한 소구권[15]이 제한(비소구금융)된다. 사업에 따라서는 사업주체가 일정 수준의 부담을 지는 제한적 소구금융인 경우도 있다.

(2) 부외금융

프로젝트 파이낸싱으로 사업주체와 법률적으로 독립된 특수목적회사가 차입한 투자액으로 사업을 수행하므로 이 금액은 사업주체의 재무상태표에 부채로 계상되지 않아 사업주체의 재무상태표에 영향을 주지 않는 부외금융이 된다. 따라서 사업주체는 일반 대출에서 허용되는 차임금 한도를 초과하여 자금을 조달할 수 있어 채무수용능력이 높아진다.

(3) 높은 금융비용

프로젝트 파이낸싱으로 자금을 대출해주는 금융기관은 대주단을 구성하여 사업성을 검토하는 등 실제로 자금을 대출하기까지 많은 시간과 비용이 발생하고 금융절차가 복잡하다. 또한, 토지매입 및 인·허가 등 사업 초기의 위험과 시공위험 및 분양 등의 사업성 위험 등 여러 발생 가능한 위험도 일반 금융에 비해 훨씬 크기 때문에 상대적으로 높은 이자와 수수료를 요구한다.

(4) 특수목적회사(SPC)의 설립

시행사(부동산 개발회사)와 법적으로 절연된 특수목적회사(SPC)를 설립하고 특수목적회사(SPC)가 차주가 되어 자금을 조달한다. 시행사(부동산 개발회사)와 특수목적회사(SPC)가 각각 독립된 회사가 됨으로써 시행사(부동산 개발회사)의 파산

---

15 구한다는 뜻으로 이미 확정된 지급명령이나 이행권고결정문의 정본 및 사본에 기해서 다시 한 번 청구하는 행위를 말한다.

이나 채무재조정 문제 등을 통제할 수 있고 여러 사업을 동시에 진행할 경우 자산 등이 섞이게 되는 문제점을 해결할 수 있다.

표 9-1 프로젝트 파이낸싱과 기업금융의 비교

구분	프로젝트 파이낸싱	기업금융
차입주체	• 특수목적회사(SPC)	• 사업주체
담보	• 해당 사업의 미래현금흐름 • 특수목적회사(SPC)의 프로젝트 자산	• 사업주체의 신용 • 사업주체가 제공하는 담보
상환재원	• 프로젝트의 현금흐름	• 기업의 전체 재원
소구권 행사	• 사업주체에 대한 소구권 제한(비소구금융)	• 사업주체 자산에 대한 소구권 행사
채무수용능력	• 부외금융으로 채무수용능력 제고	• 부채비율 등 기존차입에 의한 제한
대출심사기준	• 사업성 평가(현금흐름, 자산가치)	• 담보가치, 차주의 신용도
장점	• 사업주체의 채무비율 완화 가능 • 대규모 프로젝트 추진에 적합 • 사업부실 시 사업주체의 책임 제한	• 자금조달구조가 단순해 비용절감 가능 • 신속한 의사결정 가능
단점	• 복잡한 사업구조로 인한 비용 증가	• 사업주체의 채무비율 증가로 추가차입에 제약 • 대규모 프로젝트 추진에 불리
차입기간	• 상대적으로 장기	• 상대적으로 단기
사후관리	• 참여기관에 의한 엄격한 사후관리	• 채무불이행 시 상환청구권 행사

자료: 「부동산금융론-이론과 실제」, 김범석·유한수, 2019, 청목출판사 p. 247 및 「건설금융 실태점검과 개선방안 도출」, 김정주 외, 2021 참고.

📈 01 ┆ 리츠의 개요

리츠(REITs)는 1960년 미국에서 최초로 도입된 이래, 2000년 이후 유럽 및 아시아로 급속히 확산되었으며, 우리나라는 2001년 5월에 「부동산투자회사법」이 제정되면서 1997년 외환위기 이후 기업들의 보유 부동산 유동화를 통한 기업구조조정 촉진, 부동산시장의 가격안정, 외환위기로 인한 부실기업의 구조조정, 소액 투자자들에 대한 부동산 투자기회를 목적으로 국내에 처음 도입되었다. 이에 2001년 12월 21일 교보메리츠퍼스트CR리츠가 국내 1호 리츠로 설립되어 2002년 1월 30일에 주식시장에 상장되었다.

「부동산투자회사법」에서는 리츠를 부동산에 자산을 투자하여 운용하는 것을 주된 목적으로 설립된 회사로 정의하고 있다. 즉, 리츠는 다수의 투자자로부터 자금을 모아 부동산에 투자하거나, 주택저당증권(MBS), 부동산 관련 대출(mortgage loan) 등으로 운영하여 얻은 수익을 투자자들에게 배분하는 주식회사 형태의 부동산 집합투자기구, 즉 뮤추얼 펀드를 말한다.

일반적인 뮤추얼 펀드는 모집한 자금을 주식이나 채권 등에 투자하는 데 비해 리츠는 부동산에 모집한 투자자금의 70% 이상을 투자해야 하는 점이 다를 뿐 기본적인 구조는 동일하다. 이처럼 리츠는 넓은 의미에서 보면 일종의 부동산 펀드로 볼 수 있으나, 우리나라에서의 설립근거, 법적 성격, 운용 등의 측면에서 부동산 펀드와 상이한 점이 있어 리츠와 부동산 펀드를 구분하고 있다.

리츠는 「부동산투자회사법」에서 특별히 정한 경우를 제외하고 「상법」의 적용을 받으며, 상호에 부동산투자회사라는 명칭을 사용해야 하고 부동산투자회사가 아닌 회사가 부동산투자회사 또는 이와 유사한 명칭을 사용하여서는 안 된다. 또한 리츠는 발기설립의 방법으로 설립하여야 하고 현물출자에 의한 설립을 할 수 없다(제3조, 제5조).

📊 02 │ 리츠의 종류

우리나라의 리츠는 주식회사 형태의 일반리츠와 기업구조조정리츠(CR리츠: corporate restructuring REITs)로 구분하고 있고, 일반리츠는 자기관리리츠와 위탁관리리츠로 구분하고 있다.

(1) 자기관리리츠

자기관리리츠는 자산운용전문인력을 영업인가 시에 3명 이상, 영업인가 후 6개월 경과 시 5명 이상을 상근[16]으로 임·직원을 둔 실체가 있는 회사로서, 상근 임·직원이 자산의 투자운용을 직접 관리하는 회사를 말한다. 자기관리리츠의 설립자본금은 5억원 이상이며, 영업인가를 받거나 등록을 한 날부터 6개월(최저자본금 준비기간)이 지난 자기관리리츠의 최저자본금은 70억원이다. 자기관리리츠를 설립하기 위해서는 국토교통부장관의 영업인가를 받아야 한다.

(2) 위탁관리리츠

위탁관리리츠는 실체가 존재하지 않는 서류상의 회사이기 때문에 상근 임·직원이 없으며 자산의 투자 및 운용은 자산관리회사에게 위탁하는 명목형 회사이다. 위탁관리리츠의 설립자본금은 3억원 이상이며, 영업인가를 받거나 등록을 한 날부터 6개월(최저자본금 준비 기간)이 지난 위탁관리리츠의 최저자본금은 50억원 이상이다. 위탁관리리츠를 설립하기 위해서는 국토교통부장관의 영업인가를 받아야 하고, 본점 외의 지점을 설치할 수 없다.

(3) 기업구조조정리츠(CR리츠)

기업구조조정리츠(CR리츠)는 서류상의 회사이기 때문에 상근 임·직원이 없으며 자산의 투자 및 운용은 자산관리회사가 위탁받아 수행한다. 기업구조조정리

---

16 자기관리리츠는 감정평가사 또는 공인중개사로서 해당 분야에 5년 이상 종사한 사람, 부동산 관련 분야의 석사학위 이상의 소지자로서 부동산의 투자·운용과 관련된 업무에 3년 이상 종사한 사람, 그 밖에 앞의 두 종류의 전문인력에 준하는 경력이 있는 사람으로서 대통령령으로 정하는 사람을 상근으로 자산운용 전문인력으로 두어야 한다(제22조).

츠(CR리츠)의 설립자본금은 3억원 이상이며, 영업인가를 받거나 등록을 한 날부터 6개월(최저자본금 준비 기간)이 지난 기업구조조정리츠(CR리츠)의 최저자본금은 50억원 이상이다.

기업구조조정리츠(CR리츠)를 설립하기 위해서는 국토교통부장관의 영업인가를 받아야 하고, 본점 외의 지점을 설치할 수 없다. 특히, 기업구조조정리츠(CR리츠)는 기업구조조정용 부동산[17]으로 투자대상을 한정한다.

표 9-2 리츠의 비교

종류	자기관리리츠	위탁관리리츠	기업구조조정리츠
투자대상	일반부동산/개발사업	일반부동산/개발사업	기업구조조정용 부동산
회사형태	실체회사 (상근 임·직원)	명목회사 (상근 없음)	명목회사 (상근 없음)
최저자본금	70억원	50억원	50억원
상장	요건충족 시	요건충족 시	의무사항 아님
자산구성 (매분기말)	총자산의 80% 이상이 부동산, 부동산 관련 증권 및 현금(총자산의 70% 이상은 부동산)	총자산의 80% 이상이 부동산, 부동산 관련 증권 및 현금(총자산의 70% 이상은 부동산)	총자산의 80% 이상이 부동산, 부동산 관련 증권 및 현금(총자산의 70% 이상은 기업구조조정부동산)
자산운용 전문인력	5인(리츠 상근 고용)	자산관리회사(5인)에 위탁운용	자산관리회사(5인)에 위탁운용

자료: 국토교통부 리츠정보시스템

---

17 ① 기업이 채권금융기관에 대한 부채 등 채무를 상환하기 위하여 매각하는 부동산, ② 채권금융기관과 재무구조 개선을 위한 약정을 체결하고 해당 약정 이행 등을 위하여 매각하는 부동산, ③「채무자 회생 및 파산에 관한 법률」에 따른 회생절차에 따라 매각하는 부동산, ④ 그 밖에 기업의 구조조정을 지원하기 위하여 금융위원회가 필요하다고 인정하는 부동산을 말한다(제49조의2의 1항).

section 05 부동산 펀드

　현행 「자본시장법」에서 집합투자기구로 칭하는 펀드는 집합투자를 수행하는 기구로 정의하고 있다. 집합투자란 2인 이상의 투자자로부터 모은 금전 등을 투자자로부터 일상적인 운용지시를 받지 아니하면서 재산적 가치가 있는 투자대상을 취득·처분, 그 밖의 방법으로 운용하여 그 결과를 투자자에게 귀속시키는 것을 말한다. 특히 부동산 펀드는 집합투자재산(펀드재산)의 50% 초과하여 부동산에 투자하는 펀드로 정의하고 있다.

　여기서 부동산에 투자하는 방법은 단순히 부동산을 직접 취득하여 매도하는 것뿐만 아니라 부동산의 개발, 부동산의 관리 및 개량, 부동산의 임대 및 운영, 지상권·지역권·전세권·임차권·분양권 등 부동산 관련 권리의 취득, 금전채권(부동산을 담보로 한 경우만 해당)의 취득, 부동산을 기초자산으로 한 파생상품, 부동산 개발과 관련된 법인에 대한 대출, 부동산과 관련된 증권에 투자하는 것 등으로 규정하고 있다(제229조, 시행령 제240조).

　부동산 펀드는 수익증권과 뮤추얼 펀드 형태가 모두 가능하다. 하지만 뮤추얼 펀드 형태의 경우 리츠와 구분하기 위해 부동산 펀드 자산의 50% 이상 70% 이하로만 부동산에 투자할 수 있다. 그리고, 부동산 펀드의 자금조달은 공모와 사모 모두 가능하다. 하지만 펀드 설정 후 만기까지 중도환매가 불가능(폐쇄형)하다. 만약 일반 펀드처럼 일정 수익이나 손실이 예상될 때 중도환매가 된다고 할 경우 해당 부동산을 중도환매를 위해 매각하는 것이 불가능하기 때문이다. 공모형태로 자금을 조달한 경우에는 펀드 설정일로부터 90일 이내에 펀드를 한국거래소에 상장해야 하지만, 투자자 입장에서는 투자금 회수에 제약이 있을 수 있다.

　따라서 부동산 펀드는 소액투자를 할 수 있다는 특징이 있으나, 원금 및 수익 보장형 상품이 아니고 중도환매가 제한되어 있어 주식이나 채권보다 현금화가 어려운 단점이 있다. 이와 같은 부동산 펀드는 리츠와 비슷해 보이지만 근거법이 다르고 운영 주관 정부 부처도 다를 뿐 아니라 운용방식에도 차이가 있다.

표 9-3 부동산 펀드와 리츠의 비교

구분	부동산 펀드	리츠
근거법	「자본시장법」	「부동산투자회사법」
설립	금융감독원 등록	발기설립 후 국토교통부 영업인가
법적성격	계약 / 회사	상법상 주식회사
최소자본금	제한 없음	50억원(자기관리리츠 70억원)
자산운용	부동산개발, 대출, 실물매입 및 운용 (부동산 등에 50% 이상 투자)	부동산개발, 대출, 실물매입 및 운용 (부동산 등에 70% 이상 투자)
투자기간	실물 부동산 매입 시 1년 이상 보유	실물 부동산 매입 시 1년 이상 보유
주식분산	제한 없음	1인당 50% 이내(단, 연기금, 공제 회 등의 소유지분은 제한 있음)
자금차입	순자산의 2배 이내(전문투자자형 사모 펀드는 4배 이내)	자기자본의 2배 가능(주주총회의 특 별결의 시 10배 가능)
법인세	법인세 과세대상 아님	자기관리형리츠(법인세 부과) 위탁관리형과 CR리츠(법인세 면제)
운용보수	일반적으로 리츠보다 낮음	별도 관리조직 유지 등에 따라 다소 높음

자료: 「투자자사운용사 1」, 한국금융투자협회 금융투자교육원, 2022, 참조.

section 06   부동산투자

📊 01 │ 직접투자와 간접투자

부동산에 투자하는 가장 전통적인 방법은 빌딩이나 상가 등 부동산을 직접 분양받거나 사는 것이다. 금을 제외한다면 부동산은 투자목적으로 가장 오랫동 안 지속되어 온 자산에 해당한다. 부동산 직접투자는 부동산을 직접 사고파는 것뿐만 아니라 직접 부동산을 건설 및 개발하는 것까지 포함한다. 부동산에 직접투자할 경우 투자자가 직접 부동산의 취득, 운용, 관리, 처분 등을 모두 관리하고 모든 수익을 얻는다. 하지만, 부동산에 대한 전문적인 지식이 부족할 경우 상대적으로 투자위험이 증가할 수 있다.

부동산 간접투자는 리츠나 부동산 펀드 등을 통한 투자를 말한다. 간접투자는 부동산에 대한 전문지식을 가진 전문기관이 다수의 투자자를 대신하여 투자자금을 모아서 운용한다. 따라서 소액으로도 대형 부동산에 대한 투자가 가능하고, 투자지역별, 부동산 형태별로 포트폴리오를 구성함으로써 분산투자 효과도 누릴 수 있다.

📊 02 │ 부동산투자의 특징

레버리지 효과, 인플레이션 헷지 등의 특징을 갖는 부동산은 전통적인 금융상품인 주식, 채권, 현금성 자산 등과는 다른 위험특성을 갖는다. 특히 부동산은 최근 주식이나 채권과 같은 기존의 투자대상이 포함되지 않는 새로운 투자대상인 대체투자(alternative investment)상품으로 주목받고 있다.

(1) 레버리지 효과

부동산투자의 대표적인 특징인 레버리지 효과(leverage effect)는 다른 사람으로부터 빌린 돈을 지렛대 삼아 자기자본에 대한 수익률을 높이는 것을 말한다. 즉, 타인자본(차입금) 사용으로 인해 자기자본수익률의 변동폭이 커지는 효과를 말한다. 예를 들어, 자기자본 1억원을 투자하여 2천만원의 수익을 얻으면 자기자본수익률은 20%(＝2천만원/1억원)이다. 하지만, 자기자본 4천만원과 10% 이자(차입이자율)로 타인자본 6천만원을 합친 총 1억원을 투자하여 2천만원의 수익이 발생할 경우, 자기자본수익률은 35%(＝(2천만원−6천만원×0.1)/4천만원)로 확대되며, 총자본수익률은 20%(＝2천만원/(4천만원＋6천만원))이다.

한편, 부채비율이 과도하게 높아지면 금리상승으로 인한 부담이 증가하여 파산위험이 커질 수 있음에 주의해야 한다. 실제로 대출을 받아서 아파트를 구입할 경우 아파트가격상승이 차입이자율보다 높을 경우라든가 전세를 부담하면서 집을 사는 것 등이 레버리지 효과를 이용한 투자라고 할 수 있다.

(2) 인플레이션 헷지

부동산투자는 전반적인 물가가 상승하는 인플레이션을 헷지할 수 있다. 인플레이션이 발생하면 돈의 가치가 점점 떨어져서 구매력이 하락한다. 예를 들어, 오늘 10만원으로 기름 한 통 살 수 있다고 하자. 1년 후에는 화폐의 구매력이 하락하여 동일한 10만원으로 반 통 정도 밖에 못사는 경우이다. 이처럼 인플레이션이 발생할 경우 부동산과 같은 물건을 가지고 있으면 부동산 가격도 상승하게 되어 인플레이션을 헷지(방어)할 수 있다.

(3) 자본이익과 임대소득

부동산은 내구재로서 장기간 부동산을 운영하여 임대료와 같은 임대소득(income gain)을 얻을 수 있다. 이는 채권보유 시 발생하는 이자소득이나 주식보유 시 발생하는 배당소득에 해당한다고 볼 수 있다. 또한 부동산을 처분할 경우에는 시세차익(양도차익, 매매차익)인 자본이익(capital gain)을 얻을 수 있다. 이와 같은 이익은 부동산에서만 발생하는 것이 아니고 모든 자산에서 공통적으로 나타난다.

📊 03 | 비율분석

(1) 대출비율(LTV)

대출비율(LTV: loan-to-value ratio)[18]은 부채(타인자본)[19]를 자기자본과 타인자본을 합인 총투자액으로 구매한 부동산가격으로 나눈 비율을 말한다. 대출비율이 높을수록 재무구조의 안정성이 약해지고, 차입자의 채무불이행위험이 높아지기 때문에 대출기관이 직면하는 잠재적 채무불이행위험을 커진다. 따라서 대출비율은 대출기관의 채무불이행위험을 나타내는 지표로 사용된다. 한편, 부동산가치가 하락하는 경우에는 대출비율이 100%를 초과할 수 있다.

---

18 주택담보대출비율, 대부비율, 차입비율, 담보인정비율, 융자비율이라고도 한다.
19 저당가치, 융자금이라고도 한다.

$$LTV = \frac{부채(타인자본)}{부동산가격(총투자액)} \qquad (9-1)$$

(2) 총부채상환비율(DTI)

총부채상환비율(DTI: debt-to-income)은 주택담보대출의 연간 원리금상환액과 기타대출의 연간 이자상환액의 합을 연소득으로 나눈 것으로, 채무자가 빌린 금융부채를 연소득으로 얼마나 잘 상환할 수 있는지를 판단할 수 있다.

$$DTI = \frac{주택담보대출\ 연\ 원리금상환액 + 기타대출\ 연\ 이자상환액}{연소득} \qquad (9-2)$$

총부채상환비율(DTI)이 낮을수록 대출에 대한 상환능력이 높은 것으로 인정된다. 하지만 연소득 대비하여 갚아야 할 총부채가 많으면, 즉 총부채 대비 소득이 충분하지 않으면 담보가치가 충분하더라도 대출받을 수 없다.

한편, 대출 시에 높은 총부채상환비율(DTI)이 적용되면 대출받을 수 있는 자금 규모가 크다. 예를 들어, 연소득 1억원에 총부채상환비율(DTI)이 60% 적용되면, 최대 6천만까지 대출이 가능하다. 그리고 상환기간이 길수록 예를 들어, 30년 분할 상환이 10년 분할 상환보다 연간 상환해야 하는 금액이 낮아져 총부채상환비율(DTI)이 낮아지고 대출한도액은 높아진다.

(3) 총부채원리금상환비율(DSR)

총부채원리금상환비율(DSR: debt service ratio)은 모든 대출, 즉 주택담보대출 원리금 외에 신용대출, 학자금대출, 신용카드결제액, 자동차 할부금, 카드론 등 모든 대출의 원금과 이자를 모두 더한 원리금 상환액을 연소득으로 나눈 비율을 말한다.

$$DSR = \frac{모든\ 대출의\ 연간\ 원리금\ 상환액}{연소득} \qquad (9-3)$$

연소득 대비 모든 대출에 대한 원리금 상환능력으로 대출상환가능성을 평가하기 때문에 금융기관의 대출심사 시 총부채상환비율(DTI)로 심사했을 때보다 대출한도가 축소된다. 일반적으로 총부채원리금상환비율(DSR)이 40까지면 적정, 70이 넘어가기 시작하면 이자 내기도 어려운 위험 차입자라고 본다.

　대출비율(LTV), 총부채상환비율(DTI), 총부채원리금상환비율(DSR)은 모두 주택 담보대출의 심사기준이 된다. 다만, 대출심사 시 대출비율(LTV)은 부동산에 초점을 둔 것이고, 총부채상환비율(DTI)는 금융부채상환능력에 초점을 둔 것이며, 총부채원리금상환비율(DSR)은 모든 부채상환능력에 초점을 둔 것이다.

○○○

읽을 거리

주택대출 얼마나 받을 수 있을까?···LTV · DTI · DSR 따져봐야죠

　새내기 직장인의 주요 목표 중 하나는 '내 집 마련'이다. 고금리 여파로 부동산시장이 침체에 빠지면서 집값도 하락하는 추세지만 여전히 수억원을 웃도는 아파트를 대출 없이 마련하기 쉽지 않다. 대출받으러 은행에 가면 대출한도를 정하는 규제와 맞닥뜨리게 된다. 대출액이 크고 규제가 까다로운 주택담보대출은 더욱 그렇다. 주담대를 받기 위해선 담보인정비율(LTV)과 총부채상환비율(DTI)은 물론 대출 종류에 상관없이 적용되는 총부채원리금상환비율(DSR)까지 꼼꼼히 따져봐야 한다.

▶ LTV · DTI · DSR, 어떻게 다른가

<LTV · DTI · DSR 규제>

LTV(담보인정비율)	• 주택소유여부 · 규제지역별로 30~70% • 생애최초 80%, 무주택 · 1주택자 50~70%
DTI(총부채상환비율)	• 주택소유여부 · 규제지역별로 40~60% • 생애최초 80%, 서민 · 실수요자 60%
DSR(총부채원리금상환비율)	• 총대출액 1억원 초과 시 40% • 총대출액 1억원 미만 시 70%

　LTV와 DTI는 주담대 한도를 정할 때 적용된다. LTV는 주택 시세 대비 대출한도액의 비율을 뜻한다. 예를 들어, LTV 규제 비율이 50%라면 구매하려는 주택의 시세가 1억원일 때 주담대는 최대 5,000만원까지 받을 수 있다는 뜻이다.

　LTV는 주택소유 여부와 규제지역 등에 따라 차등 적용되는데 금융당국은 부동산경기 침체를 반영해 작년부터 관련 규제를 완화해 오고 있다. 현재 규제지역은 서울 강남 3구(강남 · 서초 · 송파)와 용산구 4개 자치구다. 생애 최초 주택 구입 시엔 규제지역 여부와 관계없이 9억원 이하 주택에 대해 LTV가 80%까지 적용된다. 무주택자와 1주택자는 LTV 한도가 규제지역은 50%, 비규제지역은 70%까지다.

지난 2일부터는 규제지역에서의 주담대가 금지되던 다주택자도 LTV의 30%까지 주택구입 목적으로 대출을 받을 수 있다. 비규제지역에선 LTV 60% 규제가 유지된다. 주택 임대 · 매매 사업자의 LTV도 규제지역 0%에서 30%로, 비규제지역 0%에서 60%로 완화됐다.

DTI는 대출자의 소득을 기준으로 주담대 한도를 정하는 규제다. 매년 갚아야 하는 주담대 원리금과 기타 대출의 이자를 합친 금액을 연소득으로 나눠 계산한다. 현행 DTI 기본 규제 비율은 투기지역 · 투기과열지구에서 40%, 조정대상지역에서 50%, 그 외 수도권에서는 60%다. 투기지역은 서울 강남 3구와 용산구 등 4곳이다. 생애 최초 주택 구입자와 서민 등 실수요자는 투기지역 여부에 관계없이 DTI가 60%로 완화된다.

DTI 규제 비율 60%를 적용받는 생애 최초 주택 구입자 A씨가 주담대 3억원을 신청한다고 가정해보자. A씨는 신용대출 1,000만원(금리 연 5.5%)을 보유하고 있으며 연소득은 4,000만원이다. DTI 60%를 고려하면 A씨는 연간 주담대 원리금과 신용대출 · 카드론 등 다른 대출의 이자를 합친 금액이 2,400만원(4,000만원×60%)을 넘을 수 없다.

주담대 금리가 연 5%고 30년 원리금 균등 상환 방식이라고 가정하면 A씨가 매년 갚아야 할 원리금은 약 1,932만원이다. 연간 신용대출 이자 55만원을 합쳐도 1,987만원으로 2,400만원을 넘지 않기 때문에 A씨는 주담대 3억원을 받을 수 있다. 이처럼 DTI는 대출 한도를 대출자의 소득에 비례해서 정하는 규제인 만큼 개인의 '빚 갚을 능력'에 초점을 맞추고 있다.

▶ 주담대 · 마통 중 선택해야 할 수도

DSR은 개인이 보유한 '모든 대출의 원리금'을 연소득 대비로 따져 대출 한도를 정하는 방법이다. 주담대뿐 아니라 모든 대출에 적용된다. 총대출액이 1억원을 넘을 경우 DSR이 40%를 넘을 수 없다. 연소득이 1억원이면 모든 대출의 원리금을 합쳐 4,000만원을 넘을 수 없다는 뜻이다.

DSR은 어떻게 계산할까. 연소득 5,000만원인 직장인 B씨의 사례를 들어보자. B씨는 연 5.5% 금리로 3,000만원의 마이너스 통장을 지니고 있고, 30년 원리금균등상환 방식의 주담대 3억원(금리 연 5%)을 받으려고 한다.

마이너스통장은 DSR을 산정할 때 실제 꺼내 쓰고 있는 돈이 아니라 전체 한도를 기준으로, 만기는 5년으로 잡아 계산하기 때문에 B씨의 연간 마이너스통장 원리금 상환액은 687만원이 된다. 여기에 주담대 원리금 1,933만원을 더하면 전체 대출 원리금 상환액은 2,620만원에 달한다. 이 경우 DSR은 52.4%(2,620만원÷5,000만원)가 된다. B씨가 DSR 40% 규제하에서 대출을 받으려면 마이너스통장 한도를 줄이거나 주담대 신청액을 깎아야 한다.

　DSR을 계산할 땐 보유한 대출별로 매년 내야 하는 원리금 상환액을 구하는 게 핵심이다. 주담대는 계약기간이 정해져 있지만 기타 대출은 금융사가 DSR을 따질 때 항목별로 원금을 몇 년에 나눠 갚는 것으로 산정하는지에 따라 달라진다. 신용대출은 5년으로 산정 만기가 짧기 때문에 대출액이 작아도 DSR을 끌어올리게 된다.

[한국경제(hankyung.com), 2023. 3. 21.]

- 부동산금융의 유형
  - 재원조달목적에 따른 구분: 소비자금융, 공급자금융
  - 자본조달방법에 따른 구분: 부채금융(주택담보대출, 주택주택저당증권(MBS), 프로젝트 파이낸싱(PF), 지분금융(부동산 신디케이트, 부동산투자회사(REITs), 부동산 펀드)

- 주택주택저당증권(MBS)
  - 1차 저당시장
  - 2차 저당시장

- 프로젝트 파이낸싱(PF)
  - 사업방식: BTO, BTL, BOT, BLT, BOO, ROT, ROO, RTL 등
  - 특징: 비소구금융(제한적 소구금융), 부외금융, 높은 금융비용, 특수목적회사(SPC)의 설립 등

- 부동산투자회사(리츠(REITs))
  - 리츠: 자금의 70% 이상을 부동산 관련 자산에 투자(자기관리리츠, 위탁관리리츠, 기업구조조정(CR)리츠)
  - 부동산 펀드: 자금의 50% 이상을 부동산 관련 자산에 투자

- 부동산투자
  - 특징: 레버리지 효과, 인플레이션 헷지, 자본이익과 임대소득

  - $LTV = \dfrac{부채(타인자본)}{부동산가격(총투자액)}$

$$- \ DTI = \frac{주택담보대출\,연\,원리금상환액 + 기타대출\,연\,이자상환액}{연소득}$$

$$- \ DSR = \frac{모든\,대출의\,연간\,원리금\,상환액}{연소득}$$

chapter
10 디지털금융

section 01 기술혁명과 금융

📊 01 │ 산업혁명

1차 산업혁명은 1760~1840년 기간에 영국에서 방적기 및 증기기관의 발명과 철도건설을 중심으로 기계에 의한 생산과 공장시스템이 도입됨으로써 기존의 농업사회가 산업사회로 전환된 사건을 말한다. 이후 1870~1914년에 미국에서의 전기, 전화, 내연기관, 자동차, 생산조립라인에 의한 대량생산 등으로 혁신적 기술을 통한 생상성 향상과 생활수준의 획기적인 개선의 가져온 사건을 2차 산업혁명이라고 부른다. 3차 산업혁명은 1960년대부터 2000년대 초반까지의 기간 동안에 반도체기술의 급속한 발전으로 컴퓨터와 인터넷을 통한 정보통신기술(ICT: information & communication technology) 혁명을 의미한다.

4차 산업혁명이라는 용어는 2016년 세계경제포럼(World Economic Forum: WEF)의 Klaus Schwab 회장에 의하여 처음 사용된 용어로서, 디지털 트랜스포메이션(digital transformation)[1]에 의한 전 산업의 변화뿐 아니라 일하는 방식의 변화, 사회·정치적 변화까지를 아우르는 포괄적 개념으로 일반적으로 정의한다. 4차 산

---

[1] 농업, 제조업, 서비스업 등 전 산업에 정보통신기술이 결합하여 기존의 아날로그 방식이 디지털 방식으로 전환되는 것.

업혁명의 기반이 되는 핵심기술로 빅데이터, 인공지능(AI: artificial intelligence), 블록체인, 사물인터넷(IoT: internet of things), 생명공학기술, 양자컴퓨팅 등이 있다.

📊 02 │ 핀테크의 개념

핀테크(fintech)는 금융(finance)과 기술(technology)이 합쳐진 말로서, 핀테크의 개념은 2005년부터 있었으나 2010년대 들어 스마트폰의 대중화로 누구사 상시적으로 인터넷접근이 가능해짐에 따라 핀테크가 관심을 받게 되었다. 핀테크는 IT가 금융을 돕는다는 측면에서 새로운 IT기술을 금융산업이 채택하여 금융산업의 혁신을 달성하고자 한다.

하지만, 금융분야에서는 핀테크라는 용어가 사용되기 이전부터 인터넷뱅킹이나 모바일뱅킹을 통한 자금거래 혹은 HTS나 MTS를 통한 주식거래가 이루어져 왔고, 최근에는 빅데이터와 인공지능, 블록체인, 무선통신기술과 사물인터넷, 바이오인증, 클라우드 컴퓨팅 등이 대표적으로 금융부문에서 디지털혁신을 주도하고 있는 기술로 평가받고 있다.

자료: 한국은행, 「디지털혁신과 금융서비스의 미래: 도전과 과제」, 2017.

최근 디지털 혁신을 주도하고 있는 기술들은 <그림 10-2>에서 보는 바와 같이 디지털통화, 거래정보 분산 기록, 모바일 지급, 생체정보 이용 인증, 로보어드바이저, 크라우드펀딩2 등 다양한 형태의 금융서비스에 활용되고 있다.

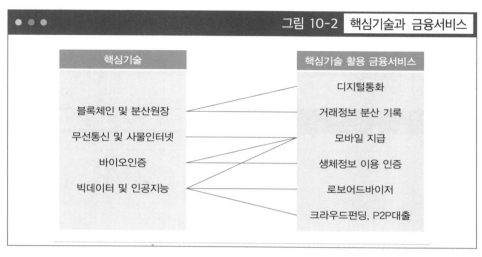

그림 10-2 핵심기술과 금융서비스

핵심기술	핵심기술 활용 금융서비스
블록체인 및 분산원장	디지털통화
무선통신 및 사물인터넷	거래정보 분산 기록
바이오인증	모바일 지급
빅데이터 및 인공지능	생체정보 이용 인증
	로보어드바이저
	크라우드펀딩, P2P대출

자료: 한국은행, 「디지털혁신과 금융서비스의 미래: 도전과 과제」, 2017.

section 02 | 디지털기술

📊 01 | 빅데이터

데이터마이닝은 데이터 속에서 의미 있는 정보를 추출하는 일련의 작업을 말한다. 1990년대 말 인터넷의 보급으로 인한 데이터양의 증가와 더불어 정보통신기술(IT: information technology)이 발전됨에 따라 기존에 활용되지 못하고 버려졌던 데이터에 대한 경제적 가치가 강조되어 데이터마이닝이 주목을 받았으나, 기대와 달리 광범위하게 활용되지는 못하였다.

이후, 디지털 환경에서 생성 주기가 짧고 대규모로 생성되는 자료로 수치자료뿐만 아니라 문자나 영상자료까지를 모두 포함하는 대규모 자료를 의미하는 빅

---

2 기존 중개기관을 거치지 않고 온라인 플랫폼을 통해 다수의 개인으로부터 직접 자금을 조달하는 금융서비스

데이터(big data)가 2009년 전후로 등장하였다.[3] <그림 10-3>의 구글트렌드에 나타난 빅데이터와 데이터마이닝에 관한 사람들의 관심을 보면 2005년에서 2011년도 기간에는 데이터마이닝에 대한 관심이 다소 높았으나 그 이후에는 지속적으로 하락하는 반면 2012년부터 빅데이터에 대한 관심이 증가하다가 최근에는 다소 하락하는 모습을 보이고 있음을 알 수 있다.

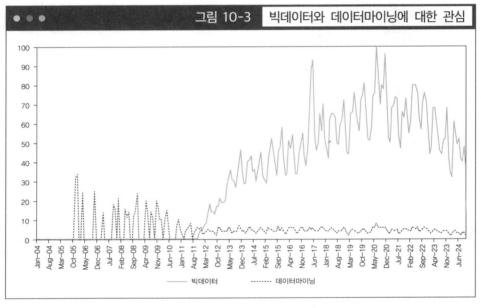

그림 10-3　빅데이터와 데이터마이닝에 대한 관심

빅데이터　　　　········· 데이터마이닝

자료: 구글 트렌드

　빅데이터는 기존의 기술로 처리하는 능력을 넘어서는 대량의 정형·비정형화된 자료에서 가치를 추출하고 결과를 분석하는 기술로서 규모(volume), 속도(velocity), 다양성(variety)에서 기존의 기술과 차별화된 특징을 갖는다. 즉, 빅데이터는 일반적인 기술로는 저장, 관리, 분석이 어려울 정도로 방대한 규모의 자료를 처리할 수 있고, 자료의 생성속도가 빨라 실시간 분석이 가능하며, 수치화된 자료뿐만 아니라 사진, 음성, 영상 등 비정형적 자료가 큰 비중을 차지하는 특징을 갖는다. 따라서 대규모의 다양한 형태의 자료를 생성, 수집, 분석, 표현하는 빅데

3 Piatetsky-Shapiro, G., "Big Data Hype (and Reality)," *Harvard Business Review*, 2012.

이터의 발전으로 현대 사회에 대한 정확한 예측과 사회 구성원에게 맞춤형 정보를 제공할 수 있게 되었다.

빅데이터를 분석하는 기법은 크게 기술분석(descriptive analytics), 예측분석(predictive analytics), 최적화(optimization) 등이 있다. 기술분석은 과거 자료를 가지고 현재 상황을 분석하고 사용자가 가장 관심을 두는 정보를 단순하게 추출하여 표현하거나 설명하는 분석기법을 말한다. 기술분석은 문제의 원인이나 해답을 찾는 가장 초기적인 분석기법으로 알려져 있으며, 이 기술분석이 빅데이터 분석방법들 중에서 약 80% 정도를 차지하는 것으로 알려져 있다.

기술분석은 임의질의(ad hoc query), 대용량자료에서 변수들 간의 연관규칙을 발견하는 기법으로, 군집분석에 의해 그룹화된 무리(cluster)를 대상으로 그룹에 대한 특성을 분석하는 방법인 연관분석(association analysis), 최종사용자가 대용량 데이터베이스에 직접 점근하여 대화식으로 정보를 분석하고 의사결정에 활용하는 기법인 OLAP(online analytical processing), 문장에서 긍정적이거나 부정적인 감정을 감지하는 프로세스인 감정분석(sentiment analysis), 통계분석(statistical analysis) 등이 있다.

예측분석은 과거자료와 현재자료를 이용하여 미래의 발생 가능한 사건을 예측하는 방법이다. 예측분석 방법으로 자료를 나무구조로 도표화하여 분석하는 방법으로 수집된 자료를 분석하여 자료들 사이에 존재하는 속성의 조합으로 분류하는 의사결정나무(decision tree), 자료를 수집하여 통계적 모델을 만들어서 확률론적 기법을 적용하여 미래의 가능한 결과나 행동을 예측하는 통계분석기법인 예측모델링(predictive modeling), 단말기로부터 생성된 자료 중 즉시 활용해야 할 자료는 서버(server)로 보내기 전에 게이트웨이(gateway)에서 실시간으로 분석하고 선별적으로 제공하는 임베디드분석(embedded analytics), 자료의 시각화를 활용하여 자료를 탐색하고 분석하는 시각화분석(visual analytics), 문자·도형·음성 등의 외부정보를 컴퓨터에 인식시켜 특징을 식별하는 프로그램인 패턴인식(pattern recognition), 감정분석(sentiment analysis), 대량의 자료에서 컴퓨터가 패턴을 학습하고 이를 바탕으로 결과값을 예측하거나 최적의 의사결정을 도출하는 기계학습(machine learning), 인간의 언어를 컴퓨터가 이해할 수 있는 방식으로 변환하는 프로그램인 자연어 처리(natural language procession) 등이 있다.

최적화는 목표와 제약조건을 고려하여 의사결정에 따라 다르게 발생할 수 있는 미래 이벤트를 예측하고 가치를 극대화 할 수 있는 가장 최적의 의사결정을 도출하는 분석기법이다.

이외에도 텍스트나 이미지, 동영상 등과 같은 컨텐츠를 분석하여 새로운 유행이나 패턴을 발견하는 기법인 컨텐츠 분석(contents analytics)과 의사결정하기 전까지 생성된 모든 자료를 활용하여 빠른 상황변화에 적시에 대처할 수 있도록 하는 실시간분석(real-time analytics) 등이 빅데이터 분석방법으로 이용되고 있다.

빅데이터가 새로운 경제성장 동력으로 강조되는 가운데 다음과 같은 회의적인 시각도 제시되고 있다.[4] 첫째, 데이터 품질이 좋지 않으면 잘못된 결과가 도출될 수 있고 이로 인해 경제적 피해가 발생할 수 있다. 처리 가능한 데이터의 절대적 규모가 크다고 해서 반드시 데이터의 측정 오류(measurement errors), 유효성(validity), 신뢰성(reliability), 의존성(dependency)과 같이 데이터 분석에서 근본적으로 제시되는 이슈들이 무시될 수 있는 것은 아니다.

예를 들어, 글로벌 금융서비스 기업인 Knight Capital Group은 2012년 알고리즘 트레이딩 시스템이 잘못된 데이터 입력을 걸러내지 못해 4.4억만 달러의 손실을 입은 바 있으며, 2016년 미국 대선 결과가 빅데이터에 기반한 대선 예측과 다르게 나타난 것도 트럼프를 지지하지만 이를 표현하지 않는 유권자(shy Trump)를 고려하지 못했기 때문이라는 분석도 있다.

둘째, 데이터와 분석기법에 대한 잘못된 선택이 잘못된 결과를 도출할 수 있다. 빅데이터 분석기법은 인과관계(causation)보다는 상관관계(correlation) 분석에 크게 의존한다. 이 경우 상관관계 분석 결과가 반드시 두 변수 간의 인과관계를 설명하는 것이 아니기 때문에 통계적으로 유의한 상관관계가 반드시 의미 있다고 해석될 수 없다.

예를 들어, 2006년과 2011년 기간 중 미국의 연간 살인사망자와 웹 디자이너 자살사망자는 MS의 인터넷 익스플로러 시장점유율과 높은 상관관계를 보이는 것으로 조사(OECD, 2015b; Marcus & Davis, 2014)되었으나 세 변수 간에 명확한 인과관계가 존재한다고 설명하기는 어렵다. 이러한 허구적인 상관관계(spurious

---

4 이성복, 「해외 자본시장의 빅데이터 도입 현황 및 시사점」, 자본시장연구원, 2016, pp. 41-44 요약 정리.

correlation)는 데이터 분석에서 언제든지 나타날 수 있다. 그만큼 상관관계 분석을 중시하는 빅데이터 분석기법에 대해 회의적인 시각이 존재할 수밖에 없다.

📊 02 │ 인공지능

인공지능(AI: artificial intelligence)은 1956년 다트머스대 John McCarthy 교수가 처음 사용한 용어로 현재는 인간처럼 행동하는 시스템, 즉 알고리즘을 통해 인지·학습·추론 등 인간 고유의 지적 능력을 컴퓨터로 구현하는 기술로 정의하고 있다. 인공지능에 대한 연구는 1960년대 중반까지 큰 인기를 끌었지만 기술의 한계와 성과부족으로 쇠퇴하기 시작하여 1974-1980년의 기간 동안 인공지능의 과도한 낙관론에 대한 비판과 함께 인공지능의 한계가 수학적으로 증명되면서 인공지능에 대한 연구자금 지원이 중단되었다. 이어 1980년대 등장한 전문가 시스템(expert system)으로 인해 인공지능이 다시 활성화되었으나 1987-1993년에 걸쳐 비효율성과 높은 유지보수 비용 문제로 다시 쇠퇴하였다.

이후 2000년대에 등장한 심화학습(deep learning)[5] 기술로 2012년 6월 구글이 개발한 인공신경망은 사람의 도움 없이 유튜브에 업로드 되어 있는 1천만 개가 넘는 동영상 중에서 고양이를 스스로 성공적으로 인식하여 심화학습과 인공지능이 주목받기 시작하였고, 심화학습은 2016년 '알파고 대 이세돌'의 바둑대결 이벤트로 인공지능의 성장을 견인하고 있다.

<그림 10-4>에는 빅데이터와 인공지능에 대한 사람들의 관심을 구글 트랜드를 통하여 살펴본 것이다. 빅데이터에 대한 관심보다는 인공지능에 대한 관심이 훨씬 높았고 특히 2022년 이후부터 기술발전에 따른 인공지능을 활용한 기업의 수익성 증가로 인공지능에 대한 관심이 급격하게 증가하고 있음을 알 수 있다.

---

5 기계학습 기술의 한 종류로서 인공신경망 이론에 기반하여 인간 두뇌의 작동 메커니즘과 유사한 방식으로 컴퓨터가 스스로 학습함으로써 최적의 결과물을 산출하도록 유도하는 기술

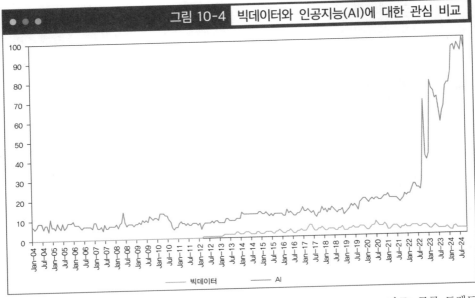

그림 10-4 빅데이터와 인공지능(AI)에 대한 관심 비교

빅데이터 ——— AI

자료: 구글 트렌드

　현재 인공지능 기술은 1959년 IBM 연구원 Arthur Samuel이 처음 사용한 용어인 기계학습 방식으로 많이 구현되고 있다. 최근에는 인간의 두뇌 작동방식을 모방한 기계학습의 진화한 형태인 심화학습 기술로 인공지능을 구현함으로써 여러 변수가 동시에 영향을 미치는 복잡한 환경에서 상대적으로 정확한 해답을 제시해 주고 있다.

읽을 거리

빅데이터와 금융권, 가치 창출 시작은 데이터 시각화로

　최근 4차 산업혁명의 기반이라 할 수 있는 '빅데이터'에 대한 중요성이 강조됨에 따라 금융권의 디지털 트랜스포메이션에서도 '데이터 활용'에 대한 관심과 노력이 증가하고 있다. 특히 금융권은 데이터 보유량이 많고 증가 속도가 빨라 다른 산업에 비해 잠재 가치가 높다는 평가를 받고 있다.

하나. 빅데이터 활용 기업으로 나서고 있는 금융권

국제품질 및 생산력센터(IQPC, International Quality and Productivity Center)가 발표한

'Big Data Analytics for Finance Service Survey Report 2018'에 따르면 빅데이터 활용 기업으로 나서는 금융권 기업들의 전환은 증가하는 추세다. 2017-2018 금융권 기업 전체 중 약 27%는 자사의 빅데이터 시스템으로의 전환이 In production 단계에 있다고 응답했다. 지난해보다 1%p 증가한 수치다. 실험적인 단계에 있는 기업은 44%로 이 역시 지난해 보다 1%p 증가했다. 다소 느리지만, 데이터의 실제 활용 및 실험적 단계로의 진입이 확대되고 있는 양상을 보인다.

전체 금융권 기업들이 빅데이터를 생산, 분석하고 활용하는 과정 중 핵심 우선순위로 꼽은 항목별 비중 변화도 눈여겨볼 만하다. 2017년 높은 우선순위 비중을 차지한 '빅데이터를 통한 수익 창출' 부문의 경우 2017년 38%에서 더욱 확대되어 2018년 47%를 기록했다. 그뿐만 아니라 그 외 항목들의 비중 변화를 보면 금융권 기업이 빅데이터 활용을 본격화하면서 마주하는 실제적인 이슈에 관심을 갖게 된 것을 알 수 있다. 예로 빅데이터 품질 보안 문제를 우선순위라고 대답한 기업은 2017년 37%에서 2018년 51%로 증가하였고, 빅데이터 활용 효과를 극대화하기 위한 프로세스에 대해서는 2017년 13%에서 2018년 47%로 매우 큰 폭으로 증가하였다.

금융권 기업들은 경쟁력을 증가시키기 위해서 새로운 비즈니스모델과 서비스를 혁신하고 고객중심경영을 실현하는 것으로 평가하고 있다. 고객중심경영은 2017년 14%에 불과했으나 2018년 29%로 크게 상승하였다. 특히 금융권 기업은 고객중심경영을 위해서 필요한 고객분석, 고객행동예측 등에 빅데이터를 활용하고, 이를 바탕으로 한 단계 더 나은 고객 만족과 마케팅에 대한 높은 기대를 갖고 있다. 빅데이터 활용의 핵심 전략 분야를 묻는 질문에 전체 금융권 기업 중 44%가 고객분석분야에 빅데이터를 활용하고 있다고 응답했다.

둘. 그렇다면 금융권은 빅데이터를 어떻게 활용하고 있을까?

금융권에서 빅데이터를 활용하는 대표적 사례는 맞춤형 마케팅을 위한 고객분석 용도이다. 비교적 여러 사례를 통해 알려져 있는 분야이다. 이외에도 최근에는 트렌드 예측, 기업 리스크 및 운영 관리 등의 분야에서도 빅데이터의 활용을 시도하고 있다. 고객 맞춤형 마케팅에서 빅데이터는 고객의 특징을 찾는 데 활용된다. 고객의 금융 거래, 카드 소비 등의 데이터를 분석해 고객의 특징을 찾고, 이를 맞춤형 마케팅의 근거로 활용한다.

신한은행은 금융권 가운데에서도 빅데이터 활용에 적극적으로 나서고 있는 기업이다. 신한은행은 지난해 고객의 금융 검색 여정을 추적해 이탈 가능성이 높은 고객을 붙잡는 고객 이동경로(Customer Journey) 분석 프로젝트를 시범 추진한 결과로 올해에는 분석 솔루션 구축을 진행하고 있다. 인지→탐색→신규→거래 등 고객의 이동경로를 기준으로 데이터를 분석하고 고객이 처한 각각의 상황에 적합한 마케팅을 통해 기존 고객 관리뿐만 아니라 신규 고객 유입을 목표로 한다. 예를 들어, 은행 애플리케이션으로 환율 조회를 하는 사람에게 여행 적금 권유

메시지를 발송하여 상품 가입을 유도하는 마케팅을 진행한다. 또 고객 이탈률이 높은 상황을 데이터로 포착하고, 이탈을 방지하고 고객으로 전환을 유도하기도 한다. 은행 애플리케이션에서 고객이 평균 2.5회 투자 상품을 검색한 뒤 이탈하는 고객 비율이 높다는 인사이트를 바탕으로, 고객이 투자 상품을 3회 검색하는 순간 모바일 상담 쪽지를 보내 이탈을 방지한다.

NH농협은행은 빅데이터를 활용해 고객 거래 패턴 변화 등을 감지하고 맞춤형 상품을 제안하는 이벤트 기반 마케팅(EBM)을 진행하고 있다. 카드 사용 명세서 등 면세점 구매 정보를 이용해 해외여행을 갈 가능성이 높은 고객을 대상으로 환전 및 신용카드 사용 마케팅을 진행한 결과, 환전율 58% 향상, 모바일앱 올원뱅크 가입률 2배, 카드 이용률 9% 증가하는 성과를 냈다. 뿐만 아니라 최근 NH농협은행은 인공지능(AI) 기반 빅데이터 플랫폼을 오픈, 2,200만 개인과 소호(SOHO) 기업 고객의 대출 및 소비 성향 등 고객 통합 분석체계를 마련하였다. 이 역시 고객 데이터 분석을 바탕으로 개인 고객별 맞춤형 상품 추천과 고객 이탈 예측을 하기 위함이다. 신한은행, NH농협은행 사례로 알 수 있듯이 금융권의 빅데이터 기반의 고객 맞춤형 마케팅은 파일럿 형태의 실험적이고 단기적인 시도에서 이제는 장기적 차원에서의 데이터 관리 및 분석을 위한 플랫폼 구축의 방향으로 나아가고 있다.

고객 맞춤형 마케팅 이외에 빅데이터 활용이 이루어지고 있는 사례로서 여신심사, 기업 내 의사결정을 위한 기반 자료로서의 활용을 덧붙여 이야기할 수 있다. 여신심사란 여신이나, 어음할인, 보증 여신 등의 신용을 제공하기 전에 소정 기준과 절차에 따라 신청인의 자격과 상환능력, 담보의 적정성 유무를 심사하고 여신의 조건을 결정하는 일련의 과정을 말한다. 지난 3월 우리은행은 국내 최초로 빅데이터를 활용한 기업진단시스템 '빅아이(Big Eye)'를 기업여신 리스크 관리에 도입했다. 기업 관련 빅데이터를 통합, 200여 개의 리스크 지표를 분석해 기업의 부실 가능성을 4단계 등급으로 파악하는 시스템으로 여신심사와 사후관리에 활용하고 있다.

케이뱅크는 개인 여신 심사에 빅데이터 분석을 도입해 효과를 거두고 있다. 케이뱅크는 주주사인 KT, 비씨카드의 통신요금 납부 실적과 신용카드 결제 정보 등 빅데이터를 활용한 자체 신용평가시스템(CSS)을 바탕으로 중금리 대출을 공급하고 있다. 이 결과로 지난 3월 기준 케이뱅크 전체 신용대출 중 금리 연 6% 이상 중금리 대출이 차지하는 비중은 41.5%를 기록했다. 이는 10%대의 주요 시중 은행과 매우 큰 격차다.

기업 내 의사결정을 위한 근거 자료로 빅데이터를 활용한 사례에서는 데이터 시각화가 눈에 띈다. 데이터 시각화는 방대한 양의 데이터를 시각적인 요소(도형 요소, 컬러 등)로 표현하는 것이다. 숫자 형태로 된 데이터를 일일이 살피지 않고서도 데이터의 의미(인사이트, insight)를 빠르고 쉽게 찾을 수 있어, 데이터 활용의 효율성과 효과를 극대화하기 위해 필수적인 기술이다.

해외 사례로서 글로벌 생활용품 기업 P&G는 데이터 시각화 회의실인 '비즈니스 스피어

(business sphere)'를 운영하고 있다. P&G는 전세계 80여 곳 사업장, 40억 명의 소비자로부터 취합한 시장 관련 지표와 경쟁사 상황을 빅데이터로 가공해 실시간으로 확인할 수 있는 대형 스크린을 본사 및 현지 법인에 설치하고, 의사 결정의 근거로 활용하고 있다. P&G는 이 결과로 신제품 출시 주기가 경쟁사보다 2배 짧아졌고, 시가총액 역시 배 이상 늘었다.

지난해 신한은행은 임원진이 경영 관련 빅데이터를 시각화 자료로 실시간 모니터링하고, 의사 결정할 수 있는 '빅데이터 워룸(war room)'을 만들었다. 경영실적과 고객 현황 정보를 실시간으로 취합, 각종 그래프와 이미지 등 시각화 자료로 볼 수 있는 '비주얼 분석(VA) 시스템'도 도입했다. 데이터를 보다 효과적으로 활용하기 위한 방법으로 데이터 시각화 활용을 시도한 사례이다.

KEB하나은행도 데이터 시각화 기술을 적용한 '하나 빅 인사이트'를 구축했다. 하나 빅 인사이트는 은행 핵심 경영지표, 조직 단위별 영업 실적 모니터링, 고객 특성에 따른 비정형 분석 같은 은행 내부 데이터를 기존 숫자가 아닌 그래프로 시각화 형태로 확인할 수 있는 비즈니스 인텔리전스(BI) 시스템이다. 숫자 데이터 그대로 보았을 때 찾기 어려운 인사이트를 직관적으로 도출할 수 있다는 시각화의 장점으로 업무 효율성 향상 효과와 데이터 기반의 의사결정 체계를 만들었다.

셋. 금융권 기업, 데이터 활용 가치 창출은 데이터 시각화로

특히 지난 3월부터 '데이터 시각화 프로젝트'를 진행하면서 가공되지 않은 형태의 Raw 데이터를 그대로 영업 현장에 적용하고 있다. 이는 기존에 통계를 집계한 뒤 사후에 활용하는 빅데이터 운용 방식을 벗어나는 것으로 데이터 시각화 관점에서도 의미 있는 시도로 보인다. Raw 형태의 데이터는 효과적인 시각화를 위해 필요한 형태이기 때문이다. 통계 데이터에 비해 비교적 데이터 탐색 범위와 가능성이 넓어, 데이터 시각화를 기반으로 한 효과적인 데이터 인사이트 도출을 위해 이 같은 형태의 데이터 활용에 익숙해질 필요가 있다.

일반적으로 '데이터 시각화'하면 사람들이 떠올리는 차트는 주로 자료를 보는 사람으로 하여금 쉽게 데이터를 이해할 수 있도록 하는 것을 목적으로 한다. 임원진의 의사결정을 돕기 위해 구축한 데이터 모니터링 시스템에서 데이터 시각화가 주요하게 활용된 이유이기도 하다. 데이터 분석에 대한 전문성이 없을지라도, 시각화 차트를 통해 누구나 데이터를 직관적으로 이해할 수 있고, 데이터 기반의 의사결정을 할 수 있다.

데이터 시각화는 데이터가 내포하고 있는 인사이트를 도출하기 위한 방법론으로서도 큰 역할을 한다. 동일한 데이터라고 할지라도 어떤 형태로 시각화하느냐에 따라 다양한 인사이트를 도출할 수 있다. 이는 데이터를 탐색하고 분석하는 과정에서 데이터 시각화를 활용하는 것으로, 이를 두고 시각적 분석(visual analytics)이라고 칭한다.

시각적 분석을 잘 하기 위해서는 데이터 시각화에 대한 정확한 이해가 필요하다. 가령 데이터 시각화에 적합한 데이터 형태가 Raw 데이터인 이유, 데이터 시각화 차트를 만드는 원리, 시각화 기반으로 인사이트를 도출하는 방법 등에 대한 명확한 이해가 선행될 때, 효과적으로 데이터 인사이트를 도출할 수 있다. 궁극적으로 데이터 인사이트의 활용이 새로운 상품, 서비스, 마케팅 등의 기회로 이어짐을 감안할 때, 금융권 기업이 데이터 시각화를 적극적으로 활용해야 하는 이유에 쉽게 공감할 수 있다.

[출처: 「B Bloter(www.bloter.net)」, 2018. 7. 15.]

📊 03 ┃ 블록체인

블록체인의 개념은 1991년에 문서의 최종생성 및 수정일자를 고정하기 위해 Harber and Stornetta[6]에 의해서 제안된 이래 Satoshi Nakamoto라는 미지의 인물이 2008년 가치이전의 기술로 사용하여 최초의 암호통화(cryptocurrency) 혹은 가상통화(virtual currency)인 비트코인(Bitcoin: 2009년 1월 3일 최초의 블록(genesis block)이 채굴됨)을 구동하는 메커니즘으로 사용되었다.

<그림 10-5>를 보면 블록체인 기술에 대한 일반인의 관심은 사실 크지 않고 이 기술을 적용하여 만든 수익을 획득할 수 있는 투자대상인 비트코인에 대한 관심이 폭발적으로 높았으며 비트코인 가격의 등락에 따라 관심도 늘어나거나 줄어들고 있음을 알 수 있다.

---

6 Stuart Haber and W. Scott Stornetta, "How To Time-Stamp a Digital Document," *Journal of Cryptology*, 3, 1991,

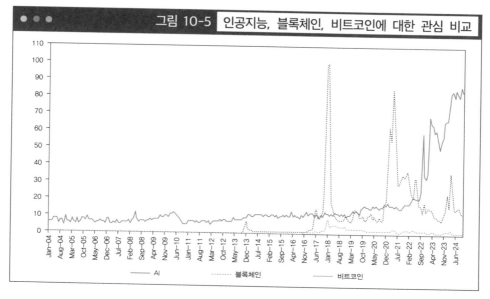

그림 10-5 인공지능, 블록체인, 비트코인에 대한 관심 비교

| | AI | 블록체인 | 비트코인 |

자료: 구글 트렌드

가상화폐인 비트코인의 기반 기술로 적용된 블록체인의 원리를 간단하게 살펴보자. 비트코인 네크워크상의 노드(node: 블록체인 네트워크 참여자)들이 비트코인을 이용한 거래들을 모아 기록·저장하는 블록(block)을 생성한다. 블록체인은 네트워크 참가자들이 수행한 매 10분마다의 거래들(블록)을 하나로 모아서 해시함수 결과값을 암호로 하여 체인으로 연결하기 때문에 붙여진 이름이다.

블록을 생성할 때 정확하고 정직하게 기록된 거래내역을 담고 있음을 입증(작업증명(proof of work))하여야 하는데, 작업증명은 해시함수(hash function)7를 사용하여 증명한다. 즉, 해시함수 결과값(예: 000068a73k1…)의 앞부분이 0000…으로 시작하는 것과 같은 특정조건을 만족하는 난수(nonce)라고 부르는 정수값을 변화시키면서 찾는 과제를 자동적으로 부과한다. 현재는 해시함수 결과값의 앞부분

---

7 해시함수는 임의의 길이를 갖는 메시지를 입력하여 고정된 길이의 해시함수 결과값을 출력하는 함수를 말한다. 현재 사용되고 있는 SHA-1과 같은 표준 해시함수들은 160비트 내지 256비트의 해시값을 출력하는데, 비트코인이 채택한 SHA-256함수는 어떤 크기의 문서라도 함수에 통과시키면 결과값(hash value)을 0과 1로 이루어진 256자리 숫자로 변환시켜 출력한다. (https://www.convertstring.com/Hash/SHA256) 이와 같은 해시함수 결과값은 입력정보가 한 글자만 바뀌어도 전혀 다른 결과값으로 나오고, 하나의 입력정보로 항상 동일한 하나의 결과값만 나오며, 결과값을 토대로 입력정보를 예측할 수 없다는 특징을 갖는다.

0의 개수가 40개까지 늘어났는데 이는 난수(nonce)값을 변화시키며 해시값 계산을 1조번 반복 시도해야 찾을 수 있는 크기의 난이도이다.

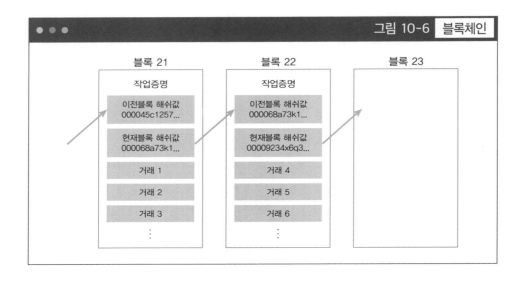

이처럼 새로운 원장(블록)을 갱신하기 위해서 거래검증과 함께 단순반복적인 계산을 수없이 반복수행해야 하고, 특정 조건을 만족하는 해시함수 결과값을 가장 먼저 찾은 노드가 배표한 원장(블록)을 채택한다. 업데이트된 원장은 노드들이 모두 공유한다. 즉, 모든 네트워크 참가자가 동일한 원본데이터를 보유 즉, 장부를 분산저장함으로써 거래의 투명성을 보장받는다.

실제로 작업증명을 수행하는 데에는 엄청난 컴퓨터 연산능력 및 노력과 전력 등의 비용이 소요되기 때문에 새로운 블록이 만들어질 때(작업증명이 해결될 때)마다 그 노드에게 비트코인을 신규로 시스템에서 발행하여 지급한다. 작업증명이 성공하면 새로운 비트코인이 발행되는 것이 마치 금광에서 금을 캐는 것에 비유된다고 하여 작업증명 과정을 채굴(mining)이라고 부른다.

비트코인의 총발행한도는 2천 1백만개로 설정되어 있고 10분마다 블록을 생성하도록 하여 첫 4년(2009년~2012년) 동안은 블록이 만들어지는 매 10분 단위로 새로운 비트코인 50개를 지급하도록 설정되어 있기 때문에 이 기간에 비트코인은 총 10,512,000개(=50개×6×24시간×365일×4년)가 발행된다. 이후 매 4년마다 절반(1/2)으로 축소하도록 설계되어 있기 때문에 2013년~2016년에는 10분 단위로 25개, 2017년~2020년에는 10분 단위로 12.5개를 지급하도록 설계되어 있다. 1비트코인 가격이 65,000,000원이라면 12.5비트코인은 812,500,000원에 해당한다.

비트코인의 기반 기술로서의 블록체인이 갖는 한계와 문제점[8]으로 가장 많이 언급되는 것은 첫째, 채굴(작업증명)에 너무 많은 자원이 투입되고 낭비되는 것이다. 작업증명을 위한 수많은 노드들은 막대한 컴퓨터 연산능력과 전력을 투입하고, 작업증명에 성공하여 비트코인(혹은 다른 가상통화)을 획득하는 노드는 단 하나이며, 나머지 수많은 노드들이 투입한 컴퓨터 연산능력과 전력은 그대로 소비되어 버려진다. 예를 들어, 비트코인의 작업증명에서 소비되는 전력은 연간 22~73TWH(TeraWatt - Hour)이며 73TWH는 오스트리아 국가 전체의 전력 소비와 비슷한 수준이다. 비트코인 외에도 이더리움에서는 21TWH의 전력을 소비한다.

이외에도 작지 않은 크기의 원장 파일(2018년 9월말 현재 비트코인의 원장 파일 크기는 약 185 기가바이트)을 수많은 노드들이 동시에 업데이트하고 보관하는 과정에서 발생하는 데이터 트래픽 등을 고려하면 하나의 블록체인 시스템을 유지하기 위하여 투입되는 자원의 합은 제3자 기관이 존재하는 기존 시스템에서 소요되는 자원의 합보다 클 가능성이 높다.

둘째, 블록체인의 확장성(scalability)에 문제가 있다. 블록체인이 갖는 기술적 한계와 관련하여 가장 많이 제기되는 것은 거래처리 용량(capacity) 혹은 속도의 문제이다. 모든 거래가 개별적으로 승인되고 블록에 기록되는 순수한 P2P 블록체인 플랫폼이 제3자 기관에 집중된 기존 시스템(플랫폼)의 거래처리 속도와 비교할 때 현저하게 느린 것으로, 신용카드 사용이나 주식거래와 같이 1초당 수만 건 이상의 거래가 이루어지는 곳에서는 블록체인을 사용하기 곤란하다.

그리고, 기존 시스템에서는 시스템 운영에 필요한 하드웨어와 소프트웨어가 제3자에 집중되어 있어 간단하게 업그레이드가 이루어지는 반면, 블록체인에서는 개별 노드의 자발적 업그레이드에 의존해야 하고, 노드별로 상당한 성능 차이도 존재한다.

---

8 권민경, 조성훈, 「4차 산업혁명과 자본시장-인공지능과 블록체인-」, 자본시장연구원, 2018, pp. 59-
61 요약 정리.

또한 블록체인에서 일단 블록에 기록된 거래를 취소하려면 거래당사자 간에 반대 방향의 거래를 다시 일으키는 수밖에 없다. 실수나 착오에 의한 거래를 수정하기 위해서는 원장자체를 수정해야 하는데 다수의 거래 참여자가 관련된 수많은 거래가 이루어지는 유통시장에서의 이러한 거래정정방식은 매우 비효율적이다.

셋째, 블록체인 자체의 보안성, 즉 원장의 무결성에 대한 의문이 제기되고 있다. 전 세계적으로 채굴능력의 집중화가 급속도로 진행되면서 51% 공격(attack)이 실제로 발생할 가능성이 존재한다는 우려를 제기되고 있다. 51% 공격은 악의적 공격자가 전체 네트워크의 50%를 초과하는 강력한 해시연산능력을 보유하여 다른 정직한 노드들보다 더 빠른 속도록 새로운 블록을 생성하여 네트워크에 전파하면 다른 노드들은 위·변조된 거래내역이 포함된 블록을 채택하게 된다는 것을 말한다. 최근 국제결제은행(BIS: Bank of International Settlement)도 작업증명을 통하여 신뢰를 확보하거나 대체할 수 없다는 입장을 표명한 바 있다.

한편, 가상화폐는 돈의 기능 중 가치척도 기능을 수행할 수 없음에 주의해야 한다. 예를 들어, 비트코인은 총 발행한도 2천 1백만 개가 될 때까지 계속 발행만 하여 화폐가 증가만하고 줄일 수 없다. 일반적으로 중앙은행은 시중의 돈의 양에 따라 돈의 가치 하락이나 상승 시에 통화정책을 통하여 돈이 항상 일정한 가치를 유지하도록 하여 가치척도 기능을 수행하는 데 문제가 없도록 하고 있다. 이에 비해 비트코인은 증가만 되기 때문에 돈의 가치를 일정하게 유지시킬 수 없다.

읽을 거리

CBDC 등장 때 비트코인 운명은…"디지털 휴지조각" vs. "더 널리 쓰일 것"

CBDC(Central Bank Digital Currency · 중앙은행 발행 가상화폐)의 등장과 함께 이는 가장 큰 궁금증은 CBDC가 과연 비트코인을 '디지털 휴지 조각'으로 만들 것인가 하는 것이다. 비트코인은 민간에서 만들었다는 속성 때문에 정부의 화폐 주권에 위협이 된다. 상당수 국가 정부와 중앙은행이 비트코인에 비판적인 것도 이 때문이다. 비트코인에 돈이 몰리고, 범죄 자금이 유통되면서 건전한 기업 활동에 대한 투자가 줄어들 수도 있다.

이런 와중에 CBDC를 도입하려는 움직임은 점점 빨라지고 있다. 국제결제은행(BIS)은 최근 설문조사를 통해 "전 세계 중앙은행 10곳 중 2곳이 3년 내 디지털 화폐를 발행할 것으로 보인다"고 전망했다. 경제학계 일각에서는 "CBDC가 나오면 비트코인 같은 가상화폐가 '디지털 수집품'으로 전락할 것"이라는 의견이 나오는 반면, 가상화폐 업계에선 "CBDC와 민간의 가상화폐는 특성과 용도가 다르다"면서 "두 화폐가 공존하게 될 것"이라고 맞서고 있다.

▶ 비관론 "CBDC로 비트코인은 소멸"

비트코인의 치명적인 약점은 가치가 널뛴다는 것이다. 공급이 크게 늘지 않는 상황에서 투기에 의해 수요가 급등락하기 때문이다. 불과 하루 사이에 10~20% 넘게 가치가 급등락하는 날이 수두룩하고, 때때로 그 이유도 불분명하다. 거래할 때마다 발생하는 수수료도 걸림돌이다. 현 시스템상에선 달러나 원화를 비트코인으로 바꾸는 과정에서 거래소를 거치기 때문에 거래액의 0.04~0.05%가 수수료로 나간다. 소액 결제 시 기존 화폐보다 더 많은 돈을 내야 하고, 거래량이 많아지면 수수료가 오르기도 한다.

이처럼 안정적인 가치 척도 및 지불 편의성이라는 화폐의 기초적 기능에 결함이 있어 비트코인은 기존 화폐를 대체할 수 없다는 것이 기존 경제학계의 평가다. 실제로 상당수 경제학자가 "CBDC가 등장하면 비트코인은 설 자리를 잃는다"고 본다. 누리엘 루비니 뉴욕대 교수는 "CBDC는 미래의 모든 가상화폐를 대체하게 될 것"이라며 "일부 광신도들이 CBDC의 등장을 '비트코인의 승리'라고 여기지만, 내 전망은 정반대"라고 말했다. 짐 오닐 영국 왕립경제연구소 소장도 "비트코인은 오로지 투기 목적을 위한 자산"이라며 "화폐를 대체할 가능성은 없다"고 했다.

비트코인과 CBDC의 차이점

암호화폐		CBDC
• 블록체인상에서 분산되어 기록됨 • 블록체인 참여자가 모두 관리자	발행 · 거래내역	• 블록체인, 혹은 별도의 데이터베이스에 기록 • 중앙은행이나 정부 등 정해진 기관이 관리
• 총공급량이 미리 정해져 있음(2100만 개) • 일정 기간마다 공급량이 줄어	발행량	• 총공급량이 정해져 있지 않음 • 중앙은행이 공급량을 늘리거나 줄일 수 있음
• 블록체인 참여자의 신뢰에 기반	가치	• 정부가 보증

자료=업계

일부 국가들이 비트코인 등 민간의 가상화폐를 퇴출하는 것도 비트코인의 장래를 어둡게 한다. 중국은 지난 2017년 9월 가상화폐의 신규 발행과 거래를 전면 금지한 데 이어, 올해 초에는 중국 네이멍구(내몽고)자치구의 가상화폐 채굴장을 4월 말까지 전면 폐쇄하겠다고 발표했다. 인도 정부는 또 가상화폐의 거래는 물론, 보유까지 불법화하는 법안을 추진 중이다. 인도엔 약 800만명이 14억달러(약 1조 5,926억원) 규모의 가상화폐를 보유한 것으로 추산된다. 프란치스코 블랑슈 뱅크오브아메리카 연구원은 "비트코인의 돈세탁 우려, 채굴에 따른 환경 비용

등 여러 요소를 감안할 때 규제는 지금보다 더 많아질 것"이라고 내다봤다.

▶ 낙관론 "CBDC와 비트코인 공존 가능"

그러나 CBDC의 시대가 와도 비트코인이 사라지지 않을 것이란 전망도 만만치 않다. 인류 역사에서 민간과 국가의 화폐 발행이 상당 기간 공존했다는 것이다. 미국은 1863년 이전까지 정부가 아닌 민간은행들이 화폐를 자유롭게 발행했다. 호주와 스코틀랜드 등 상당수 국가도 20세기에 들어서야 정부가 화폐 제조를 독점했다. IMF의 토비어스 에이드리언 금융자본시장 국 국장은 "민간 회사들이 중앙은행 화폐보다 더 편리한 지불·결제 수단을 발명해내면서 민간의 혁신과 중앙은행의 법정화폐가 공존할 가능성이 있다"고 내다봤다.

통화정책 관료들도 가상화폐의 급격한 몰락을 바라지는 않는 분위기다. 제롬 파월 연방준비제도이사회 의장은 최근 "CBDC와 기존 현금이 공존하면서, 혁신적인 결제 시스템을 만들어내는 것이 주된 목표"라며 "(CBDC를 도입하려면) 의회와 정부, 광범위한 대중으로부터 인정을 받아야 한다"고 했다.

비트코인 업계는 CBDC의 등장이 비트코인의 '승리'라는 주장도 한다. 가상화폐 투자사인 퍼스트블록의 창업자 마크 반 데 치즈는 Mint 인터뷰에서 "CBDC의 등장은 디지털 화폐 사용을 보편화해 사람들이 비트코인에 더 익숙해지게 할 것"이라며 "이 과정에서 사람들이 CBDC와 달리 비트코인이 '디플레 화폐(시간이 흐르면 가치가 오르는 화폐)'라는 점을 깨달으면 더 많은 사람이 비트코인을 쓰게 될 것이라고 생각한다"고 말했다.

일부 비트코인 강세론자는 CBDC 도입 소식에도 가격 전망을 높여 잡고 있다. 트럼프 행정부 백악관 대변인이었던 앤서니 스카라무치 스카이브리지 캐피털 대표는 올해 전망치를 10만달러(약 1억 1,285만원)로 제시했다. 캐시 우드 아크자산운용 CEO는 한술 더 떠 "비트코인 가격이 25만달러(약 2억 8,212만원)에 달할 것"이라고 전망했다. 이는 미국 기업이 현금의 10%를 비트코인에 투자했을 경우의 전망치다.

[출처: 「조선일보(www.chosun.com)」, 2021. 3. 26.]

📊 04 │ 금융과 디지털기술

(1) 자산운용

금융시장에서 발생하는 사건(event)은 과거에 발생한 사건들과 달리 완전히 새롭게 자주 발생한다. 효율적 시장가설에 따르면 과거 정보가 이미 자산가격에 반영되어 있으므로, 미래의 가격 예측에 오래 전부터 사용되어 온 머신러닝의 결과는 그다지 좋지 않다.

자산가격의 과거분포와 미래분포가 유사하다는 보장이 전혀 없기 때문에 이미지 인식이나 자연어 처리 분야에서 과거자료를 분석하여 의미 있는 패턴을 찾아내어 미래를 예측하는데 상당한 성공을 이룬 인공신경망을 이용하여도 자산가격에 포함된 많은 정보 예를 들어, 기업실적, 관련 뉴스, 소문, 각종 거시지표 변화, 투자심리 등을 모두 포함된 자료를 분석하여 미래를 예측하기에는 아직 한계가 있다.

(2) 금융데이터 분석 및 신용평가

일반적으로 애널리스트는 정성적 분석에 더하여 정량적 평가모형을 통하여 기업의 신용도를 평가한다. 창업초반의 소규모 회사나 개인과 같은 경우에는 금융회사를 통한 거래, 공과금납부 및 연체 내역 등의 자료를 이용하여 대출을 위한 신용등급을 평가하기 때문에 실제 상환능력과 무관하게 낮은 신용등급을 받아 대출이 안 될 수도 있다. 이러한 문제점을 해결하기 위하여 기존의 금융거래를 통한 정보를 이용하여 대출자의 신용등급을 평가하는 것 외에도 빅데이터를 추가로 활용하고 있다.

예를 들어, 영국의 신용평가 전문 스타트업 기업인 비주얼 DNA는 대출의 기초가 되는 신용평가 등급을 측정하기 위해 좋아하는 색이나 취미 등 몇 가지 질문을 하며, 이를 토대로 심리학의 성격이론과 빅데이터 분석을 결합하여 대출자의 성격 특성을 파악하고 대출금 상환의지를 측정함으로써 신용평가를 실시하여 대출기관의 부도율을 낮추고 있다.

이처럼 빅데이터를 이용한 신용평가는 자연어 처리 기술을 수반하고, 사람의 감정이나 성격 등을 추정하는 작업을 위해 인공신경망을 이용한 인공지능을 필요로 한다. 하지만 컴퓨터과학 분야에서 발전되어 오고 있는 인공지능을 빅데이터를 이용하여 신용평가에 적용할 경우 기존의 금융 및 경제학 이론에 기반한 신용평가가 아니기 때문에 비록 결과예측이 많이 향상된다 하여도 그 이유를 설명하지 못하는 단점이 존재한다.

(3) 금융서비스 제공 및 이상탐지

로보어드바이저(robo-advisor)는 로봇(robot)과 어드바이저(advisor)를 합친 말로 자산관리나 투자자문을 해주는 금융서비스를 말한다. 2016년 알파고와 이세돌의 바둑 대결을 계기로 인공지능에 대한 관심이 높아짐에 따라 금융기관에서 인공지능을 이용하여 시장상황 및 투자자 성향 등을 분석하고 이를 바탕으로 투자자에게 가장 적합한 포트폴리오를 만들어주거나 자문해주는 자산관리 서비스인 로보어드바이저가 주목받게 되었다.

금융기관은 로보어드바이저와 같은 자동화된 플랫폼을 구축하고 인공지능 기술을 적용함으로써 많은 인력투입 없이 다수의 고객에게 저렴한 비용으로 투자자문 서비스를 제공하고 있다. 이외에도 챗봇을 통한 효율적 일처리로 투자자들은 쉽고 빠르게 원하는 금융서비스를 받을 수 있다.

한편, 갈수록 교묘해지는 사이버 보안 위협에 대응하거나 각종 금융사고 탐지 및 내부 직원 모니터링에도 인공지능 기술이 효과적으로 적용될 수 있다. 특히 자본시장에서 발생하는 각종 거래자료를 효과적으로 모니터함으로써 이상탐지를 할 수 있다. 예를 들어, 2018년 5월 한국거래소는 의사결정나무모형을 이용한 기계학습 기반의 시장감시시스템을 구축하여 기존 시스템으로 발견되지 않았던 신종 불공정거래 유형을 탐색해 내었다고 발표하였다.

읽을 거리

은행은 없다. 테크기업만 있다. AI날개 단 뱅크오브아메리카

▶ 코로나가 '금융 AI' 가속화

230년의 역사를 가진 미국의 대표적 상업은행 뱅크 오브 아메리카(BoA)는 지난 10년간 디지털과 AI에 적극 투자해왔다. 핀테크 기업들의 위협이 상존하는 등 금융산업 자체의 패러다임 변화가 아날로그 기업 BoA에 끊임없는 변신을 요구했던 것이다.

이들이 일찍 간파한 건 데이터의 중요성이었다. 과거 은행들은 운용자산 및 관리자산 규모가 클수록 대형 은행으로 간주했다. 하지만 디지털과 AI시대에는 데이터의 양과 규모가 그 은행의 비중을 드러낸다. 데이터가 풍부해 분석거리가 많은 은행이 절대 강자이다. BoA가 디지털과 AI 관련 특허를 확보하려고 노력한 건 바로 이런 연유에서였다.

그 사이 미국은 AI와 핀테크 기술이 비약적으로 발전했지만 소비자들은 디지털금융을 그다지 선호하지 않았다. 첵(수표)으로 결제하는 것도 보편화돼 있는 데다, 카드 결제 로그인을 요구하는 등 불편했기 때문이다. 은행 지점도 많다. 2019년 세계은행 자료에 따르면 미국 인구 10만 명당 은행들의 점포수는 30개이다. 한국 15개의 두 배가량이다. BoA도 미 전역에 4,300개의 소매 금융센터를 갖고 있다.

이런 상황에서 신종 코로나바이러스 감염증이 덮쳤다. 미국 은행들은 지점을 휴업하고 다시 열었다가 휴업하는 작업을 반복했다. 이용자들은 금융거래를 하기 위해 디지털 서비스를 이용하지 않을 수 없게 됐다. 미국의 소비자 금융 판도가 확 바뀌어 버린 것이다.

▶ 킬러앱 '에리카' 진가 발휘

한발 앞서 디지털 전환을 실행해온 BoA의 핵심 역량이 진가를 발휘하기 시작한 시점이다. BoA가 지난해 판매한 금융 상품과 대출은 50%가 온라인을 경유했다. 2019년의 27%에서 거의 두 배로 늘어난 셈이다. 무엇보다 모바일 앱인 '에리카'의 사용이 획기적으로 늘었다. 에리카를 쓰는 고객은 2020년 말 기준 전년 대비 67% 증가한 1,700만 명이나 됐다. 고객 대응도 전년 대비 두 배인 하루 40만으로 껑충 뛰었다.

에리카는 2018년 BoA가 애플의 모바일 음성인식 비서 시리(Siri)를 본떠 만든 업계 최초의 금융거래 앱이다. 이 앱을 활용하면 대화형으로 손쉽게 금융 업무를 볼 수 있다. 계좌 조회나 송금 등의 단순 업무에서 대출 연장, 이자 상환 등 상담원이 전담하던 업무까지 모두 다룰 수 있다. 계좌의 상황 조회나 월별 각종 수수료 확인 및 송금, 각종 청구서 알림 설정 등도 할 수 있다. 투자자문까지 해 준다. 최근에는 재난지원금 문의나 대출 이자 연기 등이 인기 분야라고 한다.

에리카는 고객 눈높이 서비스에 주력하지만 그만큼 빅데이터를 모으는 부수입도 올린다. 작년 한 해 동안 새로 에리카에 가입한 고객의 25%가 만 55세 이상의 베이비 붐 세대였다. 이들은 BoA의 핵심 고객층이면서도 디지털뱅킹을 그동안 하지 않아 은행에선 데이터를 많이 확보하지 못한 세대였다. 이들이 에리카를 쓰면서 그만큼 귀중한 데이터를 확보하게 됐다. 또한 에리카를 통해 미국의 은행공동 결제 및 P2P(개인 대 개인) 송금앱인 '젤레(Zelle)'에 접속이 쉬워졌다. 가령 다른 은행 계좌에 수백달러를 송금하려면 에리카를 통해 젤레에 접속해서 보내게 된다. 이 과정에서 BoA는 고객들의 데이터를 수집한다. BoA가 갖고 있는 특허에서 음성인식이나 네트워크 트래픽 분석 등 모바일 가상비서(챗봇) 에리카와 관련한 특허들이 많은 이유도 여기에 있다.

▶ 부동산 거래 · 투자자문에 활용

브라이언 모이니한 CEO는 지난해 12월 9일 미국인들의 지출이 오히려 지난해보다 증가하고 있다며 놀라운 수준의 재정 회복력을 보이고 있다고 전했다. 이런 사실을 뒷받침하는 통계는 물론 BoA가 갖고 있는 계좌들의 현금흐름 분석을 통해서였다. 미국의 어떤 경제 통계 조사 기관보다 정확하고 살아있는 경제 데이터를 통해 알아낸 것이다. BoA는 그만큼 데이터 분석과 활용에 집중하고 있다.

BoA가 금융회사의 주요 사업이라고 할 모기지(부동산담보대출)를 쉽게 할 수 있는 시스템도 이런 데이터를 기반으로 만들어졌다. 지난해 BoA에서 이뤄진 부동산 대출의 68%가 디지털로 이뤄졌다. 2019년 36%의 두 배에 가깝다. 고객이 은행의 모바일 앱 또는 온라인에서 모기지를 신청하면 AI를 활용하는 시스템 덕분이다. BoA는 대출 전문가와 소통해서 대출 조건을 맞춤형태로 만들어 잠재적으로 하루 이내에 조건부 승인을 받을 수 있도록 했다.

데이터를 활용해 개발한 또 다른 대표적 아이템은 IPO(기업공개)의 적정 가치를 식별하는 거래예측시스템 '프리암(PRIAM)'이다. 기존 IPO에서 투자자들은 주로 그 기업의 성장성과 재무실적 등을 중심으로 분석을 한다. 하지만 프리암은 그동안 IPO에 투자한 투자자들의 투자 동향 데이터 등을 분석하고 가격 및 수량 등의 수요를 예측한다. 이를 토대로 투자자문을 하고 있다. BoA가 갖고 있는 방대한 데이터가 있기 때문에 가능한 일이다. 이것뿐 아니라 금융사기를 모니터링하고 보안을 강화하는 데서도 AI를 활용하는 사례가 늘고 있다.

▶ 6,000만명 자문하는 맞춤형 AI

BoA가 내세우는 건 새로운 차원의 '유저 프렌들리(user friendly)' 전략이다. AI를 충분히 활용해 사용자의 눈높이에 맞게 편리하게 다가가는 친숙한 은행으로 거듭나자는 것이다. 우선 음성비서 에리카의 기능을 확장해 6,000만 개의 개인 맞춤 킬러 앱을 만드는 게 목표이다. 현재 에리카는 고객 개개인의 지불능력과 사용 출처 등을 분석해 어떻게 절약하고 저축해야 하는지, 그리고 펀드에서 어디에 투자해야 할지 등에 대해 안내한다. BoA는 여기서 한걸음 더 나아가 인생 재무 설계를 상담하고 조언하는 라이프 플랜(life plan)을 지난해 내놓았다. 주택구입이나 육아 등의 목표를 정하고 이를 성취하는 과정을 계속 모니터링하는 도구이다.

과거에 은행은 고객을 유치하고 유지하기 위한 수단으로 가격과 속도 접근성을 중시했지만 이제는 개인 맞춤화와 금융 이상의 서비스를 제공하며 각종 인생 설계 상담까지 응해주는 단계로 나아가고 있다. 그 핵심에는 인공지능(AI)이 있다.

[출처: 「한국경제(hankyung.com)」, 2021. 3. 11.]

- 핀테크 = 금융 + 기술

- 디지털기술
  - 빅데이터
  - 인공지능
  - 블록체인

- 금융과 디지털기술
  - 자산운용
  - 금융데이터 분석 및 신용평가
  - 금융서비스 제공 및 이상탐지

색인

▌저자소개

이재하

서울대학교 공과대학 전자공학과 공학사
서울대학교 대학원 전자공학과 공학석사
인디애나대학교 경영대학 경영학석사
인디애나대학교 대학원 경영학박사
인디애나대학교 조교수
오클라호마대학교 석좌교수
한국파생상품학회 회장 / 한국재무관리학회 부회장
한국재무학회 상임이사 / 한국증권학회 이사
한국금융학회 이사 / 한국경영학회 이사
교보생명 사외이사 겸 리스크관리위원회 위원장
한국거래소 지수운영위원회 위원장
금융위원회·예금보험공사자산관리공사 자산매각심의위원회 위원
공인회계사 출제위원
국민연금 연구심의위원회 위원
사학연금 자금운영위원회 위원
대교문화재단 이사
교보증권 사외이사 겸 위험관리위원회 위원장
KB증권 사외이사 겸 리스크관리위원회 위원장
Brown University EMSTL Advisory Committee Member
EDHEC Business School International Advisory Board Member
Journal of Financial Research Associate Editor
FMA Best Paper Award in Futures and Options on Futures
AIMR Graham and Dodd Scroll Award
ANBAR Citation of Highest Quality Rating Award
한국재무관리학회 최우수 논문상
성균관대학교 SKK GSB 원장
현 성균관대학교 SKK GSB 명예교수

저서 및 주요논문

핵심재무관리 - The Core of Corporate Finance(2020)
핵심투자론 - The Core of Investments(1판: 2014, 2판: 2018, 3판: 2021)
핵심파생상품론 - The Core of Derivatives(2021)
새내기를 위한 금융 - Understanding Finance(1판: 2018, 2판: 2021, 3판: 2025)
재무관리 - Essentials of Corporate Finance(1판: 2016, 2판: 2022, 3판: 2025)
투자론 - Essentials of Investments(1판: 2015, 2판: 2023)
How Markets Process Information: News Releases and Volatility
Volatility in Wheat Spot and Futures Markets, 1950-1993: Government Farm Programs, Seasonality, and Causality
Who Trades Futures and How: Evidence from the Heating Oil Futures Market
The Short-Run Dynamics of the Price Adjustment to New Information
The Creation and Resolution of Market Uncertainty: The Impact of Information Releases on Implied Volatility
The Intraday Ex Post and Ex Ante Profitability of Index Arbitrage
A Transactions Data Analysis of Arbitrage between Index Options and Index Futures
Intraday Volatility in Interest Rate and Foreign Exchange Spot and Futures Markets
Time Varying Term Premium in T-Bill Futures Rate and the Expectations Hypothesis
Embedded Options and Interest Rate Risk for Insurance Companies, Banks, and Other Financial Institutions
Intraday Volatility in Interest Rate and Foreign Exchange Markets: ARCH, Announcement, and Seasonality Effects
KOSPI200 선물과 옵션 간의 일중 사전적 차익거래 수익성 및 선종결전략
KOSPI200 선물을 이용한 포트폴리오 보험전략
원/달러 역내현물환 시장과 역외NDF시장 간의 인과관계
상장지수펀드(ETF) 차익거래전략
KOSPI200 옵션시장에서의 변동성지수 산출 및 분석 등 Journal of Finance, Journal of Financial and Quantitative Analysis, Journal of Business, Journal of Futures Markets, 증권학회지, 선물연구, 재무관리연구 외 다수.

한덕희

성균관대학교 경상대학 회계학과 경영학사
성균관대학교 대학원 경영학과 경영학석사
성균관대학교 대학원 경영학과 경영학박사
인디애나대학교 Visiting Scholar
한국금융공학회 상임이사 / 한국재무관리학회 상임이사 / 한국기업경영학회 이사
한국전문경영인학회 이사 / 한국파생상품학회 이사 / 한국재무관리학회 학술위원
국민연금공단 국민연금연구원 부연구위원
한국예탁결제원 자산운용인프라 자문위원회 위원
한국주택금융공사 자금운용성과평가위원회 평가위원
한국자산관리공사 공매 자문위원
LH한국토지주택공사 제15/16기 기술심사평가위원
LG연암학원 투자자문 심의위원
한국철도공사 사업개발분야 전문심의평가위원
부산도시공사 경영자문위원회 위원
부산항만공사 기술자문위원회 제7기 위원
부산문화재단 기본재산운용관리위원회 위원
부산광역시 성과평가위원회 위원
부산광역시 출자·출연기관 경영평가단 평가위원
부산광역시 공사·공단(이)사장 평가단 평가위원
부산광역시 정책연구용역심의위원회 제8/9기 위원
거제시 출자·출연기관 운영심의위원회 위원
5급/7급/9급 국가공무원 면접문제 선정위원
제33회 공인노무사 1차시험 출제위원
2016년/2018년/2019년 Marquis Who's Who 등재
동아대학교 교육혁신원 교육성과관리센터장
동아대학교 사회과학대학 부학장
동아대학교 경영대학원 부원장
동아대학교 금융학과 학과장
현 동아대학교 금융학과 교수 / 대학원 부동산금융학과 책임교수

저서 및 주요논문

핵심재무관리 - The Core of Corporate Finance(2020)
핵심투자론 - The Core of Investments(1판: 2014, 2판: 2018, 3판: 2021)
핵심파생상품론 - The Core of Derivatives(2021)
새내기를 위한 금융 - Understanding Finance(1판: 2018, 2판: 2021, 3판: 2025)
재무관리 - Essentials of Corporate Finance(1판: 2016, 2판: 2022, 3판: 2025)
투자론 - Essentials of Investments(1판: 2015, 2판: 2023)
국채선물을 이용한 헤지전략
국채선물을 이용한 차익거래전략
KOSPI200 옵션시장에서의 박스스프레드 차익거래 수익성
KOSPI200 옵션과 상장지수펀드 간의 일중 차익거래 수익성
차익거래 수익성 분석을 통한 스타지수선물 및 현물시장 효율성
KOSPI200 현물 및 옵션시장에서의 수익률과 거래량 간의 선도-지연관계
국채현·선물시장에서의 장·단기 가격발견 효율성 분석
금현·선물시장과 달러현·선물시장 간의 장·단기영향 분석
통화현·선물시장 간의 정보전달 분석
금융시장과 실물경제 간의 파급효과: 주식, 채권, 유가, BDI를 대상으로
사회책임투자의 가격예시에 관한 연구
1980-2004년 동안의 증시부양정책 및 증시규제정책의 실효성
부동산정책, 부동산시장, 주식시장 간의 인과성 연구
부동산정책 발표에 대한 주식시장의 반응에 관한 연구
디지털자산 시장에서의 가격발견효과
경제심리가 부동산직·간접시장에 미치는 단기적 영향에 관한 연구 등 금융공학연구, 기업경영연구, 산업경제연구, 선물
　　연구, 증권학회지, 재무관리연구, 주택도시금융연구 외 다수.

제3판
새내기를 위한 금융

초판발행   2018년 3월 5일
제3판발행   2025년 3월 20일

지은이   이재하·한덕희
펴낸이   안종만·안상준

편 집   탁종민
기획/마케팅   박부하
표지디자인   BEN STORY
제 작   고철민·김원표

펴낸곳   (주)박영사
                서울특별시 금천구 가산디지털2로 53, 210호(가산동, 한라시그마밸리)
                등록 1959. 3. 11. 제300-1959-1호(倫)

전 화   02)733-6771
f a x   02)736-4818
e-mail   pys@pybook.co.kr
homepage   www.pybook.co.kr
ISBN   979-11-303-2239-1 93320

copyright©이재하·한덕희, 2025, Printed in Korea

* 파본은 구입하신 곳에서 교환해 드립니다. 본서의 무단복제행위를 금합니다.

정 가   19,000원